VIVER PELA

Rosemary de Ross

VIVER PELA Fé

Mensagens e orações para cada dia do ano

Paulinas

Dados Internacionais de Catalogação na Publicação (CIP)
(Câmara Brasileira do Livro, SP, Brasil)

Ross, Rosemary de
    Viver pela fé : mensagens e orações para cada dia do ano / Rosemary de Ross. -- São Paulo : Paulinas, 2017.

   ISBN 978-85-356-4312-1

   1. Conduta de vida 2. Espiritualidade 3. Fé 4. Mensagens
5. Orações 6. Vida cristã I. Título.

17-05262   CDD-248.4

Índice para catálogo sistemático:
1. Mensagens : Orações : Vida cristã : Cristianismo   248.4

Direção-geral: *Flávia Reginatto*
Editora responsável: *Andréia Schweitzer*
Copidesque: *Ana Cecilia Mari*
Coordenação de revisão: *Marina Mendonça*
Revisão: *Sandra Sinzato*
Gerente de produção: *Felício Calegaro Neto*
Projeto gráfico: *Claudio Tito Braghini Junior*

1ª edição – 2017
1ª reimpressão – 2023

Nenhuma parte desta obra poderá ser reproduzida ou transmitida por qualquer forma e/ou quaisquer meios (eletrônico ou mecânico, incluindo fotocópia e gravação) ou arquivada em qualquer sistema ou banco de dados sem permissão escrita da Editora. Direitos reservados.

Cadastre-se e receba nossas informações
www.paulinas.com.br
Telemarketing e SAC: 0800-7010081

Paulinas
Rua Dona Inácia Uchoa, 62
04110-020 – São Paulo – SP (Brasil)
📞 (11) 2125-3500
✉ editora@paulinas.com.br
© Pia Sociedade Filhas de São Paulo – São Paulo, 2017

Dedico este livro a você que deseja
viver pela fé, através de suas atitudes e ações diárias.

Diante das dificuldades, não desanime!

Fortaleça sua fé meditando a Palavra de Deus
e com mensagens de incentivo, otimismo
e esperança, que lhe vão proporcionar paz,
entusiasmo e harmonia.

Apresentação

Viver pela fé é condição essencial na vida daquele que tem consciência do amor de Deus e que em algum momento teve um encontro pessoal com Jesus. Viver pela fé é viver de acordo com os ensinamentos da Palavra de Deus, vivenciando cada dia na sua dependência.

Quando vivemos pela fé, nosso estilo de vida muda. Nossas atitudes passam a ser pautadas na confiança plena e na certeza de que nosso Deus é soberano e olha por nós. Nessa vivência, nós nos abrimos à ação do Espírito Santo, e é ele que nos conduz dentro do plano de Deus.

Essa vivência nos dá forças para enfrentarmos toda e qualquer tribulação, nos faz levantar diante das quedas, renova nossa esperança e nos dá a alegria de viver. Quando aprendemos a viver pela fé, lançamos nossa vida nas mãos de Deus, para que a vontade divina se realize.

Se olharmos para o mundo físico com nossos olhos carnais, não teremos esperança, mas, se olharmos com os olhos da fé, perceberemos que Deus tudo vê, tudo sabe e tudo controla. Seu desejo é "que todo aquele que nele crê não pereça, mas tenha a vida eterna" (Jo 3,15).

Esta é a proposta deste livro: que você possa viver pela fé, crendo nas promessas que nos foram concedidas. Que o conhecimento da Palavra de Deus possa modificar sua vida, resplandecendo a presença do Senhor no mundo, através de ações concretas.

Que a reflexão e a oração diária lhe proporcionem a experiência do encontro com o Senhor, na certeza de que você não está sozinho.

Viva pela fé!

Rosemary de Ross

Reflexão

ANO-NOVO... Há no ar a expectativa de novos projetos e sonhos. Sentimo-nos renovados, cheios de esperança e abertos para o novo! Dentro de nós existe o desejo de mudar. Fazemos planos para os próximos 365 dias, mas nem sempre agimos de forma a favorecer que as mudanças ocorram. Se há algo que você quer mudar, tome a decisão e comece a agir, fazendo tudo o que estiver a seu alcance para que seus anseios se concretizem. Aliado ao seu esforço, creia que você será guiado por Deus, que lhe diz: "só eu conheço os planos que tenho para você: prosperidade e não desgraça e um futuro cheio de esperança" (Jr 29,11).

Desejo que, ao longo do ano, você tenha coragem para enfrentar as dificuldades, perseverança para jamais desanimar ou desistir dos seus sonhos e esperança para que a cada dia possa ver novos horizontes.

Que esta nova etapa comece bem e termine melhor ainda. Que a vontade de Deus leve você além e que o seu amor o cubra de bênçãos!

Ação concreta

Comece o ano com fé e otimismo. Comprometa-se a ter as atitudes necessárias para alcançar seus objetivos. Confie em Deus. Entregue seus caminhos e projetos a ele e terá êxito!

☙ ❧

Senhor, agradeço pelo milagre da vida e por este ano que se inicia.
Que eu saiba ver nos momentos alegres a tua mão amorosa a me guiar e,
nos momentos de dificuldades, oportunidades para que possa buscar
o meu crescimento e conquistar a nobreza da minha alma.
Amém.

Reflexão

Um dos maiores anseios do ser humano é a **PAZ**, principalmente, a paz interior. A verdadeira paz não nasce da ausência de inquietações, mas procede do Espírito Santo. Ela só existe com a graça e a presença de Deus. Antes de subir para junto do Pai, Jesus disse: "Deixo com vocês a paz. É a minha paz que eu lhes dou; não lhes dou a paz como o mundo a dá. Não fiquem aflitos, nem tenham medo" (Jo 14,27).

A paz verdadeira nos é dada por Cristo, nasce dentro de nós e se propaga no meio em que vivemos. Ela tira toda perturbação do nosso coração, nos liberta do medo, nos permite manter a serenidade diante dos problemas e a esperança em meio ao desânimo.

É a paz interior que nos dá a força de que necessitamos para manter o equilíbrio, mesmo diante das adversidades. Com ela, a vida ganha um novo sentido.

Que a paz do Senhor esteja sempre com você!

Ação concreta

Diante das dificuldades, refugie-se em Deus. Procure conversar com ele através da meditação e da oração. Só em Deus, você encontrará o equilíbrio e a paz interior.

Senhor, coloco diante de ti a inquietude do meu coração e tudo que tira a minha paz e o meu descanso. Sei que somente em ti encontro a paz completa e perfeita, baseada na justiça, na caridade, na solidariedade e no amor.
Preenche meu coração com a tua paz!
Amém.

Reflexão

Referindo-se a si mesmo, **JESUS** disse: "Eu sou o Alfa e o Ômega, o Princípio e o Fim. A quem tiver sede, eu darei, de graça, da fonte da água vivificante" (Ap 21,6). Ao fazer esta revelação, Jesus não se denomina como um homem ou um profeta. Ele afirma que é o único e verdadeiro Deus, o Todo-poderoso. Ele promete a todos que têm fé e fazem dele o seu refúgio a "água viva", que é a graça salvífica de Deus, ou seja, a vida eterna. Este é o maior bem que o homem pode almejar.

Podemos conquistar essa graça fazendo do nosso coração o refúgio daquele que é o Cordeiro de Deus, o Caminho, a Verdade, a Vida, o Bom Pastor, o Pão da Vida, a Luz do Mundo, nosso Mestre, nosso Redentor, nosso Rei, nossa Paz, nosso Mediador, nosso Senhor e Salvador, nossa Esperança... nosso tudo!

Ação concreta

Convide Jesus a fazer parte da sua vida, creia na Palavra, submeta-se aos seus ensinamentos e você será capaz de enfrentar situações difíceis com tranquilidade. Deixe o Espírito Santo agir e transformar seu coração. "Que Jesus seja sempre e em tudo seu apoio, seu consolo e sua vida" (Padre Pio).

ಏ ಐ

Senhor, ajuda-me a renunciar a tudo
que me afasta da tua graça salvífica.
Fortalece-me no propósito de buscá-lo incessantemente,
seguindo os passos de Jesus.
Amém.

Reflexão

Precisamos de **SABEDORIA** para lidar com as pessoas e com as situações que se apresentam em nosso cotidiano. A sabedoria é um dom concedido por Deus e nos ajuda a discernir a verdade. "Quando a sabedoria penetra nosso coração e o saber deleita nossa alma, a reflexão vela sobre nós, amparando nossa razão e nos preservando do mau caminho" (Pr 2,10-11).

A sabedoria ultrapassa o nosso conhecimento racional, ela é sobrenatural. A sabedoria humana é falha, mas a sabedoria divina é perfeita! Somente Deus tem a plenitude da sabedoria e é o único que nos pode dá-la. Se você precisa de respostas práticas para tomar alguma decisão em sua vida, peça que Deus lhe conceda o dom da sabedoria. Com ela, você saberá fazer as escolhas certas e viverá melhor.

Ação concreta

Sabedoria é aprender a olhar para a vida com os olhos de Deus. Com fé, peça que o Senhor lhe conceda o dom da sabedoria, para que você saiba agir corretamente em cada situação, da mais simples à mais complexa.

ഓ ര

Senhor, assim como Salomão pediu sabedoria e um coração compreensivo
para julgar as causas do seu povo, peço a ti essa mesma sabedoria para
conduzir a minha vida (cf. Tg 1,5), na certeza de recebê-la.
Amém.

Reflexão

Às vezes, passamos por momentos de bonança, outras vezes enfrentamos apertos financeiros. Muitas vezes, o problema do desajuste financeiro não é a falta de dinheiro, mas a falta de administração das **FINANÇAS**. Para ter uma vida financeira equilibrada, é necessário que saibamos administrar bem nosso dinheiro. Negar ou fugir do problema não vai resolvê-lo. É preciso ter sobriedade, disciplina e humildade para admitir os possíveis erros e corrigi-los, evitando o endividamento.

Na Bíblia, encontramos muitos versículos sobre finanças, bens materiais e assuntos relacionados. Deus pode nos capacitar para administrarmos de maneira sábia nossos bens. Ele é o dono de tudo que existe no mundo e, portanto, é quem dá as riquezas às pessoas.

"Se Deus der a você bens e riquezas e deixar que as aproveite, fique contente com o que recebeu e com o seu trabalho, isso é um dom de Deus" (Ecl 5,18).

Ação concreta

Estude as orientações de Deus sobre finanças e capacite-se para administrar de maneira sábia seus bens.

๛ ๛

Senhor, confio a ti minhas finanças, sabendo que terei bom êxito (cf. Pr 16,3).
Que eu seja bem-sucedido em todos os meus empreendimentos e alcance
o sucesso financeiro que tanto procuro, com trabalho, dedicação, disciplina
e respeito ao próximo. Obrigado pelos talentos e dons que me destes.
Amém.

Reflexão

Pode um agricultor plantar milho e colher trigo? Certamente que não! Ele colherá exatamente o que plantou. Assim é com nossa vida: colhemos o que semeamos. "Não se deixe enganar: ninguém zomba de Deus. O que você plantar, isso mesmo colherá" (Gl 6,7). Esta é a lei espiritual que rege a nossa vida, e a semeadura é diária. Quem semeia fé, colhe a certeza. Quem semeia paz, colhe serenidade. Quem semeia carinho, colhe gratidão. Quem semeia amor, colhe amor. Quem semeia discórdia, colhe desafeto. Quem semeia vento, colhe tempestade. Quem semeia injustiça, colhe abandono.

Se plantarmos coisas boas, colheremos coisas boas. Se plantarmos coisas ruins, colheremos coisas ruins. Tudo o que fazemos é semente: pensamentos, palavras, gestos, atitudes... por isso, seja criterioso na escolha de suas **SEMENTES**!

Ação concreta

Entre o semear e o colher haverá muitas coisas que poderão destruir a colheita. Fique atento. Persevere e plante coisas boas mesmo nos momentos mais difíceis. Não desista. No fim, colherá os doces frutos da realização, da alegria e da felicidade.

*Senhor, torna-me consciente da missão de semear boas sementes em todas
as ocasiões, sabendo que a boa colheita dependerá da semeadura,
que é um trabalho duro e requer tempo, dedicação, esforço
e muita persistência para dar bons frutos.
Amém.*

Reflexão

Calúnia é a fofoca mentirosa, que falsos amigos espalham com o objetivo de difamar e destruir o outro. Se você foi vítima de **CALÚNIA**, certamente seu coração deve estar machucado, mesmo assim, perdoe e ore pela pessoa que fez isso. Continue a trilhar seu caminho, de tal forma que o caluniador jamais tenha razão, e na certeza de que a verdade sempre prevalecerá, como nos ensina a Palavra de Deus: "A falsa testemunha não ficará impune; quem profere mentiras perecerá" (Pr 19,9).

O tempo é o maior aliado da verdade. Nenhuma mentira, calúnia ou difamação resistem à ação do tempo!

Ação concreta

Em muitas situações, estamos sujeitos à calúnia. Evite revidar um ataque com outro. Ninguém e nada do que disserem a seu respeito poderá diminuir o seu real valor. Viva como um verdadeiro cristão: não calunie nem difame ninguém. Ame e faça o bem, e nada poderá destruir seu patrimônio espiritual.

ಬಿ ಲ್ಲ

Senhor, concede-me a graça de perdoar as pessoas
que usam da maledicência para tentar prejudicar a minha pessoa.
Fecha meus ouvidos a toda calúnia lançada contra mim.
Dá-me o dom da sabedoria e da fortaleza para trilhar meu caminho,
fortalecido na fé e com esperança.
Amém.

Reflexão

Bons pensamentos são saudáveis e nos levam a praticar boas ações. Pensamentos negativos são muitas vezes inevitáveis, mas não podemos ceder a eles, pois "o coração contente alegra o semblante e o coração triste deprime o espírito" (Pr 15,13). Quem tem o coração fortalecido pelo otimismo, afasta os sentimentos negativos e atrai paz, saúde, prosperidade e amor.

O otimismo nos ajuda a limpar a tristeza do coração e a superar os obstáculos. Se você tem o hábito de ver sempre o lado negativo das coisas, procure mudar isso, criando uma nova maneira de encarar a vida. Perceba que dentro de você existe uma força capaz de motivá-lo a resolver seus problemas com fé, **OTIMISMO** e esforço próprio. Quando somos otimistas, melhoramos nosso espírito, nosso relacionamento com as pessoas e somos mais felizes!

Ação concreta

Pratique o otimismo e desenvolva uma postura positiva em qualquer situação. Decida amar a si mesmo, não desistir nem desanimar diante dos obstáculos.

ඝ ҩ

Senhor, coloco diante de ti todas as experiências negativas que vivi
e que estão guardadas em meu subconsciente.
Ajuda-me a ter sempre pensamentos positivos, pois, agindo
com otimismo, fé e entusiasmo, a vida será cada dia melhor.
Amém.

Reflexão

Inúmeras são as situações que nos podem levar ao cansaço físico, espiritual ou mental, fazendo com que o desânimo tome conta de nossa vida. O **CANSAÇO** é real e faz parte da natureza humana, mas Deus promete "fortalecer o homem cansado e dar vigor ao que está sem forças" (Is 40,29), por isso, não se deixe dominar por ele.

Se as tribulações da vida e os problemas têm feito você cansar de lutar, de batalhar e de tentar, está na hora de pedir para Deus lhe ajudar a superar o cansaço. Não entregue os pontos. Desistir não é a melhor opção. A gente tem que viver plena e intensamente.

Clame ao Senhor e busque-o de todo o coração. Peça que ele alivie seu cansaço, renove suas forças, cuide das suas preocupações e lhe dê ânimo para continuar a caminhar.

Ação concreta

Analise-se e procure compreender as causas do seu cansaço. Estabeleça prioridades em suas atividades diárias, deixando tempo livre para o descanso e a oração. Mesmo que não consiga por si só superar esse cansaço, lembre-se de que o Senhor segura você pela mão (cf. Is 41,13) e sabe que será capaz de se reerguer quando confiar plenamente nele.

ഩ ര

Senhor, tu conheces todas as situações da minha vida, tudo aquilo que me leva ao cansaço. Tira, Senhor, todo cansaço físico, espiritual ou mental do meu corpo, ajuda-me a restaurar as minhas forças. Renova-me e fortalece-me pela graça do Espírito Santo.
Amém.

Reflexão

Em determinados momentos, o sofrimento e a dor não nos deixam ter esperança em dias melhores e nos sentimos fracos, tristes, angustiados, não amados e abandonados por todos. Temos a impressão de que estamos caminhando só. Chegamos a pensar que até mesmo Deus nos abandonou. No meio disso tudo, o Senhor nos diz: "não te deixarei nem te abandonarei" (Js 1,5c). Deus nos conhece profundamente e sabe quando estamos passando por momentos difíceis. Ele sabe que ninguém gosta de sentir-se **ABANDONADO**. Podemos contar com a eterna bondade e compreensão de Deus com relação às nossas necessidades e carências.

Deus está a seu lado, segurando sua mão e dizendo-lhe: estarei com você em qualquer lugar para onde for (cf. Js 1,9). Não há razão para temer. Creia e siga em paz! Deus é um Deus de palavra e jamais o abandonará (cf. Hb 13,5).

Ação concreta

Faça do Senhor o seu refúgio. Fique firme na fé e não olhe para as circunstâncias nem para aqueles que podem fazê-lo desanimar e desistir.

ಬಿ ಡಿ

Senhor, concede-me a graça de sentir a tua presença em todos os momentos da minha vida, especialmente nos mais difíceis. Sei que estás ao meu lado e me amas. Dá-me força e coragem para enfrentar todas as situações que se apresentam, com fé, perseverança e esperança.
Amém.

Reflexão

Diz o provérbio bíblico: "As pessoas podem fazer seus planos, porém é o Senhor Deus quem dá a última palavra" (Pr 16,1). Nós fazemos **PLANOS** para nossa carreira, nossos relacionamentos, nosso futuro e uma infinidade de outras coisas, porque os consideramos bons para nós, mas nos esquecemos de entregá-los aos cuidados de Deus. Se nossos sonhos e projetos são bons, os planos de Deus para nossa vida são perfeitos e maiores que os nossos, por isso devemos entregá-los aos seus cuidados e ele proverá muito mais do que aquilo que necessitamos.

Ação concreta

Entregue ao Senhor seus sonhos e projetos de vida. Peça que ele os abençoe e mostre os caminhos a serem percorridos para que você, fazendo a sua parte, possa realizá-los com êxito. Motive-se, supere-se, enfrente os desafios e siga em frente!

༄ ༅

Senhor, entrego a ti meus sonhos e projetos. Peço a tua bênção
para realizá-los. Mostra-me os caminhos que devo seguir
para que minhas ações me levem ao bom êxito.
Concede-me a graça de ser uma pessoa motivada,
superando obstáculos, enfrentando os desafios,
e não recuando diante das adversidades.
Amém.

Reflexão

Como você espera que os outros o tratem? Com respeito, cordialidade, educação e sem discriminação? Todos nós esperamos isso, mas será que procuramos tratar as pessoas assim? Jesus ensinou um princípio básico para termos **RELACIONAMENTOS** de qualidade: "Tudo o que quereis que os homens vos façam, fazei-o vós a eles" (Mt 7,12).

Com este ensinamento, ele nos coloca diante de um grande desafio: buscar em nós mesmos o que exigimos dos outros. Talvez este seja o preceito mais difícil que Jesus nos propõe: vermos no outro a figura de um irmão – o que de fato somos –, tratando-o com misericórdia.

Façamos de tal ensinamento uma "regra" de conduta para nossa vida. Procuremos não julgar para não sermos julgados; não condenar, para não sermos condenados; perdoar, para sermos perdoados; amar, para sermos amados; ajudar, para sermos ajudados, independentemente de quem esteja do outro lado.

Ação concreta

Fique atento ao tratamento que você dispensa a seus semelhantes. Antes de fazer o que quer que seja contra alguém, dirija a si mesmo a seguinte pergunta: Gostaria que alguém fizesse a mim o que vou fazer a este meu próximo?

Senhor, ensina-me a fazer aos outros o que gostaria que eles
fizessem a mim. Que meus relacionamentos estejam baseados
no amor, na misericórdia e no respeito.
Amém.

Reflexão

O trabalho é a expressão plena da humanidade de cada pessoa. Ele representa uma dimensão fundamental da nossa existência, como colaboradores da criação. Jamais menospreze seu **TRABALHO**. Por mais simples que seja, todo trabalho tem seu valor, e não deve ser encarado como um fardo, uma vez que passamos boa parte da nossa vida realizando-o e, além do mais, é dele que obtemos nosso sustento.

O trabalho é uma das bênçãos de Deus, dignifica o homem e é fonte de realização pessoal, e como nos diz o salmista: "poderás viver do trabalho de tuas mãos, serás feliz e terás bem-estar" (Sl 127,2).

Aprenda a agradecer a Deus por seu trabalho e procure descobrir novas perspectivas de crescimento, de forma a tornar-se um excelente profissional.

Ação concreta

Execute seu trabalho com amor, empenho e dedicação. Dê o seu melhor e seja grato ao Criador, por lhe dar condições de ganhar o sustento de que precisa. Confie que tudo dará certo hoje!

ഏ ര

Senhor, obrigado pelo meu trabalho.
Quero investir na minha vida profissional,
buscando crescer e aperfeiçoar-me cada vez mais.
Faze com que eu obtenha através dele o sustento de que necessito.
Amém.

Reflexão

Bons pensamentos, além de serem saudáveis, levam as pessoas a praticarem boas ações, uma vez que a mente e o comportamento humano estão intimamente ligados. Dessa forma, se pensarmos em coisas positivas, realizaremos boas ações, e melhores serão nossos dias. Por outro lado, se nosso **PENSAMENTO** estiver voltado para coisas ruins, poderemos ter atitudes negativas, que causem sofrimento a nós e àqueles que convivem conosco. Aquilo que colocamos em nossa mente determina o que falamos e fazemos.

Quanto mais positivos forem nossos pensamentos, melhor reagiremos à vida, às tentações, aos problemas e à dor! Já que podemos escolher o que pensar, guardemos com todo cuidado nossa mente e pensemos em "tudo o que é bom, verdadeiro, digno, correto, puro, agradável e decente" (Fl 4,8).

Ação concreta

Fique atento aos pensamentos e às palavras que você expressa. Procure cultivar o hábito de ser positivo com relação à vida.

No começo, pode ser difícil, mas com o tempo o esforço será recompensado!

Senhor, pelo poder do Espírito Santo, ajuda-me a ocupar minha mente e pensar em tudo que é verdadeiro, nobre, correto, puro, amável, de boa fama e digno de louvor. Que os teus pensamentos sejam os meus pensamentos.
Amém.

Reflexão

"A alegria da pessoa prolonga-lhe a vida" (Eclo 30,23) e é um remédio para muitos males, por isso devemos procurar ter um estilo de vida mais leve, mais feliz. Manter o bom humor e procurar motivos para tornar a vida melhor é essencial para vivermos mais felizes. Muitas pessoas se perguntam: Como posso encontrar alegria em um mundo tão atribulado? É simples. A **ALEGRIA** está dentro de você e na sua capacidade de reclamar menos e enxergar mais as bênçãos de Deus em sua vida.

A alegria é uma virtude que precisa ser conquistada, exercitada, aprendida, até que se firme como uma parte da sua personalidade. A alegria é algo que faz bem não somente ao corpo, mas também à alma e, como bem disse São Francisco de Sales: "A alegria abre, a tristeza fecha o coração".

Ação concreta

Deixe a alegria preencher seu coração e compartilhe-a com os seus semelhantes. Seja grato por todas as graças que tem recebido de Deus. Lute para atingir suas metas e celebre cada conquista com alegria.

ഌ ര

Senhor, concede-me a graça de ser uma pessoa alegre e agradecida
por todas as bênçãos recebidas em minha vida.
Quero deixar-me surpreender pelo vinho novo da esperança
que tu me ofereces, trazendo alegria ao meu coração
e contagiando todos a meu redor.
Amém.

Reflexão

O **DINHEIRO** é uma das principais fontes de conflitos entre as pessoas. Ele atrai e seduz o homem e, por isso, Deus nos orienta a não vivermos em função dele. Deus não condena o dinheiro em si, que é necessário para promover o bem-estar e permite que tenhamos acesso à educação, moradia, alimentação, lazer e saúde; o que ele condena é o apego exagerado ao dinheiro. A Bíblia diz que: "quem ama o dinheiro jamais terá o suficiente; quem ama as riquezas jamais ficará satisfeito com os seus rendimentos" (cf. Ecl 5,9).

As pessoas que colocam na riqueza o seu coração, e buscam o dinheiro acima de tudo, nunca estão satisfeitas com o que têm, querem sempre mais. Muitas acabam morrendo espiritualmente, porque se afastam de Deus. Quando as coisas materiais sufocam as espirituais, a comunhão com Deus deixa de existir e perdemos muitas bênçãos. Não permita que isso ocorra com você!

Ação concreta

Não há mal em querer prosperar, mas não permita que a prosperidade empobreça seu relacionamento com Deus.

Aprenda a usar o dinheiro de forma equilibrada, sem apegos e exageros.

※ ※

Senhor, dá-me discernimento para que eu faça bom uso do dinheiro,
administrando os bens materiais de forma equilibrada, sem apegos ou exageros.
Não permitas que meu coração se apegue de tal forma aos bens deste mundo,
a ponto de levar-me a te colocar em segundo lugar na minha vida.
Amém.

REFLEXÃO

Todos nós temos limitações, e muitas delas podem ser superadas se assim o desejarmos. Precisamos ter consciência de nossos limites, respeitando-os e buscando sempre vencer os desafios. Também precisamos reconhecer nossas dificuldades e trabalhar para mudá-las.

A determinação necessária para superar-se está dentro de você. Acredite em si mesmo e acredite em Deus, que "te guiará constantemente, alimentar-te-á no árido deserto, renovará teu vigor" (Is 58,11a). Lembre-se de que, se há muitos que desanimam diante das dificuldades, há outros que se superam e vencem com força de vontade e motivação.

Jamais perca o ânimo, a vontade de crescer, de se superar, de vencer e, sobretudo, de viver. A **SUPERAÇÃO** exige persistência, resistência e paciência e, quando menos se espera, a gente se supera, basta não desistir nunca.

AÇÃO CONCRETA

Não fique focado nas suas fraquezas e dificuldades. Quando a vida desafiar você, não baixe a cabeça, não desista. Aproveite as oportunidades que a vida lhe oferecer. Pense de forma positiva e renove sempre a esperança de superar-se.

෨ ൡ

Senhor, sei que queres a minha felicidade e desejas apenas
que eu tenha fé. Peço-te a graça de reconhecer minhas limitações,
para superá-las, com ânimo e coragem. Ajuda-me a me deter nas
oportunidades que a vida me oferece e não em minhas limitações.
Amém.

Reflexão

Aprenda a **DIZER NÃO** a tudo aquilo que impede você de viver ou que vai contra seus princípios, sem culpa, remorso ou constrangimento. Muitas vezes, dizemos "sim" somente para agradar familiares, amigos e colegas de trabalho, e acabamos ocultando nossos verdadeiros sentimentos, uma vez que, na verdade, nossa vontade era dizer "não". Com essa atitude, acabamos transmitindo uma falsa impressão daquilo que realmente sentimos e pensamos e nos tornamos escravos de nós mesmos, nos privando da liberdade de ser o que realmente somos.

Um "não" dito no momento certo evita muitos problemas e pode tornar a sua vida melhor, por isso, "Dizei somente: sim, se é sim; não, se é não" (Mt 5,37a).

Ação concreta

Procure exercitar a virtude da autenticidade, colocando-a em prática com mais ênfase, mesmo que ela não seja percebida e reconhecida pelas pessoas que convivem com você. Seja firme em suas convicções e palavras: que seu "não" seja não e seu "sim" seja sim.

☙ ❧

Senhor, ajuda-me a ter firmeza diante das situações
em que é preciso dizer "não". Que eu tenha coragem de ser autêntico
e seja livre para viver de acordo com teus princípios.
Enche meu coração com a força do Espírito Santo e dá-me
a graça de viver retamente em teus caminhos.
Amém.

REFLEXÃO

Em maior ou menor grau, todos nós temos algum tipo de **PRECONCEITO**, e muitas vezes expressamos este sentimento através de atitudes que discriminam e machucam os outros. Olhamos as pessoas e as definimos a partir da nossa impressão. Possuímos muitas opiniões e conceitos construídos dentro de nós que são frutos de ideias preconcebidas, sem fundamentação alguma. "Deus não faz distinção de pessoas" (Rm 2,11), e a beleza da vida consiste em agir como ele, olhando as pessoas além das aparências. Para isso, precisamos dizer não às diferentes formas de discriminação. Precisamos libertar-nos de todo tipo de preconceito, inclusive do preconceito que temos com nós mesmos.

AÇÃO CONCRETA

Acolha as pessoas segundo as virtudes do coração de Jesus, vendo-as além das aparências, desprovido de qualquer tipo de preconceito. Deixe-se tocar pelo amor de Deus, e ele irá transformar o seu jeito de pensar, libertando-o de todo tipo de discriminação.

ೞ ೧೩

Senhor, tu conheces meu coração e sabes que trago comigo preconceitos.
Desejo mudar e, por isso, peço que me libertes desse sentimento.
Ensina-me a amar e a respeitar tudo e todos. Que eu aprenda a ver
além das aparências, enxergando, em cada pessoa,
um ser humano criado à tua imagem e semelhança.
Amém.

Reflexão

Manter o controle sobre si mesmo, sobre atitudes, sentimentos e emoções, vencer o próprio ego, gerenciar a própria consciência e alcançar o **AUTODOMÍNIO** é o grande desafio que devemos assumir todos os dias. Precisamos ter coragem e buscar cada dia a transformação de nossa mente, eliminando a maldade, a inveja, a raiva, o medo e todos os pensamentos negativos que nela residem.

Quem se exercita no autodomínio e na paciência torna-se, a cada exercício, mais dono de si mesmo e, como diz as Escrituras, "mais vale quem domina o coração do que aquele que conquista uma cidade" (Pr 16,32).

Ação concreta

O primeiro domínio a exercitar é sobre si mesmo e sobre seus desejos. Toda pessoa pode ter domínio sobre seus atos, desde que exercite a sua força de vontade. Use-a como ponto central para exercer o autodomínio sobre atitudes, sentimentos e emoções e torne-se "dono" de si mesmo.

ೞ ಡ

Senhor, concede-me a graça de exercer o autodomínio. Que eu seja capaz
de pensar antes de agir e de medir as consequências das minhas palavras
e atitudes. Que, diante das diversas situações do dia a dia, eu tenha
discernimento para agir da melhor forma possível. Que cada vez mais
eu tenha maturidade espiritual, pois, assim, terei melhor autodomínio.
Amém.

REFLEXÃO

"Devemos instruir as crianças no caminho que devem andar e até quando envelhecerem, não se desviarão dele" (Pr 22,6). Os pais têm a importante tarefa de instruir os **FILHOS**, educando-os e orientando-os para que saibam escolher o melhor caminho a seguir. Esse é um processo gradativo e longo, que começa quando o filho nasce e dura até quando ele se torna independente.

Os filhos aprendem mais com os exemplos dos pais do que com palavras, ordens ou ameaças. Os pais devem aproveitar os momentos de convivência, para instruir e educar os filhos na vivência dos valores éticos e cristãos na família e na sociedade. A contínua educação aliada ao amor é capaz de incutir nos filhos a importância da prática da cidadania e do respeito ao próximo.

AÇÃO CONCRETA

Paute a educação dos seus filhos na fé e na vivência dos valores éticos e cristãos. Faça com que eles encontrem na família um ponto de referência, segurança e apoio. Para conhecer melhor os pensamentos, ideias e vontades dos seus filhos, use o diálogo como um aliado.

෨ ෬

Senhor, quero assumir com amor e dedicação a incumbência de amar e educar
os meus filhos desde a mais tenra idade. Que eu saiba educá-los na fé e no amor,
dando-lhe exemplos de justiça, generosidade, honestidade e integridade.
Capacita-me a ensiná-los a conciliar liberdade com responsabilidade.
Amém.

REFLEXÃO

Vivemos numa sociedade que valoriza muito os **BENS TERRENOS** e facilmente somos levados a acreditar que o dinheiro e os bens materiais são o que existe de mais importante. Será que não damos ao dinheiro uma importância maior do que ele realmente tem? Com dinheiro, tudo parece mais fácil: ter conforto, se divertir, realizar desejos, suprir necessidades. Mas ter tudo isso significa estarmos felizes e indo na direção certa? Certamente que não! "A verdadeira vida de uma pessoa não depende das coisas que ela tem, mesmo que sejam muitas" (Lc 12,15).

Devemos ser capazes de perceber que os bens materiais são temporários, e, por isso, não podemos ser dominados por eles. As melhores coisas da vida são gratuitas e provêm da bondade e da graça de Deus. Não conseguimos segurá-las com as mãos, mas as guardamos em nosso coração!

AÇÃO CONCRETA

Coloque sua vida acima de seus bens. Busque a Deus de todo seu coração. Ame as pessoas e partilhe seus bens e sua vida.

ഓ ര

Senhor, livra-me da tentação de acumular bens materiais, na esperança
de garantir, com eles, o meu futuro. Faze com que minha fé em Cristo
não se resuma a uma busca por bens temporários.
Prepara-me para o dia em que estarei diante de ti.
Amém.

Reflexão

O profeta Isaías lança sobre nós um desafio ao nos dizer: "aprendei a fazer o bem" (Is 1,17a). Muitas vezes somos levados pela ambição do ter e do poder, que se sobrepõe ao serviço ao próximo e à valorização da dignidade humana, e deixamos de ver a vida como um dom de Deus.

Em uma entrevista, um jornalista falou para Madre Teresa de Calcutá que admirava o trabalho dela junto aos pobres e enfermos, e considerava o que ela fazia como uma gota d'água no oceano, diante da grande necessidade existente, ao que ela respondeu: "Sim, meu filho, mas sem essa gota d'água o oceano seria menor".

FAZER O BEM sem olhar a quem, e sem esperar recompensa humana, torna a vida mais bela!

Ação concreta

Sempre que for possível, procure ajudar alguém. A ajuda não precisa ser somente financeira. Você pode fazer trabalho voluntário, compartilhar seus conhecimentos, doar alimentos, participar de uma ONG (Organização Não Governamental), ouvir alguém que está só e, acima de tudo, amar.

ಸಾ ಄

Senhor, quero aprender a fazer o bem e a ajudar de bom grado
e espontaneamente aqueles que precisam. Seja qual for o momento,
situação ou lugar, ajuda-me a fazer o bem sem olhar a quem.
Amém.

Reflexão

Se você já passou pela experiência da perda de um ente querido, sabe que esta é uma situação extremamente dolorosa. A ausência da pessoa que amamos e a separação física, que é irreversível, nos deixam com uma indescritível sensação de desamparo, vazio e muitas vezes de revolta. Mas não podemos permitir que a dor da **SAUDADE** seja um impedimento para continuarmos a viver. Jesus diz: "quem crê em mim tem a vida eterna" (Jo 6,47). Confiantes nessas palavras, precisamos aprender a lidar com a perda e buscar o conforto espiritual em Deus, que é capaz de amenizar o sofrimento, transformando a saudade em terna lembrança.

Ação concreta

Com o passar do tempo, a dor da saudade vai amenizando. Procure guardar em seu coração as lembranças mais singelas do ente querido. As coisas boas e os bons exemplos que adquiriu com ele podem servir de inspiração para a sua vida.

༄ ༅

Senhor, vem e cura a falta que (dizer o nome da pessoa) *está fazendo em minha vida. Ajuda-me a ser forte e a superar com fé este momento difícil. Liberta-me deste sentimento de perda. Afasta de mim a solidão e preenche com teu amor o vazio que sinto. Concede-me a graça de ter confiança e esperança na vida eterna. Amém.*

REFLEXÃO

Você tem livre-arbítrio e sua vida vai sendo escrita de acordo com suas escolhas. Diante das dificuldades, você pode se desesperar, desanimar, ficar triste, reclamar de tudo e até mesmo chorar, ou pode sorrir, apesar dos problemas e das desilusões. A escolha é sua. Escolha **SER FELIZ**!

Ser feliz é não deixar de sonhar, mesmo quando fracassamos; é ser grato mesmo quando as coisas dão errado; é não desistir de amar, mesmo quando sofremos decepções. Ser feliz é tornar-se o autor da própria história e reconhecer que, apesar de tudo, vale a pena viver, por isso, "não deixe de aproveitar um dia feliz; não deixe escapar a oportunidade de satisfazer um desejo bom" (Eclo 14,14). Ser feliz é questão de escolha. Ser feliz depende de você!

AÇÃO CONCRETA

Não viva com a ideia de que um dia você será feliz. Ser feliz não depende do que acontece ao nosso redor, mas do que acontece dentro de nós. Escolha ser feliz onde você está, com o que tem agora. Valorize cada momento de sua vida e seja feliz!

☙ ❧

Senhor, coloco-me na tua presença e,
diante da tua luz, peço a graça de escolher bem,
pois, da qualidade das minhas escolhas, depende a minha felicidade.
Ensina-me a valorizar cada momento precioso da minha vida.
Quero ser feliz onde eu estiver e com o que eu tiver.
Amém.

Reflexão

Se você é uma pessoa que deixa a roupa mais bonita para uma ocasião especial, as melhores louças para uma data importante, o encontro com os amigos para quando tiver algo a comemorar, a roupa de cama mais elegante para quando chegar alguma visita, as palavras de carinho para serem ditas amanhã... você precisa rever seus conceitos, pois "você não sabe o que será sua vida amanhã. Somos como uma neblina passageira que aparece por algum tempo e logo depois desaparece" (Tg 4,14).

Cada segundo é um tempo especial para fazer tudo o que deve ser feito. Não economize as coisas boas da vida: reveja amigos, use a roupa mais bonita, passe o melhor perfume, use as louças que estão há muito tempo guardadas, visite aquele amigo que há tempos não vê.

Faça de cada momento uma ocasião especial para dizer uma declaração de amor, ter um gesto de carinho, fazer um pedido de perdão. **VIVA** intensamente o tempo que Deus lhe concede.

Ação concreta

Todo minuto, toda hora, todo dia é um presente de Deus! Faça a opção de tornar cada instante de sua vida uma ocasião especial para ser vivida.

☙ ❧

Senhor, ensina-me a viver cada dia de forma intensa, com entusiasmo,
esperança, e procurando fazer as coisas do melhor modo possível.
Quero aprender a valorizar as coisas simples da vida e viver intensamente
cada fração de segundo que me concedes.
Amém.

Reflexão

Quando somos jovens, temos em nós uma força extraordinária e disposição para fazer o que desejamos. Cometemos certos exageros, sem nos preocuparmos com a saúde. O tempo passa e, à medida que a idade avança, nos damos conta de que somos limitados e precisamos mudar o rumo de nossa vida, se quisermos gozar de boa saúde.

Quando tomamos consciência da importância de cuidar da saúde, percebemos que esse é o maior bem que temos e que, muitas vezes, nem todo o dinheiro do mundo é suficiente para restituí-la. O ideal é viver bem e de modo equilibrado desde a juventude, uma vez que "não há maior riqueza que a saúde do corpo" (Eclo 30,16a). Cuide de sua **SAÚDE** e evite todo tipo de excesso.

Pratique exercícios físicos, tenha uma alimentação equilibrada e mantenha sua mente focada em coisas alegres. Sua saúde agradece!

Ação concreta

Cultive a virtude da moderação, evitando todas as formas de excessos. Adote um estilo de vida saudável. Jamais esqueça que a saúde é seu maior bem!

☙ ❧

Senhor, dá-me a graça de gozar de boa saúde. Que eu seja capaz
de evitar excessos, agindo com moderação em todas as coisas.
Livra-me de todas as doenças e de todo mal.
Obrigado por todo o bem que realizas na minha vida.
Amém.

REFLEXÃO

"Feliz é aquele cuja alma não está triste e que não está privado de esperança" (Eclo 14,2). A pessoa desprovida de esperança perde o interesse pela vida e um enorme vazio toma conta do seu ser. A **ESPERANÇA** estimula, anima e dá forças para não desanimarmos. Ela alimenta, fortalece e dá a motivação necessária para buscarmos os resultados desejados. A esperança contribuiu para o aumento de emoções positivas, de bem-estar e de felicidade. Ela é o combustível da vida, que faz com que não fixemos nosso olhar nos acontecimentos ruins, mas olhemos para o futuro com a certeza de que tudo pode melhorar. Viver com esperança é fundamental para conquistar sucesso, construir bons relacionamentos e obter paz interior.

AÇÃO CONCRETA

Se você é uma pessoa desprovida de esperança, aprenda a cultivá-la. Atitudes esperançosas farão com que com você conserve a tranquilidade interior em qualquer situação. Intensifique sua espiritualidade. A fé afasta o medo e a dúvida, restitui a confiança em Deus e devolve a esperança.

ഌ ര

Senhor, a cada amanhecer renova minha fé em ti
e minha esperança em dias melhores.
Concede-me a força do Espírito Santo para prosseguir confiante,
mesmo quando tudo pareça nebuloso.
Amém.

REFLEXÃO

Os obstáculos são uma parte intrínseca da nossa vida e, enquanto vivermos, sempre haverá desafios a enfrentar. A nossa atitude e o modo como ultrapassamos essas barreiras fazem toda a diferença. Se nos deixarmos vencer pelo medo, criamos em nós pensamentos negativos que geram a sensação de derrota e frustração, mas, se enfrentarmos os **OBSTÁCULOS** com coragem e determinação, encontraremos meios de solucioná-los. Por mais complexo que o problema pareça ser, sempre existe uma solução, que nem sempre somos capazes de enxergar.

Diante dos obstáculos, Deus nos conforta e nos diz: "nada temas, porque estou contigo, não lances olhares desesperados, pois eu sou teu Deus; eu te fortaleço e venho em teu socorro, eu te amparo com minha destra vitoriosa" (Is 41,10). Quando você se sentir incapaz de resolver seus problemas, tenha fé e entregue-os a Deus. Ele tem a solução perfeita para qualquer situação e fará o que for melhor para você!

AÇÃO CONCRETA

Jamais permita que tristezas, frustrações e obstáculos coloquem um fim em seus sonhos, ideais e objetivos. Caminhe firme, sem temer os obstáculos. Deus está contigo. Confie!

ೞ ಇ

Senhor, não consigo ver soluções para minhas dificuldades
e sinto-me desanimado. Sei que, humanamente, não tenho muito a fazer,
por isso te peço: vem em meu auxílio, mostra-me o caminho a seguir.
Dá-me ânimo e sustenta-me com tua destra vitoriosa.
Amém.

Reflexão

"A fé é o fundamento da esperança, é uma certeza a respeito do que não se vê" (Hb 11,1), e está presente no dia a dia das pessoas. Muitos dizem que não necessitam de fé e que lhes basta a razão, mas acredito que um coração sem fé é vazio.

A **FÉ** é uma força interior poderosa que nos possibilita quebrar barreiras aparentemente difíceis de serem superadas. Como bem definiu o escritor russo Leon Tolstói, ela é a "força motriz da vida" que nos motiva quando estamos desanimados, nos dá forças para continuarmos a lutar quando fracassamos, nos mantém firmes quando passamos por momentos difíceis, nos faz sorrir quando somos feridos pela dor da desilusão. O seu poder ultrapassa as forças humanas e torna possível até mesmo o impossível.

Deposite sua fé em Deus, pois a necessidade ou o querer é nosso, mas o poder é dele.

Ação concreta

A fé é um dom. Se você não tem fé ou tem pouca fé, peça que Deus tire toda dúvida do seu coração e lhe conceda a graça de crer. Tenha uma vida de oração e escute o que Deus fala através das Escrituras e das experiências de vida.

❧ ☙

Senhor, concede-me a graça de ter uma fé inabalável. Que eu tenha
uma fé ativa que aja em minha mente, em meu coração, para alegrar,
motivar, transformar e tornar possível o impossível. Ajuda-me a crer em ti,
no teu amor, nas pessoas, na vida e num mundo melhor.
Amém.

Reflexão

O **PERDÃO** faz bem a quem é perdoado e mais ainda a quem perdoa. Quando tomamos a decisão de perdoar, experimentamos um alívio imediato na alma e a leveza da alegria, e isso proporciona paz ao nosso coração. Um texto de autoria desconhecida traduz bem a importância do perdão:

O que é mais importante: perdoar ou pedir perdão?
Quem pede perdão mostra que ainda crê no amor...
Quem perdoa mostra que ainda existe amor para quem crê...
Mas não importa saber qual das duas coisas é mais importante...
É sempre importante saber que:
perdoar é o modo mais sublime de crescer...
Pedir perdão é o modo mais sublime de se levantar...

Quando abrimos nosso coração para o perdão, nos tornamos livres em Deus para viver o amor em toda a sua plenitude. Perdoar só faz bem, por isso, Paulo recomenda: "Suportai-vos uns aos outros e perdoai-vos mutuamente, toda vez que tiverdes queixa contra outrem" (Cl 3,13a).

Ação concreta

Perdoar é uma decisão! Perdoe sempre. Dê ao outro e a você mesmo a chance de ser feliz novamente!

༄ ༅

Senhor, dá-me forças para perdoar quem me ofendeu e prejudicou.
Ajuda-me a ser livre e amar, sem ressentimentos e mágoas.
Liberta-me das inquietudes que afligem meu coração pela falta de perdão.
Que eu possa sentir teu amor em todos os momentos da minha vida.
Amém.

Reflexão

Fazemos parte de uma sociedade barulhenta. Feche os olhos por um momento e preste atenção no barulho dos carros, nos sons altos, no barulho da TV, do celular, das pessoas falando... muitas vezes o barulho é tão intenso, que nos incomoda. No entanto, há muitas pessoas que já não conseguem conviver com o silêncio.

Momentos de **SILÊNCIO** proporcionam descanso para a mente e permitem um maior contato com nossos sentimentos e desejos mais profundos. São importantes para a saúde e nos levam ao autoconhecimento. Em sua sabedoria, Jó disse: "Se pudésseis guardar silêncio, tomar-vos-iam por sábios" (Jó 13,5).

Mesmo que o silêncio nos incomode, precisamos aprender a silenciar. Silenciar para trazer serenidade à alma, para descansar e dormir, para aquietar nosso mundo interior, para encontrar a verdadeira paz, para descansar nossa voz e nossa mente, para ouvir os apelos do coração e, sobretudo, para ouvir a voz de Deus. O silêncio é um verdadeiro bálsamo para a alma!

Ação concreta

Não se deixe dominar pelo ativismo. Aprenda a silenciar e a meditar. Recolha-se no mais profundo do seu ser e esforce-se para ter uma vida interior em Deus, no silêncio.

ഗ ര

Senhor, liberta-me da agitação inútil que trago em meu coração.
Cura-me da inquietação, da ansiedade, do esgotamento físico e mental,
e de tudo o mais que contamina minha paz interior. Ensina-me a silenciar,
meditar e rezar, dando fim ao ativismo doentio e frustrante.
Amém.

Reflexão

Um menino perguntou ao pai: "Por que quando eu abro uma flor ela morre, mas quando Deus a abre, ela fica tão bonita?". O pai respondeu: "É porque Deus sempre trabalha do lado de dentro". Essa é a maneira sábia de Deus agir. Ele transforma o homem de dentro para fora. Deus sabe o que trazemos em nosso coração e, enquanto nós só nos preocupamos com o exterior, ele busca a transformação interior. "O homem vê a aparência, mas o Senhor vê o coração" (1Sm 16,7c). Ele tem prazer em transformar vidas, mudar comportamentos e restaurar o homem em sua totalidade. E tem o poder de transformar qualquer situação.

Essa **TRANSFORMAÇÃO** é pessoal e depende de um querer individual, ou seja, para que as mudanças ocorram, precisamos abrir nosso coração e convidar Jesus a fazer parte de nossa vida, precisamos colocar nosso orgulho de lado e deixar Deus agir.

Ação concreta

Aceite Jesus como Senhor e Salvador e convide-o entrar no seu coração. Como as mudanças ocorrem pelo poder do Espírito Santo, deixe Deus agir e ele transformará sua vida.

ೞ ಙ

Senhor Jesus, eu te entrego minha vida, meus sonhos, minhas conquistas.
Abro meu coração e peço que o Espírito Santo molde,
renove e transforme todo o meu ser.
Estou confiante em teus cuidados e em teu amor.
Faz de mim uma nova criatura.
Amém.

Reflexão

Muitas vezes perdemos a **PACIÊNCIA** por motivos banais e, quando desejamos algo, queremos que se dê imediatamente, não sabemos esperar. Nas tribulações, quando tudo parece dar errado, nos desesperamos e esquecemos a promessa que Deus nos fez: "O homem paciente esperará até um determinado tempo, após o qual a alegria lhe será restituída" (Eclo 1,29). Isso quer dizer que não devemos desanimar nem entrar em desespero, diante do desemprego, do negócio que não deu certo, dos problemas familiares, da doença que preocupa.

As tribulações não duram para sempre e a alegria será restabelecida no tempo oportuno, por isso, seja paciente em todos os acontecimentos de sua vida. Quando as coisas demorarem para acontecer e você não for capaz de enxergar a ação de Deus, lembre-se de que ele está do seu lado, cuidando de tudo e preparando algo muito bom para você!

Ação concreta

Peça que Deus lhe conceda coragem para enfrentar os reveses da vida com paciência e confiança. Com fé, supere as tribulações, confiante de que o melhor está por vir!

※ ※

Senhor, concede-me coragem, sabedoria e paciência para enfrentar os desafios.
Que eu seja paciente em todas as situações e com todas as pessoas,
de modo a refletir a tua natureza divina e não ceder lugar à exasperação e à ira,
sabendo que as tribulações não duram para sempre.
Obrigado, Senhor, por ouvir minha oração.
Amém.

Reflexão

Sabe aquele medo que paralisa e nos impede de progredirmos e realizarmos nossos sonhos? Isso é mais comum do que se imagina e faz parte do dia a dia de muitas pessoas. Medo do desconhecido, de ser rejeitado, de fracassar, de ficar doente, de altura, de barata, de dirigir, de falar em público, de morrer...

Se você sofre desse mal, saiba que existem técnicas e tratamentos que podem ajudá-lo a se libertar disso.

Os **MEDOS** nada mais são do que um pensamento, e a maioria deles são frutos da nossa imaginação e nos fazem sofrer. Todos nós temos algum tipo de medo, e nos empenhar para superá-los é muito importante para alcançarmos o sucesso pessoal, por isso, "sê firme e corajoso. Não te atemorizes, não tenhas medo, porque o Senhor está contigo em qualquer parte para onde fores" (Js 1,9).

Ação concreta

Procure identificar se o seu medo é real ou fruto de sua imaginação. Enfrente seu medo e construa uma nova crença a respeito dele. Ore e peça a Deus que lhe liberte de todo tipo de medo. Se não conseguir superá-lo sozinho, procure ajuda de um profissional capacitado.

ஐ ଔ

Senhor, muitas vezes tenho me sentido oprimido e paralisado pelo medo.
Dá-me coragem de enfrentar todas as situações e tomar as decisões necessárias.
Liberta-me do medo, restituindo minha fé e dando-me coragem.
Louvo-te e te agradeço por estares me libertando.
Amém.

Reflexão

Intencionalmente ou não, as pessoas ferem-se umas às outras e a forma como lidamos com essas situações faz toda a diferença em nossa vida. Quando nos sentimos feridos por alguém, ficamos ressentidos e acabamos nos tornando pessoas rancorosas. "Guardar ressentimento é como tomar veneno e esperar que a outra pessoa morra" (William Shakespeare), porque quem acaba morrendo é a gente mesmo. Muitas vezes a outra pessoa nem sabe do **RANCOR** que carregamos em nosso coração.

Quanto mais nutrimos o rancor, mais nos ferimos, prolongamos a dor, arruinamos nossos relacionamentos, tornando-nos pessoas infelizes. O segredo é perdoar e amar, pois "o amor não guarda rancor" (1Cor 13,5). O amor tudo restaura, tudo conforta, tudo suporta.

Ação concreta

Pratique sempre o perdão! Aperfeiçoe sua capacidade de amar o próximo, e irá descobrir que este sentimento acaba com o rancor e aproxima as pessoas.

༄ ༅

Senhor, tira do meu coração tudo que me afasta de ti.
Liberta-me dos rancores, da falta de perdão e do desamor,
dos ressentimentos e de tudo aquilo que é obstáculo
para que a tua graça aconteça em minha vida.
Dá-me um coração semelhante ao de Jesus,
amoroso e cheio de misericórdia.
Amém.

Reflexão

O coração de uma pessoa amargurada é tão nocivo que a Palavra de Deus declara: "Não haja entre vós alguma raiz de amargura que, brotando, vos perturbe, e, por meio dela, muitos sejam contaminados" (Hb 12,15). Uma pessoa amargurada nunca está de bem com a vida, reclama de tudo, vive insatisfeita, trata as pessoas com aspereza e, para ela, nada presta. Se você prestar atenção ao seu redor, encontrará muitas pessoas assim, que há muito tempo perderem a capacidade de sorrir, elogiar, se alegrar e de amar.

Não permita que a **AMARGURA** se instale em seu coração e crie raízes profundas, pois você será o primeiro a beber de seu fel. A amargura não faz nada para o ofensor, mas destrói silenciosamente o ofendido. Não retenha mágoas, perdoe! O perdão é o melhor caminho para a libertação da amargura.

Ação concreta

A amargura é um sentimento negativo que impede nosso crescimento na fé. Deus coloca em nossas mãos o perdão, para nos libertarmos das raízes da amargura. Ao perdoar, liberamos nosso coração para receber as bênçãos de Deus.

₰ ଔ

Senhor, neste momento em que me encontro amargurado
e sem vontade de seguir adiante, vem em meu auxílio e restaura meu coração.
Fortalece-me com teu Espírito Santo e faz com que eu reencontre
a capacidade de perdoar e de amar.
Liberta-me da amargura e ajuda-me a seguir confiante,
trilhando os caminhos da vida.
Amém.

Reflexão

Quem nunca contou uma mentira na vida? Certamente todos nós já contamos alguma mentira para não magoar ou para amenizar o sofrimento do outro, para proteger ou para não ferir, para justificar um atraso ou pequenas falhas, ou até mesmo para nos livrarmos de situações embaraçosas. Muitas vezes mentimos para nós mesmos, procurando nos convencer de que isso ou aquilo é mais conveniente. Paulo nos instrui a "abandonar a mentira e falar a verdade ao nosso próximo, pois todos somos membros de um mesmo corpo" (Ef 4,25).

Mentir não significa apenas deixar de falar a verdade, mas tem a ver com enganar, ludibriar, fazer o outro acreditar naquilo que está sendo dito.

Dizer uma **MENTIRA** é fácil, mas mantê-la requer mais esforço do que dizer a verdade, uma vez que sua base está na ficção e não na realidade e, de acordo com um adágio popular, "a mentira tem pernas curtas". Esforcemo-nos para que a verdade sempre prevaleça!

Ação concreta

Para se sentir bem com as pessoas, é preciso ser verdadeiro consigo mesmo. Esforce-se para falar sempre a verdade.

༄ ༅

Senhor, vem em meu auxílio e liberta-me de proferir mentiras.
Faze com que a verdade sempre esteja sempre presente em meu coração,
em minhas palavras e na minha maneira de viver.
Amém.

REFLEXÃO

Escrita ou falada a palavra é um importante meio de comunicação e, como tal, tem um grande poder na vida das pessoas. A **PALAVRA**, quando bem usada, liberta, cura, traz alegria, concede esperança, restaura vidas... Mas, quando mal-empregada, pode ser causa de opressão, tristeza, ódio, doença, condenação, lágrimas e até mesmo de morte. Muitas vezes, os estragos que ela faz são irreversíveis, e o Senhor nos alerta sobre a importância da conscientização do poder da palavra para que possamos utilizá-la sabiamente em nossa vida: "A vossa palavra seja sempre com graça, temperada com sal, para saberdes como deveis responder a cada um" (Cl 4,6).

Assim como o sal, nossa palavra deve ter uma medida certa e precisamos ter o cuidado de escolher cada palavra que proferimos, uma vez que elas são a expressão de nossa mente e é através delas que manifestamos nossos sentimentos, sejam eles nobres ou mesquinhos.

AÇÃO CONCRETA

Na paciência e na calma, tenha sempre uma comunicação fraterna. Ilumine a vida das pessoas com palavras edificantes e, sobretudo, com seu testemunho.

※ ※

Senhor, concede-me sabedoria para proferir em todos os momentos
a palavra certa. Que eu possa compreender e ser compreendido.
Que eu seja capaz de tocar o coração das pessoas, através de
palavras construtivas que edifiquem e transformem suas vidas.
Amém.

Reflexão

Que decepção... Nunca imaginei que isso pudesse acontecer, jamais esperei por isso... Você já se decepcionou alguma vez? Você já parou para analisar por que nos decepcionamos? É normal acalentarmos sonhos, traçarmos metas, escolhermos os caminhos que queremos seguir e, assim, criamos expectativas em relação às pessoas, à profissão, aos amigos... E, quando as coisas não acontecem como esperávamos, vem a **DECEPÇÃO**, que gera insatisfação, causa sofrimento e nos faz repensar na vida e nas decisões do passado.

Quanto maior for nossa expectativa com as coisas ou pessoas, maiores são as chances de nos decepcionarmos. Se você ficar alimentando suas decepções, elas ficarão para sempre lhe atormentando. Procure ver nas decepções uma oportunidade de viver novas expectativas, tendo a mesma atitude de Paulo, que disse: "... uma coisa eu faço: esqueço aquilo que fica para trás e avanço para o que está na minha frente" (Fl 3,13).

Ação concreta

Procure esquecer e libertar-se das decepções. Levante-se e busque a ajuda de Deus. Ele quer curá-lo e abençoá-lo. Não permita que uma decepção destrua suas esperanças.

෨ ඥ

Senhor, não permitas que as decepções me impeçam de acreditar
e confiar nas pessoas. Que elas não tirem o brilho do meu olhar,
mas me permitam acreditar na vida. Tu és minha segurança e
somente em ti quero depositar minha confiança.
Amém.

Reflexão

Parafraseando Napoleão Bonaparte, "o entusiasmo é a maior força da alma. Conserva-o e nunca te faltará poder para conseguires o que desejas". O **ENTUSIASMO** é essencial para que alcancemos o sucesso em qualquer área da nossa vida, por isso devemos cultivá-lo. Precisamos parar com as queixas e com as críticas e acreditar que somos capazes de transformar a realidade, de construir o sucesso e de vencer.

A palavra entusiasmo vem de duas palavras gregas *"en"* e *"theos"* e significa "Deus dentro de si". É uma força poderosa que aniquila o desânimo, termina com o medo e dá forças para vencermos os obstáculos, conduzindo-nos ao sucesso.

Praticar ações que aumentam a alegria do coração transformará sua vida, por isso, adquira o hábito de ser uma pessoa entusiasmada, cultivando pensamentos positivos, alegria, confiança e amor. Elimine a descrença e o desânimo, na certeza de que "tudo é possível ao que crê" (Mc 9,23).

Ação concreta

Pratique ações que aumentem a alegria e o entusiasmo em seu coração. Demonstre amor à sua família e às pessoas. Planeje suas atividades e reserve tempo para as mais distintas áreas de sua vida. Cuide de sua saúde. Visite um orfanato ou um asilo. Faça algo que realmente lhe dê prazer.

Senhor, pela força do Espírito Santo, ajuda-me a ser
uma pessoa entusiasmada, feliz, cheia de confiança e amor.
Amém.

REFLEXÃO

Certamente, alguém já lhe deu este conselho: "não se preocupe, tudo vai dar certo". Embora este e tantos outros conselhos semelhantes sejam "bem-intencionados", não é fácil deixar de se preocupar com o que poderá acontecer amanhã, na próxima semana ou nos próximos meses. Quando nos preocupamos demais, podemos nos deparar com o medo, com a desconfiança, com o desespero e até mesmo com a depressão, que tomam conta de nossa mente e nos fazem sofrer por antecipação.

A **PREOCUPAÇÃO** excessiva faz mal. Muitas vezes sofremos por situações que nem sequer se concretizarão e acabamos desperdiçando tempo e energia. Vivemos o dia de hoje apenas uma vez e, se perdermos as oportunidades que ele nos apresenta, jamais teremos a chance de recuperá-las. Jesus, sabendo da importância de valorizar cada dia, deixou este conselho: "Não fiquem preocupados com o dia de amanhã, pois o dia de amanhã trará as suas próprias preocupações. Para cada dia bastam as suas próprias dificuldades" (Mt 6,34).

AÇÃO CONCRETA

Procure distinguir a preocupação benéfica da preocupação excessiva. Confie em Deus e alivie seu coração. Tenha uma vida tranquila e viva, confiante, um dia de cada vez.

ഓ ഌ

Senhor, afasta de minha vida toda preocupação exagerada.
Ensina-me a viver cada dia com confiança e fidelidade a ti,
sem me afligir com o que pode acontecer nos dias que estão por vir.
Amém.

Reflexão

Aja com **POSITIVIDADE** e reconheça em cada acontecimento a oportunidade de crescimento e desenvolvimento pessoal. Não fique remoendo derrotas e coisas do passado, pois pensamentos ruins despertam nosso lado negativo.

Pensar de forma positiva o levará a agir com confiança e será mais fácil superar os momentos de dificuldades. Dar lugar a pensamentos negativos só produz mau fruto. Jesus nos orientou a esse respeito quando disse: "O homem bom tira coisas boas do bom tesouro do seu coração, e o homem mau tira coisas más do seu mau tesouro, porque a boca fala daquilo de que o coração está cheio" (Lc 6,45).

A partir de hoje, decida-se a pensar somente em coisas boas, pois somos o resultado dos nossos pensamentos que se traduzem em ações e transformam nossa vida.

Ação concreta

Quando mudam a maneira de pensar e agir, as pessoas podem transformar a própria vida. Procure sempre pensar e agir de forma positiva, isso faz a diferença em qualquer situação.

Senhor, derrama sobre mim o teu Santo Espírito,
para que eu possa pensar de forma positiva,
agindo com confiança na superação de todas as dificuldades
que surgirem em minha vida.
Amém.

Reflexão

RECOMEÇAR é sempre um acontecimento especial e marca o início de uma nova fase na vida de qualquer pessoa. O Senhor nos instrui sobre isso ao nos dizer: "Até os adolescentes podem esgotar-se, e jovens robustos podem cambalear, mas aqueles que contam com o Senhor renovam suas forças; ele dá-lhes asas de águia. Correm sem se cansar, vão para a frente sem se fatigar" (Is 40,30-31).

Precisamos ter coragem e persistência para levantar diante das "quedas", não desistir diante das dificuldades, aprender com os erros, resistir aos desafios que surgirem em nosso caminho e ver em cada insucesso uma nova oportunidade para recomeçar. "Não importa onde você parou, em que momento da vida você cansou, o que importa é que sempre é possível e necessário recomeçar. Recomeçar é dar uma nova chance a si mesmo. É renovar as esperanças na vida e o mais importante: acreditar em você de novo" (Paulo Roberto Gaefke).

Ação concreta

Cada instante é o momento ideal para rever as atitudes e recomeçar. Dê uma nova chance a si mesmo!

☙ ❧

Senhor, ao refletir sobre minha vida,
percebi que muitos erros levaram-me ao sofrimento.
Perdoa-me e mostra-me os caminhos que devo trilhar.
Obrigado por cada dia conceder-me a graça de recomeçar!
Amém.

Reflexão

Quando nos queimamos, cortamos ou nos machucamos, as feridas saram, mas muitas vezes ficam cicatrizes profundas. O mesmo acontece com nosso coração. Se fosse possível vê-lo em sua essência, certamente vislumbraríamos as cicatrizes que ficaram de situações de desamor, perdas, incompreensões, traições, mágoas e indiferenças que nos causaram dores e sofrimentos.

As feridas cicatrizam e o tempo consegue diminuir nosso sofrimento, mas as marcas ficam. Embora façam sofrer, as **CICATRIZES** contam parte da nossa história. Devemos ver esses momentos como sinais de experiência que nos ensinam a viver, tornando-se para nós fonte de força e sabedoria. Aproximemo-nos do Senhor com confiança, pois ele "cura os que têm o coração partido e trata dos seus ferimentos" (Sl 146,3), com amor e misericórdia.

Ação concreta

Para curar as cicatrizes do seu coração, você precisa querer. Deseje ser liberto das marcas que lhe fazem sofrer e entregue tudo nas mãos de Deus. Entregue suas dores e seus sofrimentos e desligue-se deles. Deixe Deus agir e curar-lhe.

☙ ❧

Senhor, tu também foste marcado por numerosas chagas.
Por estas mesmas chagas, peço que restaure, cure e liberte-me das cicatrizes
que tenho em meu coração, refletindo na minha alma, sentimentos e corpo.
Com a tua graça, disponho-me a perdoar todos os que me fizeram sofrer.
Amém.

Reflexão

"Jesus crescia em estatura, em sabedoria e graça, diante de Deus e dos homens" (Lc 2,52). Nesta passagem de Lucas, encontramos o modelo ideal de **CRESCIMENTO** pessoal. Crescer em estatura inclui todos os estágios normais do nosso crescimento físico, o cuidado que devemos ter com nosso corpo e a preservação da saúde. Crescer em sabedoria é crescer intelectualmente, é também ter a sabedoria que vem de Deus para vencer os desafios que surgem na vida com fé e esperança. Já a graça é uma dádiva de Deus, mas o crescimento na graça é uma responsabilidade nossa e consiste em conhecermos a dimensão do amor de Deus, bem como as suas verdades, vivenciando-as em todas as áreas de nossa vida.

Este deve ser o nosso objetivo: crescer física, intelectual e espiritualmente.

Ação concreta

Tenha hábitos saudáveis e cuide do seu corpo. Peça que o Espírito Santo lhe dê a sabedoria necessária para discernir o bem e o mal, o certo e o errado. Procure conhecer sobre a verdade que liberta. Aprenda a amar a Deus e os irmãos.

Senhor, ajuda-me a crescer em todas as áreas da minha vida.
Sei que é uma tarefa longa e árdua, mas com a tua força conseguirei
chegar próximo à estatura do homem perfeito: seu filho Jesus Cristo.
Liberta-me de todos os pensamentos e sentimentos que impedem
a minha felicidade e o meu crescimento pessoal.
Amém.

Reflexão

Sabe aquela fase da vida em que precisamos mudar, seja de emprego, de casa, seja algo em nós mesmos, seja o rumo de nossa vida, mas o medo faz com que fiquemos estagnados? O profeta Moisés dá uma palavra de alento para estes momentos e nos diz: "Coragem! E sede fortes. Nada vos atemorize, e não os temais, porque é o Senhor vosso Deus que marcha à vossa frente: ele não vos deixará nem vos abandonará" (Dt 31,6).

Ser corajosos não significa vencermos sempre e nem que não iremos sentir medo, mas importa em termos disposição para encarar os desafios, correndo os riscos necessários.

Antes de desanimar diante de um fracasso, lembre-se de que somente alcança sucesso quem tem **CORAGEM** de perseguir seus sonhos e não se deixa abater por experiências malsucedidas. Não desista nem desanime por nada!

Ação concreta

Peça que o Espírito Santo lhe conceda coragem para ousar, buscar, mudar e principalmente acreditar. Desenvolva a autoestima e o amor-próprio, através do autoconhecimento. Acredite em si mesmo e liberte-se daquilo que o limita.

ഗ ര

Senhor, que inspirastes tantos homens corajosos a seguirem em frente,
mesmo em meio a grandes desafios e dificuldades, fortalece-me na fé
e dá-me a coragem necessária para enfrentar os desafios do dia a dia.
Ensina-me a enfrentar meus medos, sem desistir nem desanimar.
Amém.

Reflexão

Você já tentou mudar o jeito de ser de alguém? Que resultado obteve? A verdade é que passamos a vida inteira desejando que os outros mudem, queremos transformar as pessoas que vivem ao nosso redor e raramente tomamos a decisão de mudar a nós mesmos, nossa forma de pensar, ser e agir.

As pessoas só mudam quando querem fazer isso, e é prepotência de nossa parte pensar que podemos mudar o jeito de ser dos outros; isso não funciona. Ninguém muda o outro, se não consegue nem mudar a si mesmo, por isso, deixemos que Deus nos "transforme pela renovação da nossa mente" (Rm 12,2).

Essa **RENOVAÇÃO** precisa ser profunda e deve levar-nos a modificar nossas atitudes e a pensar como Deus.

Ação concreta

Estude a Palavra de Deus. Clame ao Senhor que renove e transforme sua mente pela graça do Espírito Santo. Adote novas atitudes e novos hábitos que o ajudem a viver de acordo com a vontade do Pai.

೫ ೫

Senhor, concede-me a graça da renovação mental e espiritual. Dá-me um coração e um olhar novo, para que eu possa ver as pessoas e os acontecimentos com o olhar de Cristo. Age poderosamente em meu consciente e subconsciente, mudando a minha maneira de pensar, sentir e ver as coisas. Obrigado pela renovação que está acontecendo dentro de mim.
Amém.

Reflexão

Numa hora ou outra, o sofrimento inevitavelmente nos alcança e, diante dos momentos difíceis, muitas vezes nos perguntamos: Por que isso está acontecendo comigo?

A dor que sentimos no corpo é um aviso de que alguma coisa não está bem com nossa saúde, assim também é o **SOFRIMENTO**, serve como um sinal de alerta para chamar nossa atenção sobre determinada situação. Ele tem um sentido pedagógico em nossa vida, uma vez que sempre aprendemos não só com nosso sofrimento mas também com o dos outros.

Diante dos infortúnios, lembre-se das palavras de Jó: "Você não lembrará dos seus sofrimentos, que serão como águas passadas que a gente esquece. A sua vida brilhará mais do que o sol do meio-dia, e as suas horas mais escuras serão claras como o amanhecer" (Jó 11,16-17). Nas adversidades, mantenha a esperança e acredite que a tempestade passará.

Ação concreta

Conscientize-se de que Deus está no comando de tudo, e ele não deseja o seu sofrimento. Ainda que não entenda seus desígnios, ele quer a sua felicidade.

ೞ ಛ

Senhor, só tu conheces a dor que trago em meu coração. Por isso, humildemente
eu peço: toma a minha vida em tuas mãos e ajuda-me a superar este sofrimento.
Dá-me sabedoria para compreender que tuas bênçãos são maiores que os problemas.
Enche meu coração com teu amor, com tua paz e com a esperança em dias melhores.
Amém.

Reflexão

Expressar **GRATIDÃO** é reconhecer algo de bom que alguém nos fez. Desde pequeno nossos pais nos ensinam a ter gratidão pelo que recebemos dos outros, dizendo "obrigado". A escritora Melody Beattie, assim definiu a gratidão: "A gratidão desbloqueia a abundância da vida. Ela torna o que temos em suficiente, e mais. Ela transforma negação em aceitação, caos em ordem, confusão em claridade. Ela pode transformar uma refeição em um banquete, uma casa em um lar, um estranho em um amigo. A gratidão dá sentido ao nosso passado, traz paz para o hoje, e cria uma visão para o amanhã".

Adotar uma atitude positiva e agradecer desde o momento que acordamos até quando nos deitamos faz com que aprendamos a valorizar todas as bênçãos que recebemos. Criemos em nós um coração grato, que saiba sobretudo "agradecer a Deus o presente que ele nos dá, um presente que palavras não podem descrever" (2Cor 9,15).

Ação concreta

Agradecer é um gesto nobre, que pode ser cultivado em todos os momentos. Agradeça sempre!

༄ ༅

Senhor, hoje quero te agradecer pelo dom da vida, pela minha família
e pelo meu trabalho. Obrigado por todas as graças e bênçãos
que tenho recebido de ti. Obrigado pela tua Palavra, que traz orientação
e a verdadeira vida ao meu coração, sedento de tua presença!
Amém.

Reflexão

Desânimo significa "sem alma", sem vibração, descrença em si mesmo. É a sensação de uma estagnação total. O **DESÂNIMO** faz com que não tenhamos entusiasmo nem interesse na realização das mais simples atividades do cotidiano. É uma arma terrível de destruição, pois, quando estamos desanimados, nos entregamos ao conformismo e nos sentimos tristes e deprimidos, chegando ao ponto de achar que nossos problemas não têm solução ou que "Deus quis assim".

Mas isso não é verdade. Deus quer que tenhamos esperança e continuemos a lutar diante de toda adversidade. Quando estiver desanimado, reflita nestas palavras de Paulo: "Em tudo somos atribulados, porém não angustiados; perplexos, porém não desanimados; perseguidos, porém não desamparados; abatidos, porém não destruídos" (2Cor 4,8-9).

Ação concreta

Nos dias em que estiver sem ânimo, abra um espaço na sua agenda, escolha uma atividade que faça você se sentir bem e coloque-a em prática. Reflita sobre as bênçãos alcançadas. Seja firme nas suas aspirações e tente sempre ver o lado bom das situações.

೩ ೧೩

Senhor, ajuda-me a vencer o desânimo e lutar para encontrar uma saída.
Vem em meu auxílio e protege-me. Fortalece-me com teu Espírito Santo,
fazendo com eu reencontre o ânimo e a vontade de seguir confiante,
trilhando os caminhos da vida.
Amém.

Reflexão

Dificuldades para priorizar e manter o foco nas atividades que levem à concretização de seus planos deixam muitas pessoas ansiosas e estressadas, por não terem bom desempenho em seus afazeres. Essas pessoas sofrem da síndrome da **DISPERSÃO**. Elas querem fazer de tudo um pouco, mas não terminam nada. Devido a isso, não concretizam seus projetos, pois não concentram seus esforços num determinado foco.

"Muitas ocupações geram apenas sonhos" (Ecl 5,2a), por isso, é preciso aprender a priorizar o que é mais importante para sua vida, ter objetivos bem definidos em sua mente, disciplinando-se a não fazer muitas coisas ao mesmo tempo. É imprescindível dizer não para muitas oportunidades que surgem e que podem desviar-nos do nosso foco principal, e isso inclui até mesmo pequenas atividades do dia a dia que nos mantêm excessivamente distraídos, "sem tempo" para nos dedicarmos a nossos projetos.

Ação concreta

Administre seu dia com sabedoria. Tenha clareza em relação a seus objetivos. Estabeleça prioridades. Faça poucas coisas por vez, mas as faça bem!

ഇ ൚

Senhor, sei que sou ansioso e estressado, e quero fazer muitas coisas
ao mesmo tempo. Ajuda-me a manter o foco no que é essencial
para concretizar os projetos aos quais me proponho.
Amém.

REFLEXÃO

NUNCA MAIS é uma expressão presente em muitos de nossos estados vivenciais. Quando algo dá errado, dizemos: nunca mais farei isso. Pessoas que bebem demais costumam dizer: nunca mais beberei. Aqueles que sofrem por amor, dizem: nunca mais amarei. Quem trai promete: nunca mais trairei. Pessoas endividadas garantem: nunca mais gastarei além do que ganho. Quando uma amizade se rompe, ouvimos: nunca mais serei seu amigo. Quando fazemos algo errado e nos arrependemos, dizemos: nunca mais farei isso, e tantos outros "nunca mais".

Nunca mais é para sempre e, como nossa vida muda a cada instante, nem sempre cumprimos o que prometemos. Afirmamos "nunca mais" repetir determinados atos, mas voltamos a fazê-los, e como "temos de aguentar as consequências de tudo o que dissermos" (Pr 18,20), é conveniente que "usemos bem as nossas palavras" (Pr 18,21b). Devemos, assim, evitar essa expressão que na maioria das vezes soa como "palavras ao vento", sem que nos damos conta disso.

AÇÃO CONCRETA

Reflita sobre as consequências de tudo o que você diz. Lembre-se de que há poder em suas palavras. Use-as bem!

ೞ ಕ

Senhor, sei que tudo o que sinto e penso se exterioriza de algum modo.
Quero cultivar pensamentos e falar palavras positivas. Sei que, agindo assim,
tudo fluirá melhor e dará certo em minha vida.
Amém.

Reflexão

Pensamentos negativos geram palavras negativas e estas, por sua vez, são contagiosas. Ficar a todo momento repetindo palavras como "não posso", "é impossível", "não vai dar certo", "nunca" e tantas outras, gera desânimo, resmungos e reclamações.

Não permita que o **NEGATIVISMO** domine seus pensamentos para que você não se torne prisioneiro dos acontecimentos ruins. "Quem vive pensando e dizendo coisas más não pode esperar nada de bom, mas só a desgraça" (Pr 17,20).

Enfrente os problemas com otimismo e procure aprender com os acontecimentos. Aja positivamente e não se deixe abater pelo desânimo. Observe seus pensamentos e aprenda a filtrá-los, separando os bons pensamentos dos ruins, assim, com o passar do tempo, você será capaz de cultivar mais os pensamentos positivos, que edificam e que são capazes de ajudá-lo a transformar sua vida para melhor.

Ação concreta

Evite ser pessimista. Se modificar o seu ponto de vista, verá como as circunstâncias da vida vão melhorar. Substitua os pensamentos negativos pelos otimistas e repletos de esperança.

৸ ৩

Senhor, pela ação do Espírito Santo, move o meu coração e faz com que de minha mente e de meus lábios só saiam coisas boas e positivas. Quero exercitar-me todos os dias para falar somente palavras de esperança, encorajamento e amor.
Amém.

REFLEXÃO

Só quem já foi vítima de fofoca sabe o quanto ela é prejudicial e que algumas vezes os prejuízos causados são irreparáveis. Dificilmente conseguimos definir quem e muito menos como se inicia uma **FOFOCA**, mas sabemos que, depois de lançada, ela se espalha rapidamente e vai tomando proporções cada vez maiores. Ao comentário inicial, vão sendo acrescentadas informações baseadas em "achismos" e suposições, que vão sendo transmitidas como verdadeiras.

Para precaver-se de fofocas é aconselhável não comentar assuntos pessoais que não queira que algumas pessoas fiquem sabendo. E se você sabe que determinada pessoa tem o hábito de fofocar, afaste-se dela. Não custa muito espalhar boatos que destroem a reputação das pessoas, abalam relações e causam brigas, por isso, se "você ouvir uma palavra contra o teu próximo, abafa-a dentro de ti e fica seguro de que ela não te fará morrer" (Eclo 19,10).

AÇÃO CONCRETA

Evite envolver-se em fofocas. Em suas orações, peça que Deus o ilumine e contenha seus maus pensamentos.

༄ ༅

Senhor, tenho consciência de que muitas vezes tomei parte em fofocas,
levando adiante suposições nem sempre verdadeiras sobre algumas pessoas.
Peço perdão pelas vezes que prejudiquei alguém,
intencionalmente ou não, e peço que as abençoe!
Espírito Santo de Deus, sê meu auxílio e liberta-me das fofocas.
Amém.

Reflexão

Você já tentou montar um quebra-cabeça com milhares de peças? Para montar um quebra-cabeça é preciso ser perseverante. Começamos colocando a primeira peça e vamos encaixando as demais, que muitas vezes são bem parecidas no formato e na cor, mas nem sempre encaixam entre si. Vez por outra desanimamos e parece que nunca vamos chegar ao fim, mas, então, pensamos no quadro pronto e recomeçamos. Assim é a vida. Quem nunca pensou em desistir diante de determinados problemas, em que o desânimo nos acometeu e ficamos sem forças para continuar? E, nesses momentos, eis que surge em nosso interior uma força misteriosa chamada **PERSEVERANÇA**.

Com "perseverança podemos vencer qualquer dificuldade" (Pr 25,15b). É ela que nos impulsiona a vencer, sem nunca desistir, e uma maneira de cultivá-la é enfrentar os grandes e os pequenos desafios do dia a dia com fé e entusiasmo.

Ação concreta

Em vez de procurar desculpas para os erros e fracassos, reflita e siga em frente. Quando se lastima, o maior prejudicado é você mesmo. Se esforce e persevere para conseguir superar os limites e atingir as metas a que se propôs.

෩ ෬

Senhor, concede-me a graça da perseverança em todas as situações,
sobretudo nos momentos mais difíceis, que exigem paciência, firmeza e fé.
Obrigado por todo o bem que realizas em minha vida.
Amém.

Reflexão

Há um ditado que diz: "se conselho fosse bom, ninguém dava, mas vendia". Nem sempre essa máxima reflete a verdade dos fatos, visto que em determinados momentos precisamos de bons conselhos.

Um **CONSELHO** bem dado, ouvido e seguido, pode nos ajudar a tomar a decisão certa diante de determinadas situações, uma vez que na maioria das vezes quem o dá toma por base experiências que vivenciou, podendo assim nos ajudar a seguir o melhor caminho.

A atitude de seguir ou não um conselho depende de cada um, mas "quando alguém está querendo aprender, o conselho de uma pessoa experiente vale mais do que anéis de ouro ou joias de ouro puro" (Pr 25,12).

O bom conselho nos ajuda a errar menos e, com isso, alcançamos mais rápido nossos objetivos.

Ação concreta

Aprenda a buscar e a ouvir conselhos. Pratique toda recomendação recebida de bons conselheiros. Desse modo, você estará caminhando de braços dados com a felicidade e o sucesso até nas mínimas decisões da vida!

ಸಾ ಲ

Senhor, concede-me o dom do conselho, tão necessário para que
eu saiba pronta e seguramente o que convém e o que não convém dizer;
o que convém fazer ou não, nas diversas circunstâncias da vida.
Ilumina-me e guia-me em minhas decisões.
Amém.

REFLEXÃO

Parafraseando Eclesiástico 6,8-15, "não devemos confiar em um novo amigo muito depressa, pois há amigo de certas horas que deixará de o ser nos momentos de aflição; há amigo que se torna inimigo; há amigo que só o é para os momentos de festa e deixará de o ser nos momentos de dificuldade e dor. Porém, se o amigo for constante, nos momentos bons e nos momentos difíceis de nossa vida, ele é uma poderosa proteção e adquirimos um precioso tesouro, pois nada é comparável a um amigo fiel".

O verdadeiro **AMIGO** é aquele que sabe compartilhar nossas alegrias e tristezas, nossas conquistas e nossos fracassos, nossa disposição e o nosso cansaço. É aquele que seca nossas lágrimas, percebe nossos medos, perdoa nossos erros, ouve nosso desabafo. É aquele que nos "ama em todo o tempo: e na desgraça, ele se torna um irmão" (Pr 17,7). A amizade é importante em nossa vida e devemos preservar os verdadeiros amigos.

AÇÃO CONCRETA

Faça o tempo em que você estiver junto com seu amigo valer a pena. Importe-se com ele. Se ele precisar de um ombro amigo, ofereça o seu. Se ele precisar de ajuda, ajude-o.

ಸು ಜ

Senhor, obrigado pelos verdadeiros amigos que tenho. Que eu saiba sempre mais conquistá-los, demonstrando-lhes amor, carinho e dedicação. Concede-me o dom de ouvi-los, respeitando-os e valorizando-os em todos os momentos.
Amém.

Reflexão

Ao longo dos dias recebemos grande fluxo de informações, ouvimos muitas coisas boas e outras tantas ruins. A tendência humana é esquecer as **BOAS NOTÍCIAS** com facilidade e dar mais ênfase às notícias sobre catástrofes, assassinatos, acidentes, roubos, doenças, problemas familiares e uma infinidade de outras coisas.

As más notícias provocam alteração de humor e abalam nossos sentimentos. "Ouvir uma boa notícia que a gente não espera é como tomar um gole de água fresca quando se tem sede" (Pr 22,25), por isso, é muito importante dar atenção às boas notícias que valorizam a vida e falam de amor. Elas alegram o coração e deixam nosso dia mais "leve". Não se concentre nas tragédias do mundo, mas em suas esperanças. Com esperança, você se sentirá estimulado a se empenhar em ajudar a construir um mundo melhor.

Ação concreta

Seja ouvinte e propagador de boas notícias que alegram o coração e fazem bem para a mente!

ಬ ಲ

Senhor, concede-me a capacidade de permanecer no silêncio,
na meditação, na reflexão calma e prolongada.
Que eu saiba parar para ouvir e propagar boas notícias no cotidiano.
Amém.

REFLEXÃO

Dependendo das circunstâncias, o orgulho pode ser algo positivo ou negativo: ele é positivo quando se expressa através de um sentimento de satisfação pela capacidade de realização e conquista pessoal. É negativo quando nos leva ao culto do "eu", à ostentação, soberba e vaidade, tornando-nos egocêntricos e nos afastando dos outros.

O **ORGULHO** impede as pessoas de darem o braço a torcer, fazendo com que sejam incapazes de admitir os próprios erros, de pedir perdão, de mudar de opinião e abandonar as próprias verdades, pois acham que agindo assim estarão se rebaixando e se humilhando.

O orgulhoso considera-se superior aos outros e não se permite modificar, e isso causa conflitos e desentendimentos.

Precisamos nos libertar do orgulho que oprime e prejudica nossos relacionamentos, pois "o orgulho só causa discórdia; a sabedoria está com os que se deixam aconselhar" (Pr 13,10).

AÇÃO CONCRETA

Não permita que o orgulho lhe faça pensar que você é melhor que os outros. A chave para o bom relacionamento com as pessoas é a humildade. Ela nos aproxima das pessoas de bem, dos fatos positivos e do verdadeiro caminho.

ഓ ര

Senhor, liberta-me do orgulho e desperta em mim o dom da humildade.
Enche-me com teu Espírito e dá-me um coração ensinável,
humilde, acolhedor e solidário.
Amém.

REFLEXÃO

A **GULA** é um apetite desordenado por comida ou bebida. A pessoa não se contenta em comer apenas o necessário e se habitua a sempre se alimentar com exagero. Algumas pessoas buscam encontrar na comida uma solução para seus problemas ou para sua insatisfação. Se sentem solidão ou estão deprimidas, comem. Se estão frustradas ou com problemas, comem. Se estão tristes ou alegres, comem... e muitas vezes passam do que seria o necessário. "Se você é guloso, controle-se" (Pr 23,2), aprenda a comer e beber com moderação.

Mahatma Ghandi afirmava que "a verdadeira felicidade é impossível sem verdadeira saúde, e a verdadeira saúde é impossível sem rigoroso controle da gula", por isso, não devemos fazer da comida apenas um meio de prazer, mas um meio de alimentar adequadamente nosso corpo e preservar nossa saúde.

AÇÃO CONCRETA

Peça que o Senhor lhe conceda o dom da temperança, para que consiga comer e beber de forma moderada. Busque o equilíbrio e procure alimentar-se de forma saudável.

෨ ෬

Senhor, perdoa-me pelas vezes em que comi e bebi de forma compulsiva.
Hoje, tenho consciência de que devo me alimentar de forma equilibrada,
por isso, te peço, liberta-me da gula. Ajuda-me a ter equilíbrio
no comer e no beber, para ter saúde e viver de forma saudável.
Amém.

Reflexão

Muitas vezes, de forma consciente ou inconsciente, construímos **BARREIRAS** imaginárias. Ao criá-las, acabamos impondo a nós mesmos limites que nos aprisionam. Sofremos por imaginar situações que não correspondem à realidade e construímos um "muro" que nos impede de ir além. Ficamos parados diante de determinados acontecimentos, sem coragem de fazer as mudanças necessárias.

Se, de alguma forma, você se sente aprisionado, saiba que essas "grades" que o predem são em sua maioria meras ilusões. Somos filhos de Deus e "onde está o Espírito do Senhor aí há liberdade" (2Cor 3,17). Não há barreira intransponível para aquele que carrega dentro de si o Espírito Santo. Abra-se à sua ação e peça que ele o liberte e rompa todas as barreiras que o estão impedindo de crescer.

Ação concreta

Você é livre e pode recriar sua vida quantas vezes achar necessário. Não crie obstáculos onde eles não existem. Explore as novas oportunidades que a vida lhe oferece diariamente.

෮෮ ෬

Senhor, pela força libertadora do Espírito Santo,
ajuda-me a romper as barreiras limitadoras que criei em minha mente.
Com teu poder, renova meus pensamentos, purifica meus sentimentos e
liberta-me de todas as amarras. Assim, serei curado, restaurado e regenerado por ti.
Amém.

REFLEXÃO

Podemos comparar a humanidade a um imenso jardim, onde há aqueles que embelezam e perfumam a vida dos que deles se aproximam, e há os que são como ervas daninhas e que comprometem o bom andamento da sociedade. Deus nos criou para caminharmos em direção do bem, mas concedeu-nos o **LIVRE-ARBÍTRIO**. A má aplicação do livre-arbítrio ocasiona consequências indesejadas e serve de entrave para um mundo melhor.

Deus "nos dá a oportunidade de escolhermos entre a vida e a morte, entre a bênção e a maldição" e nos orienta a "escolhermos a vida, para que nós e nossos descendentes vivamos por muitos anos" (Dt 30,29). Deus lhe deu a oportunidade de fazer escolhas. Essas escolhas afetam o seu destino. Andar pelo caminho do bem ou do mal é uma escolha pessoal. Qual caminho você prefere escolher?

AÇÃO CONCRETA

Peça que o Espírito Santo o ilumine, para que você escolha o caminho que está em sintonia com a vontade de Deus.

ಖ ಇ

Senhor, concedeste-me a capacidade de fazer escolhas,
tenho liberdade para agir ou não da maneira correta.
Que a tua Palavra me oriente na busca do
caminho da verdade, que se encontra em Jesus.
Conduz-me pelo caminho do bem e da verdade.
Amém.

Reflexão

Todo e qualquer trabalho depende de mais de uma pessoa para ser realizado, e muitas vezes temos a tendência de querer resolver tudo sozinhos, sem ouvir a opinião daqueles que estão realizando alguma atividade conosco.

O trabalho em equipe tende a amenizar a rigidez hierárquica, gerando cooperação e comprometimento. Valorizar o trabalho em **EQUIPE** é dar espaço ao surgimento de novas lideranças, por isso, respeite e ouça a opinião do outro, compartilhe ideias e coopere para que todos cresçam. Confirmando a importância do trabalho em equipe, lemos no livro de Eclesiastes: "mais vale estar a dois do que estar sozinho, porque dois tirarão maior proveito do seu trabalho" (4,9).

Ação concreta

Torne seu ambiente de trabalho mais salutar e contagie os demais por meio de uma convivência marcada por boa vontade, empenho em fazer o melhor, humildade, confiança, serenidade, bons propósitos, assertividade, reconhecimento do trabalho alheio, simplicidade, espírito de equipe e ética.

༄ ༅

Senhor, obrigado pelo trabalho que dignifica e traz realização pessoal.
Que eu saiba respeitar e ouvir a opinião dos outros,
compartilhando ideias e cooperando para que todos cresçam.
Que possamos, com empenho e dedicação,
desenvolver um bom trabalho em equipe.
Amém.

Reflexão

Muitas pessoas escolhem estar só e não sentem solidão, pois gostam de ser independentes e livres. Elas criam um relacionamento saudável consigo mesmas, aprendem a conhecer-se cada dia mais e são felizes. Já **SE SENTIR SÓ** é sentir-se abandonado, é sentir-se sozinho, mesmo estando com alguém ou no meio da multidão. É o sentimento de não ser ouvido, da falta de carinho, da falta de atenção.

Cada vez mais encontramos pessoas que relatam ter esse sentimento, porém, independentemente da situação que estivermos vivendo, não nos devemos sentir só, pois Deus está conosco. Podemos sempre contar com a sua presença e auxílio. Lembre-se: "é o Senhor mesmo que marcha diante de ti, e está contigo, ele *não te deixará nem te abandonará. Nada temas, e não te amedrontes*" (Dt 31,8). Caminhe seguro e conte sempre com a amizade e a proteção do Senhor.

Ação concreta

Tenha fé e busque no Senhor a força necessária para vencer a solidão. Abra-se para os outros. Cultive amizades e pratique a solidariedade.

෮ ෯

Senhor, sei que me amas incondicionalmente e,
mesmo quando não sinto, sei que estás ao meu lado.
Ensina-me a vencer a solidão, através da tua Palavra.
Que ela seja alimento e base em minha vida. Que eu possa te encontrar
no silêncio de cada anoitecer e na beleza de cada amanhecer.
Amém.

Reflexão

Todos nós temos **FRAQUEZAS** e muitas vezes fugimos delas por não aceitá-las ou por não termos forças suficientes para superá-las. Assim como nossos pontos fortes nos ajudam a crescer, as nossas limitações pessoais, emocionais e mentais, que também fazem parte da nossa natureza humana, servem de alerta sobre mudanças que precisamos realizar em nossa vida. Embora elas nos ajudem a crescer, nem sempre estamos preparados para lidar com nossas fragilidades.

Para vencer na vida, precisamos conhecer nossas forças e superar ou amenizar nossas fraquezas. Não faça de suas fraquezas seus limites. Creia no poder daquele que está acima das suas forças. Quando você se submete a Deus, torna-se forte. É ele quem lhe diz: "a minha graça é tudo que você precisa, pois o meu poder é mais forte quando você está fraco" (2Cor 12,9).

Ação concreta

Procure tomar consciência de suas fraquezas. Não as tema! Entregue-se a Jesus e encontrará a graça e a força verdadeira para libertar-se delas.

☙ ❧

Senhor, Filho do Deus vivo, tu que sentiste na pele as fragilidades humanas,
sabes o quanto sou frágil. Ajuda-me a não cair num abismo sem fim.
A força e o poder de Deus se manifestam através de ti, e é em teu nome
que rogo para que a minha vida seja fortalecida, restaurada e renovada
todos os dias pela força do Espírito Santo.
Amém.

Reflexão

Você está passando por uma fase complicada em sua vida? Se sim, saiba que você não é o único. **PROBLEMAS** fazem parte da nossa vida e resolvê-los é uma oportunidade de aprendizado e de crescimento pessoal. Uma das maiores dificuldades que temos é a falta de habilidade para resolver ou até mesmo conviver com os problemas, que muitas vezes acontecem simultaneamente em várias áreas da vida. No meio da tempestade, é comum nos sentirmos ansiosos e muitas vezes achamos que a solução está além de nossa capacidade.

Quando nos sentimos impotentes para resolver os problemas, ficamos angustiados, o que aumenta ainda mais o grau de dificuldade para encontrar uma solução. Nesses momentos, pequenas dificuldades parecem verdadeiras tragédias. Quando estiver diante de situações assim, não se desespere. Deus tem a solução perfeita e pode ajudá-lo. Tenha fé, "confia os teus cuidados ao Senhor, e ele te sustentará" (Sl 54,23a).

Ação concreta

Saiba que cada desafio, cada dificuldade que você enfrenta com êxito, servem para fortalecer a sua força de vontade, confiança e capacidade de vencer os obstáculos futuros. Tenha fé e acredite na vida, mesmo quando tudo é adverso!

ஐ ☙

Senhor, estou enfrentado problemas que não estou conseguindo resolver.
Ajuda-me a solucioná-los e liberta-me desta aflição. Confio em ti
e me abandono em teus braços. Sei que me sustentará.
Amém.

REFLEXÃO

De quantos **SONHOS** você já desistiu? Quantas vezes você disse a si mesmo "agora vai ser diferente", e nada mudou? Ter sonhos é importante, mas apenas sonhar e não dar o primeiro passo para colocá-los em prática faz com que nos frustremos e continuemos apenas sonhando.

Sentimentos de dúvida e desânimo, falta de empenho e negativismo, são fatores que impedem nossos sonhos de se realizarem. Deus age através da ação humana e pode ajudá-lo a concretizar seus sonhos. *"É Deus que desperta em você* a vontade e a ação, conforme a sua benevolência" (Fl 2,13), e se você tiver determinação, procurar pensar de forma positiva e manter o foco no seu objetivo, muita coisa poderá ser feita.

Muitas vezes nossos sonhos não se realizam da forma como desejamos, nesse caso, pode ser que o sonho de Deus para nossa vida seja outro! Pense nisso!

AÇÃO CONCRETA

Todo ser humano necessita ter sonhos. Para realizá-los é preciso ter, além de uma decisão interna, uma meta e uma direção por onde seguir. Motive-se e execute diariamente ações que o levem a realizar os seus sonhos.

୫୨ ଓଃ

Senhor, ajuda-me a sonhar o seu sonho, confiando plenamente na sua ação e abandonando-me em tuas mãos. Pela ação do Espírito Santo, ajuda-me a aspirar ao que tu desejas para minha vida.
Amém.

Reflexão

O sentimento de **CULPA** pelo que foi ou não realizado traz grandes sofrimentos e, às vezes, está tão arraigado dentro de nós que nos leva à autopunição, como se devêssemos ser perfeitos. Esse sentimento pode nos motivar a uma revisão completa do erro, fazendo com que aumentemos a vigilância e tenhamos mais cautela para não praticá-lo novamente. Mas também pode nos desequilibrar emocionalmente, deixando-nos presos a coisas do passado. Sabemos que não somos perfeitos, por isso, não devemos ficar nos recriminando.

Devemos tirar lições de nossos erros e decidir não cometê-los mais, perdoando-nos. Convém lembrar o conselho de C. S. Lewis: "Se Deus nos perdoa, devemos perdoar a nós mesmos. Do contrário, é o mesmo que estabelecer a nós mesmos um tribunal mais alto do que Deus". "Aproximemo-nos de Deus com um coração sincero e com plena convicção de fé, tendo os corações aspergidos para nos purificar de uma consciência culpada, e tendo os nossos corpos lavados com água pura" (Hb 10,22).

Ação concreta

Não negue sua culpa. Admita que errou e aprenda a transformar a culpa em aprendizado e responsabilidade. Liberte-se o quanto antes desse sentimento que paralisa e siga em frente!

ೞ ಚ

Senhor, reconheço que sou pecador. Tu és santo! Lava-me com o teu amor.
Purifica-me com a tua misericórdia.
Amém.

REFLEXÃO

Talvez neste momento você esteja com o coração magoado, oprimido e desiludido com algumas circunstâncias da vida, sentindo-se **CANSADO** de tanto lutar e sofrer. Muitas vezes estamos sobrecarregados e cansados, e nos sentimos fracos, desamparados e fragilizados. Quando ficamos assim, nosso corpo também se ressente: não dormimos nem nos alimentamos bem e ficamos desanimados.

Se você não está mais suportando o cansaço e o peso dos problemas, acolha o gracioso convite de Jesus, que diz: "Vinde a mim, vós todos que estais cansados e sobrecarregados, e eu vos aliviarei" (Mt 11,28). Jesus posicionou-se como aquele que acolhe, entende, consola e nos encoraja a jamais desanimar diante de nossas fragilidades, dores e dificuldades. Aproximemo-nos dele para encontrarmos repouso, alegria, paz, amor e tudo que precisamos para seguirmos firmes em nossa caminhada.

AÇÃO CONCRETA

Você está se sentindo cansado e sem forças para prosseguir? Aproxime-se de Jesus e peça que ele o cure e liberte do cansaço e de todas as opressões. Nele você encontrará paz e alívio, consolo e encorajamento.

༄ ༅

Senhor, diante de tanto sofrimento, sinto-me cansado e sem forças para prosseguir.
Acolhe-me em teu amor para que eu possa descansar em teus braços.
Dá-me ânimo e alivia meu cansaço.
Amém.

Reflexão

A vida moderna cobra muito de nós e nosso dia a dia é baseado em crescer, atingir metas, realizar sonhos, adquirir bem materiais, usufruir o máximo possível de tudo que é rotulado como "novo". Também somos cobrados como filho, pai, mãe, profissional, amigo... e, muitas vezes, a **ANSIEDADE** toma conta de nosso coração.

Tudo isso é importante, mas essa busca deve contribuir para o nosso crescimento. Se nos angustiamos quando percebemos que nem tudo está ao nosso alcance, que não podemos ter nem fazer tudo de uma só vez, isso não é saudável, porque acabamos anulando o tempo presente, pensando somente no futuro.

Se você vive ansioso, é para você que Pedro dirige estas palavras: "lance sobre Deus toda a sua ansiedade, porque ele tem cuidado de você" (1Pd 5,7). Viva intensamente o momento presente, exercite sua fé e não se desgaste com vãs preocupações.

Ação concreta

Confie na promessa divina de que "há um momento oportuno para cada coisa debaixo do céu" (Ecl 3,1). Busque a paz interior, a serenidade espiritual e a tranquilidade.

ഐ ⳼

Senhor, liberta-me da ansiedade e ajuda-me a resistir ao consumismo.
Quero viver de forma simples, com serenidade e paz.
Dá-me a graça de aprender a lançar sobre ti
as minhas ansiedades e preocupações.
Amém.

REFLEXÃO

Algumas pessoas se cobram muito. Querem resultados, passam a fazer mais do que podem, não respeitando seus limites. Chega um momento em que o corpo e a mente entram em exaustão, não aguentando mais tanta pressão. Você conhece seus limites? Qual o seu limite de estresse, ficando sem dormir, trabalhando horas a fio? Até onde seu organismo suportará má alimentação, uso excessivo do álcool e do fumo? Muitas vezes esquecemos que somos feitos de fragilidades e acabamos excedendo nossos limites, sobrecarregando-nos de responsabilidades e compromissos.

LIMITES não significam impossibilidades e são necessários, mas quem os ultrapassa pode ter de enfrentar problemas de saúde. Reconhecê-los e aceitá-los abre caminhos para o crescimento interior e, quando isso acontece, passamos a respeitar mais a nós mesmos, eliminando sofrimentos e vivenciando o conselho do autor de Eclesiastes: "Tudo quanto te vier à mão para fazer, faze-o conforme as tuas forças..." (9,10a).

Respeite seus limites e vá em frente!

AÇÃO CONCRETA

Reconheça seus limites. Perceba até onde pode ir. Reserve um tempo para o lazer e o descanso. A sua mente, o seu corpo e o seu espírito agradecem!

ಸಿ ಲ

Senhor, eu me sinto esgotado. Estou no meu limite, tragado
pelo excesso de tarefas a serem feitas. Peço-te discernimento para
definir as prioridades e recusar as tarefas excessivas.
Amém.

Reflexão

Muitas pessoas acham que generosidade tem a ver com dinheiro, mas não é só quem doa dinheiro que é generoso. Doar dinheiro é apenas uma parte do que significa **GENEROSIDADE**, que nasce no coração e faz com que o generoso não doe o que está sobrando, mas reparta o que tem: um abraço, uma palavra de estímulo, gestos de carinho, um sorriso, amor, seu tempo no cuidado do outro e também bens materiais.

Ninguém é obrigado a doar nada a ninguém, mas tal gesto enobrece a alma e nos torna pessoas melhores. Quem é generoso aprende a dar sem esperar nada em troca e pratica o desapego de um coração alcançado pela graça de Deus, como nos recorda Paulo: "Vocês serão enriquecidos de todas as formas, para que possam ser generosos em qualquer ocasião e, por nosso intermédio, a sua generosidade resulte em ação de graças a Deus" (2Cor 9,11). Pessoas generosas são mais felizes!

Ação concreta

Coloque seus talentos a serviço dos demais, sem esperar nada em troca. Comprometa-se com uma causa em que você acredita. Não se esqueça de ser generoso consigo mesmo. Seja agradecido pelo que você tem!

ഽ ⌘

Senhor, ensina-me a ser generoso, repartindo afeto, carinho e amor.
Desperta em meu coração o desejo sincero de tornar
a vida do outro mais fácil e agradável.
Amém.

REFLEXÃO

Há dias em que nos sentimos exaustos em meio a quedas, dores, tristezas e decepções. É quando ficamos sem forças e sem ânimo para prosseguir. Nesses momentos, convém fixar nosso olhar em Jesus e lembrar suas palavras: "levanta-te e anda" (Jo 5,8). Se você está com alguma dor física, levante-se e ande! Se está com depressão, levante-se e ande! Se se sente paralisado, sem forças para continuar a viver, levante-se e ande! Se está ressentido pela mágoa, levante-se e ande! Se se sente abandonado, levante-se e ande! Enfim, seja qual for a situação que esteja vivendo, você é convidado por Jesus a se levantar e deixar de lado murmurações e lamentos. Deus ama você e o capacita diariamente a se pôr de pé e continuar a caminhada. Respire fundo, **LEVANTE-SE** e não desista!

AÇÃO CONCRETA

Quando você se deparar com situações que o levem a sentir-se sem forças e desanimado, apresente-as a Jesus, que te diz: levante-se e deixe de lado o desânimo, o medo, a mágoa, o sentimento de abandono. Levante-se! Deus o quer vencedor!

಄ ಀ

Senhor, quero olhar fixamente para ti e enxergar que és um
Deus compassivo, amoroso, poderoso, que estás ao meu lado
em todos os momentos. Só em ti, encontro força e coragem
para levantar e prosseguir, diante das quedas.
Amém.

Reflexão

Independente da idade, de recursos financeiros, gênero ou fé, todos nós estamos sujeitos a ter depressão e, quando ela se instala, sentimo-nos como que imersos num "poço sem fundo", onde só encontramos angústia, pesar, fadiga, tristeza e desencorajamento.

A realidade da depressão só é compreendida por quem a vivencia. Talvez você esteja vivendo esta situação e pense como o salmista: "Por que te deprimes, ó minha alma, e te inquietas dentro de mim?" (Sl 41,6a). Talvez você esteja cansado até mesmo de viver e já não sabe mais o que fazer para se libertar da **DEPRESSÃO**, mas, acredite, há saída para você! A depressão é uma doença e pode ser curada. Não tente passar por esta batalha sozinho. Procure ajuda de um profissional e confie no grande amor que Deus tem por você. Jamais desista da vida. Traga de volta a esperança e encontrará o caminho para sair da depressão.

Ação concreta

Procure identificar se você tem ou não depressão. Se for necessário, procure ajuda de um profissional. Confie em Deus e procure consolo na leitura da Palavra, na meditação e na oração.

෨ ෫

Senhor, derrama o Espírito Santo e toca com teu poder na raiz da depressão, seja ela de origem espiritual, física ou emocional. Dá-me força para superar todas as barreiras que estão diante de mim, fazendo com que eu reencontre sentido para minha vida.
Amém.

Reflexão

Diante das dificuldades e das tribulações, muitas vezes sentimos medo. O medo é uma atitude que faz mal, enfraquece, limita e até paralisa. Por causa desse medo a pessoa pode deixar de fazer muitas coisas. Concentre-se em si mesmo para que não lhe aconteça nada de mal. O medo leva a um egocentrismo que sufoca e paralisa. Mesmo que se sinta amedrontado, procure enfrentar as situações, lembrando-se do que Deus nos diz: "Nada temas, porque estou contigo, não lances olhares desesperados, pois eu sou teu Deus; eu te fortaleço e venho em teu socorro, eu te amparo com minha destra vitoriosa. Pois eu, o Senhor, teu Deus, eu te seguro pela mão e te digo: Nada temas, eu venho em teu auxílio" (Is 41,10.13). Quando Deus diz: **NÃO TEMAS**, ele está dizendo "confie em mim, eu sou contigo, eu te ajudo, eu te sustento". Siga em frente e vença as provações com destemor!

Ação concreta

A saída para deixar o círculo vicioso do medo é ir além dele e estabelecer uma confiança que o mova para a frente. É acreditar sempre, em você mesmo, no outro e em Deus. Lembre-se de que coragem é um hábito que pode e deve ser criado.

༄ ༅

Senhor, concede-me o dom da coragem. Despoja-me de todo medo e dá-me a
alegria e a paz. Agradeço-te por ser a minha força, o meu socorro bem presente
e por estares ao meu lado, fazendo-me mais que vencedor em todas as coisas.
Amém.

REFLEXÃO

As adversidades provocam nas pessoas reações diferentes. Umas ficam desesperadas e abatidas, outras ficam apáticas, como que anestesiadas e sem nenhum poder de reação, e existem também aquelas que não se conformam e lutam para mudar a situação. Certamente todos nós gostaríamos de ter forças para tentar mudar qualquer conjuntura, mas nem sempre é assim. Muitas vezes nos sentimos angustiados e derrotados pelas circunstâncias da vida. Por que será? O questionamento que Deus fez a Jeremias (Jr 12,5), quando ele reclamou das dificuldades, é feito hoje a nós: Como você pretende enfrentar os grandes desafios, se fica nesta **ANGÚSTIA**, com problemas tão pequenos? A vida é feita de momentos bons e ruins, e não conseguimos fugir disso. Precisamos nos fortalecer na fé, para enfrentar e vencer o que nos espera no futuro, pois "se nos mostramos fracos no dia da angústia, é porque nossa força é pequena" (Pr 24,10).

AÇÃO CONCRETA

Deus une a iniciativa dele à sua para ajudar você a vencer as adversidades que surgem em sua vida. Clame! Ele quer libertá-lo da angústia! Enfrente tudo com otimismo e veja em cada obstáculo uma oportunidade de aprender e crescer.

☙ ❧

Senhor, toca com teu amor em meu coração angustiado.
Transforma as situações que me deixam aflito. Acalma a angústia
que estou sentindo e enche-me com a tua paz. Renova minhas forças.
Amém.

Reflexão

Estudos mostram que o ato de "conversar com Deus" através da **ORAÇÃO** proporciona ao fiel a melhora do seu estado psicológico e a manutenção de ideais de esperança. Jesus orientou a "rezar sempre, sem jamais esmorecer" (Lc 18,1). Como nos ensina o salmista, "o Senhor está perto de todos os que o invocam, dos que o invocam sinceramente" (Sl 144,18), assim, coloque-se na sua presença e eleve sua prece com fé, seja para louvar, agradecer ou pedir.

Seja por meio de orações lidas, decoradas ou com palavras espontâneas, abra seu coração e seja sincero diante de Deus, que sempre ouve nossas orações. Se muitas vezes não somos atendidos da forma que gostaríamos, é porque Deus está corrigindo nosso caminho ou nos dando algo melhor e maior do que lhe pedimos. Reze e confie!

Ação concreta

A oração é um momento de aproximação entre você e Deus. Reze com simplicidade e sinceridade de coração. Creia que a oração tem o poder de transformar toda e qualquer realidade que esteja vivenciando no momento.

        ஐ   ஜ

Senhor, sei que a oração é a alma da vida cristã.
Quero estar sempre em comunhão contigo.
Ensina-me a orar em todas as circunstâncias, sem jamais esmorecer.
Amém.

Reflexão

Parafraseando Tagore: "quanto maiores somos em humildade, tanto mais próximos estamos da grandeza". Vivemos numa sociedade em que muitos buscam freneticamente ocupar os primeiros lugares, através de competições acirradas e muitas vezes desleais, originadas no orgulho, na arrogância e na necessidade de ser mais que os outros.

Ser humilde não é ser menos que os outros, nem significa ser pobre. Ser humilde de forma alguma é sinal de fraqueza, ao contrário, é sinal de grandeza, de que temos consciência de nossas fraquezas, nossas qualidades, e reconhecemos que não somos os donos da verdade. Pedro recomenda: "em vosso mútuo tratamento, revesti-vos de humildade" (1Pd 5,5). Com o exercício da **HUMILDADE**, aprendemos a enfatizar o "nós" e a evitar o "eu", aprendemos a respeitar o próximo, sem deixar de respeitar a nós mesmos.

Ação concreta

Construa sua vida baseado na humildade. Tenha grandeza de espírito e tome consciência de suas fraquezas e qualidades. Reconheça que você não é o dono da verdade.

෮ ෬

Senhor, permite-me ter a virtude da humildade, não exigindo da vida
respostas prontas e imediatas para tudo. Que eu saiba que ser humilde
é ter sabedoria, é ser gente, é deixar-se ajudar, é saber respeitar, é dar espaço
para amar e ser amado, para encontrar e ser encontrado.
Amém.

Reflexão

"Os filhos são um dom de Deus" (Sl 126,3a), e os pais que amam os seus **FILHOS**, fazem de tudo para vê-los felizes, com saúde, com boa educação e seguindo o caminho do bem. Enquanto pequenos, não saem de perto da "barra da saia da mãe", e, por mais que se sintam seguros junto aos pais, eles crescem e aprendem a viver suas próprias aventuras, tornando-se independentes, até "voarem" para longe.

Aos pais, cabe a tarefa de ensinar os caminhos da vida e deixá-los voar, na certeza de que levarão consigo os exemplos presenciados, os conhecimentos que obtiveram através do estudo e os valores que herdaram ao longo do caminho, como a honestidade, a humildade, a gratidão, a generosidade e tantos outros.

Quando os filhos crescem e se afastam, muitas vezes fica a sensação de vazio, de solidão e até de abandono, mas devemos lembrar que criamos os filhos para o mundo e nosso dever é fazer com que eles se sintam seguros para enfrentar os percalços do caminho.

Ação concreta

Os pais precisam assumir seu papel na educação dos filhos. Eduque seus filhos com sabedoria e equilíbrio, preparando-os para uma vida solidária e vivificada nos valores cristãos!

Senhor, te louvo e agradeço pelos meus filhos, que são uma bênção na minha vida.
Sei que é uma grande responsabilidade educá-los e prepará-los para a vida, por isso, te peço que me dês recursos e sabedoria para fazer o melhor por eles.
Amém.

Reflexão

É normal buscarmos realizar de forma correta e com zelo as tarefas que nos são confiadas, desde que essa busca pela perfeição não se torne uma obsessão. O perfeccionista procura exercer suas funções de modo perfeito, para não ser criticado e para ter sua capacidade reconhecida. A pessoa que tem mania de perfeição não admite que algo saia errado e, quando isso acontece, sofre e se culpa.

Muitas pessoas têm dificuldades nos relacionamentos por exigir que os outros também sejam perfeitos. Convém lembrar-nos do conselho dado por Salomão: "guarde consigo a sensatez e o equilíbrio" (Pr 3,21a), pois, "quando o **PERFECCIONISMO** interfere a ponto de criar desconforto e uma sensação de eterna insatisfação, ele tira da pessoa a espontaneidade e a alegria de viver" (Patrícia Gebrim).

Ação concreta

Liberte-se do perfeccionismo sem abrir mão do zelo. Não exija demais de si mesmo nem dos outros. Busque o equilíbrio e não fique irado quando as coisas não saírem como você gostaria. Seja maleável e aprenda a aceitar os seus erros e os dos outros.

ಙ ಞ

Senhor, afasta de mim os pensamentos rígidos de que tudo deve ser perfeito.
Concede-me o equilíbrio necessário para executar as tarefas com zelo,
sem cobrar tanto de mim mesmo e dos outros.
Amém.

Reflexão

Criticar é um hábito comum nas pessoas, sobretudo naquelas insatisfeitas com si mesmas. Com algumas exceções, as **CRÍTICAS** são negativas e tendem a ferir, denegrir, desanimar e prejudicar o outro. É mais fácil censurar do que elogiar, destruir do que construir, criticar do que ajudar, e muitos são os que gostam de criticar e apontar erros. Se possível, "faça todas as coisas sem murmurações nem críticas" (Fl 2,14), mas, se realmente tiver que fazer uma crítica, que ela seja construtiva e honesta.

Não critique por inveja ou maldade, mas com o objetivo de ajudar. Esforce-se para não criticar as fraquezas. Enalteça as coisas boas que a pessoa faz e, antes de emitir qualquer crítica, pergunte-se: Se você tivesse a mesma experiência de vida do outro, será que não agiria da mesma forma?

Ação concreta

Cuidado com as palavras. O problema muitas vezes não é o conteúdo das críticas, mas o jeito como se fala. Evite criticar o outro, pois isso fere e ninguém gosta de ser ferido. Se precisar fazer alguma crítica, faça-a com amor, procurando ajudar.

༄ ༅

Senhor, tu és o Deus da misericórdia, da compaixão e da ternura. Ajuda-me a perceber o lado positivo das pessoas, tratando-as bem, sem julgá-las ou criticá-las. Concede-me a capacidade de aceitar as pessoas como são, sem ter a pretensão de querer mudar ou disciplinar ninguém, senão a mim mesmo.
Amém.

Reflexão

Enfrentar determinada situação vendo-a sob um aspecto triste e desanimado, ou otimista, esperançoso e fortalecido na fé, faz toda a diferença. Jesus havia alertado a respeito disso, ao dizer: "Se teu olho é bom, todo o corpo será bem iluminado; se, porém, estiver em mau estado, o teu corpo estará em trevas" (Lc 11,34b). Ele utilizou um dos sentidos para fazer referência à luz interior, pois sabia que, quando estamos interiormente bem ou mal, enxergamos tudo e todos de acordo com nosso estado de espírito.

Independente de como estamos neste momento, podemos alterar nossa forma de **VER** as coisas, nossa linha de pensamento e nossas atitudes. Lembre-se: tudo depende do ponto de vista em que encaramos as coisas, e se "há pessoas que transformam o sol numa simples mancha amarela, há aquelas que fazem de uma simples mancha amarela o próprio sol" (Pablo Picasso).

Ação concreta

Qualquer situação pode ser vista de ângulos diferentes. Elimine padrões, deixe de lado paradigmas e você verá os mesmos acontecimentos de um modo totalmente diferente. Uma forma diferente de olhar e se posicionar diante das coisas pode tornar seu mundo bem melhor. Experimente e verá!

፠ ፠

Senhor, ajuda-me a purificar o meu olhar, recompor o meu andar,
retomar o meu caminho e recuperar a minha esperança.
Dá-me a graça de alterar minha linha de pensamento e minhas atitudes.
Amém.

REFLEXÃO

Na parábola dos talentos, vemos que Deus concede diferentes aptidões às pessoas, segundo suas capacidades: "A um deu cinco talentos, a outro, dois e a outro, um, a cada um segundo a sua própria capacidade" (Mt 25,15). Sejam eles pequenos ou grandes, o importante é descobrirmos quais são os nossos talentos, aprimorando-os e usando-os para que produzam frutos em benefício do meio em que vivemos.

Todos nós temos **TALENTOS**, ou seja, temos uma inclinação natural para realizar determinadas atividades com mais facilidade. Trabalhe com aquilo que você possui, com suas habilidades, capacidades e talentos naturais. Utilize tudo isso plenamente e seja determinado a alcançar seus objetivos e metas. Procure sempre ter objetivos espirituais e profissionais claros.

AÇÃO CONCRETA

Você tem um imenso cenário à sua frente para ocupar os seus talentos, oferecidos gratuitamente por Deus. Procure também doá-los aos outros. Se cada um de nós fizer a sua parte, o mundo será mais belo e repleto de calor humano.

☙ ❧

Senhor, confiaste-me tantos talentos. Capacita-me para desenvolvê-los,
aprimorá-los e fazê-los frutificar para o bem comum, cumprindo a missão
para a qual fui chamado desde o ventre de minha mãe (cf. Jr 1,5).
Inspira-me a usar da melhor maneira os talentos que me destes,
contribuindo, assim, para a construção de um mundo melhor.
Amém.

Reflexão

Viver com **SIMPLICIDADE** não quer dizer ser ingênuo ou sobreviver com o mínimo possível, mas sem extravagâncias e excessos, sem se cobrar tanto e sem se enredar em fios de medos, perdas e temores. O próprio Senhor nos diz: "Sede, pois, prudentes como as serpentes e simples como as pombas" (Mt 10,16). Através de seus ensinamentos e sua maneira de viver, Jesus nos ensinou o que é viver com simplicidade.

Quando conseguimos ver a vida pela ótica de Jesus, valorizamos o que temos e aprendemos que a felicidade encontra-se nas coisas simples da vida. Devemos contemplar a vida com o olhar de uma criança, de forma simples e descomplicada, vivendo intensamente cada momento, sem esquecer que a felicidade acontece nos pequenos gestos, nos acontecimentos simples do dia a dia. Lembre-se: a vida é simples, mas nós podemos complicá-la.

Ação concreta

Procure sorrir mais, cultivar amizades, pronunciar palavras amigas, apreciar a natureza, sem se prender em detalhes absolutamente desnecessários, e tornará sua vida mais simples.

ಲ ಌ

Senhor, tu que és o maior exemplo de simplicidade, amor e misericórdia.
Concede-me o dom e a graça de viver com simplicidade, assim como tu.
Sei que o encontro nas coisas mais simples da vida, por isso, te peço
insistentemente: me ensina a ser simples como tu és simples.
Amém.

Reflexão

Muitas pessoas pensam que **ELEGÂNCIA** é vestir-se com a roupa certa, saber normas de etiqueta e comportar-se adequadamente, mas ser elegante vai muito além disso. A pessoa elegante sabe conduzir a vida com sabedoria e harmonia de pensamentos e ações, sabe adequar-se às mais diversas situações, valorizar as coisas simples da vida, elogiar mais e criticar menos, agir com humildade, ouvir mais e falar menos. Ela se sensibiliza com a dor do próximo, é discreta, cumpre os compromissos com responsabilidade, serve com alegria, tem seu próprio estilo e respeita o estilo dos outros, sabe ser gentil. Enfim, é uma forma de comportamento onde "a linguagem elegante do homem virtuoso é uma opulência" (Eclo 6,5b).

Ação concreta

Seja elegante em suas atitudes: sendo gentil sem ser fingido, amigo sem interesses, sincero sem agressividade, cordial sem fingimento, simples com sobriedade; perdoando sem fazer alarde e superando as dificuldades com fé e coragem.

৪৩ ෬

Senhor, pela força do Espírito Santo,
capacita-me para que eu seja uma pessoa elegante.
Quero ter alegria de vida, respeito, ética e leveza de alma.
Amém.

Reflexão

A vida se renova em cada amanhecer e nos traz a certeza de que sempre é possível recomeçar. E isso pode ser feito exatamente de onde e como estamos neste momento, libertando-nos do que nos faz mal, das lembranças que nos fazem sofrer, da desesperança, da falta de amor e da ausência de sonhos.

Na vida tudo se renova e nós também devemos nos renovar por dentro e por fora, aproveitando as novas oportunidades que surgem a cada momento, escolhendo o caminho que desejamos trilhar. Paulo nos exorta a "renovar sem cessar o sentimento da nossa alma" (Ef 4,23). Este é o milagre diário da vida: recomeçar, renovar e continuar. **RENOVE-SE** e faça de cada dia um ponto de partida para novas conquistas!

Ação concreta

O renovar acontece quando tomamos consciência e decidimos recomeçar. Renove seus gestos de solidariedade, de amor, as amizades, a fé, enfim, sempre há algo que você pode mudar para tornar o mundo melhor.

ഌ ര

Senhor, obrigado pela possibilidade de renovação que acontece a cada instante.
Dá-me a coragem de aceitar e viver a proposta de renovar-me,
abraçando as oportunidades que a vida oferece,
pois são elas que me levam a crescer e a recomeçar sempre.
Amém.

Reflexão

Todos nós gostamos de receber elogios, e isso é algo natural no ser humano. Mas muitas vezes não temos nossas qualidades valorizadas e somos mais criticados que elogiados. Receber elogio não tem valor material, mas é bom saber que as pessoas prestam atenção em nossas atitudes. Por mais simples que seja, um **ELOGIO** serve de reforço positivo e de estímulo, aumenta a autoestima e funciona como um "combustível" que nos motiva e move para a frente.

Através de seu exemplo, Paulo nos ensina que devemos elogiar com sinceridade: "Assim como sempre dissemos para vocês a verdade, ficou igualmente comprovado que era verdadeiro o elogio que tínhamos feito de vocês para Tito" (2Cor 7,14b). Elogie com sinceridade e você descobrirá o bem que isso faz. Ouvir palavras simples e sinceras acalenta o coração.

Ação concreta

Não espere receber elogios para elogiar! Comece agora a elogiar com sinceridade o que quer acentuar sobre a pessoa ou o assunto que merece o comentário. Faça do elogio um hábito e você verá o poder transformador do elogio na vida das pessoas.

☙ ❧

Senhor, tu disseste que "o homem sincero anuncia a justiça" (cf. Pr 12,17).
Inspirado por estas palavras, quero elogiar com sinceridade o
que admiro nas pessoas, enaltecendo suas qualidades e
motivando-as a serem cada vez melhor naquilo que fazem.
Amém.

Reflexão

Todos os dias recebemos **ESTÍMULOS**, sejam eles físicos, psicológicos, sociais, espirituais ou de qualquer outra natureza, os quais chegam até nós através de palavras, exemplos ou até por meio da "leitura de um bom livro, que pode causar alegria por causa do estímulo que ela contém" (At 15,31). Alguns são negativos e nos desanimam, outros, porém, são positivos e fazem com que nos sintamos bem, servindo de motivação para que realizemos determinadas tarefas.

Cada pessoa é responsável pela própria motivação e receber estímulos é condição indispensável para o ser humano. O estímulo positivo é capaz de fazer com que encontremos ânimo e vigor para agir e ir em busca de nossos objetivos.

Ação concreta

Saia da passividade. Estimule-se! Motive-se! Ouse! O segredo das pessoas felizes e bem-sucedidas está em colocar em ação a poderosa capacidade que todo ser humano possui: a motivação! Ela é a força propulsora que está por trás de todas as nossas ações.

☙ ❧

Senhor, motiva-me a sentir-me útil, preenchendo o tempo
com atitudes positivas, gestos concretos, palavras e sentimentos edificantes.
Estimula-me e anima-me a ir em busca de meus objetivos.
Obrigado pela tua Palavra que me dá ânimo e vigor.
Amém.

Reflexão

É bem conhecido de todos o versículo que diz: "Por que vês tu o argueiro no olho de teu irmão e não reparas na trave que está no teu olho?" (Lc 6,41). Perceber os defeitos dos outros é fácil, o difícil é ver e aceitar os nossos próprios **DEFEITOS**.

Geralmente não vemos defeitos em nós e, se os notamos, não gostamos de admiti-los, mas este é o primeiro passo para que possamos melhorar nossa convivência com os outros e com nós mesmos. Se, por um lado, é essencial reconhecer nossas qualidades colocando-as em prática, também é importante reconhecer nossos defeitos, aprendendo a transformá-los em belíssimas virtudes.

Ação concreta

Os defeitos são ausência de virtudes. Aceite e procure reconhecer quais são seus defeitos e pense neles como áreas de sua vida que precisam ser trabalhadas e melhoradas. Superá-los requer tempo, portanto, tenha paciência e busque o aperfeiçoamento através do autoconhecimento.

ஐ ை

Senhor, muitas vezes tenho tido dificuldade em admitir e reconhecer
meus defeitos. Dá-me a capacidade de trabalhar os meus defeitos
e aprimorar as minhas qualidades. Quero ter consciência,
todos os dias, daquilo que sou, com minhas capacidades e limitações.
Amém.

Reflexão

Muitas vezes sentimos medo de fazer ou dizer algo errado, medo de errar na educação dos filhos, cometer erros no trabalho, nos relacionamentos, medo de fazer a escolha errada. Se, por vezes, erramos ao tentar fazer algo diferente, outras vezes deixamos de realizar muitas coisas por **MEDO DE ERRAR**.

Precisamos ter coragem de nos arriscar, mesmo correndo o risco de errar, pois é através da análise de nossas falhas que nos chega o aprendizado e o crescimento. Embora o erro faça parte da nossa vida, devemos procurar evitá-lo, e uma das formas de fazer isso é seguindo a direção indicada por Deus. Podemos falhar e nos enganar a respeito das situações e das pessoas, mas, quando seguimos a vontade de Deus, o entendimento governa nosso coração e falhamos menos.

Peçamos ao Senhor que "nos ensine e nos mostre onde falhamos" (Jó 6,24), para que possamos nos corrigir e viver cada dia melhor!

Ação concreta

"O único homem que nunca comete erros é aquele que nunca faz coisa alguma. Não tenha medo de errar, pois você aprenderá a não cometer duas vezes o mesmo erro" (Roosevelt).

༄ ༅

Senhor, liberta-me de tudo o que o medo já fez em mim.
Pela força do teu Espírito, ensina-me a combater o medo de
errar e viver pela fé cada dia da minha vida.
Amém.

REFLEXÃO

A cultura do **DESCARTÁVEL** que relativiza o valor da vida humana, cada vez mais permeia as nossas ações. Fazemos parte de uma sociedade de consumo, somos ávidos por novidades, e os dispositivos móveis, produtos, ideias, marcas e uma infinidade de bens descartáveis são símbolos da modernidade.

Até mesmo a fé, os relacionamentos, as pessoas, os valores sociais estão se tornando descartáveis, e muitas vezes são permeados por interesses. Quando os objetivos são atingidos, coisas e pessoas perdem o valor e são descartadas.

É normal descartamos bens materiais, dando a eles o devido destino, mas, quando isso se refere às pessoas, "não podemos deixar entrar em nossos corações *a cultura do descartável*, porque somos irmãos e ninguém é descartável" (Papa Francisco). Somos "preciosos aos olhos do Senhor" (cf. Is 43,4a) e não podemos ser substituídos.

AÇÃO CONCRETA

Tenha a coragem de ir contra a cultura do descartável, do superficial e do provisório. Cada pessoa é única, valorize-a!

ஐ ஒ

Senhor, ajuda-me a valorizar a vida,
preservando-a no respeito à dignidade da pessoa humana,
para promover uma convivência fraterna, que auxilia a sociedade a
superar o consumismo, o descartável, e a encontrar os caminhos da paz.
Amém.

Reflexão

Assim como aquelas pessoas do tempo de Jesus que foram convidadas para um banquete e "começaram, uma por uma, a apresentar desculpas" (Lc 14,18a), porque não queriam participar, nós também somos especialistas em arrumar **DESCULPAS** para justificar a falta de interesse por determinada coisa: a falta de tempo, a falta de dinheiro, a falta de oportunidade. Procuramos justificar a nota baixa, o atraso, a nossa ausência na festa de amigos. Arrumamos desculpas para não cuidar da alimentação, não fazer exercícios físicos e não assumir trabalhos na comunidade. Encontramos desculpas para não ir à igreja, não participar de um curso ou de uma palestra.

Devemos encontrar desculpas sim, mas para fugirmos do medo, do desânimo, do comodismo, do egoísmo e do desamor. Fuja das desculpas e adote uma nova postura diante da vida.

Ação concreta

Perceba quantas vezes você arruma desculpas para não fazer ou não assumir responsabilidades sobre fatos e acontecimentos em sua vida. Pare de arrumar desculpas. Olhe para dentro de si mesmo, encare a realidade e procure superar suas metas. Quando a gente quer algo de verdade, a gente vai lá e faz!

☙ ❧

Senhor, livra-me de arrumar desculpas
para não fazer as coisas que precisam ser feitas.
Quero fazer algo que realmente valha a pena
e achar motivação para isso.
Amém.

Reflexão

Todos nós somos dotados de sentimentos e temos capacidade de amar, odiar, sentir saudades etc. O que percebemos é que nossos relacionamentos estão cada vez mais superficiais, e muitas pessoas não conseguem ou não querem expressar o que sentem. Estamos perdendo a dimensão do essencial, que é o relacionamento humano e, por vezes, não nos permitimos amar e ser amados. "Ter entre nós sentimentos de amor fraterno, de misericórdia e de humildade" (1Pd 3,8) nos torna pessoas humanizadas e faz com que sejamos impulsionados a agir pelo amor desinteressado.

Não tenha medo de demonstrar seus **SENTIMENTOS**. Revele o que está dentro de você através de palavra e gestos. Encontre a melhor forma de demonstrar seu amor, fazendo felizes aqueles que você ama.

Ação concreta

Expresse seus sentimentos através de um sorriso, uma palavra amiga, abraço, atenção, escrevendo um bilhetinho ou dando um presente. Aprenda a escutar e entender até mesmo o que a pessoa não diz: suas expressões e seu silêncio.

Senhor, ensina-me a revelar meus sentimentos com gestos concretos,
fazendo felizes as pessoas que amo.
Fazei com que a minha vida reflita o teu amor
em pensamentos, palavras e ações.
Amém.

Reflexão

O amor de Deus por nós é diferente e maior de qualquer outro. O **AMOR DE DEUS** não depende de uma resposta positiva nossa, ele é incondicional. É um amor perfeito, puro e fiel. É um amor onipresente, pessoal, insubstituível. É um amor sublime, inegável e eterno. Deus nos ama independentemente da nossa maneira de ser ou agir. Ele nos ama mesmo que o rejeitemos. Ele nos ama tal como somos. Ele nos ama de forma constante e é imenso no perdoar. Seu amor é imutável e, "mesmo que as serras mudem de lugar, ou que as montanhas balancem, meu amor para contigo nunca vai mudar, minha aliança perfeita nunca há de vacilar, diz o Senhor, o teu apaixonado" (Is 54,10).

Ação concreta

Deixe-se acolher pelo amor de Deus. Abra-se à sua misericórdia e banhe-se no bálsamo divino, para restaurar o amor de Deus em você. Permita que ele lhe abrace, purifique, renove e refaça suas estruturas.

☙ ❧

Senhor, sei que teu amor por mim é imutável.
Quero fazer uma experiência profunda e mergulhar na imensidão desse amor.
Abro meu coração ao teu amor de Pai e quero amar-te com amor de filho.
Senhor, manifesta em mim o teu amor.
Amém.

Reflexão

Muitos de nós vivemos à margem da vida, da mesma forma que o cego de Jericó. Mendigamos por uma vida melhor, necessitamos de amor e atenção, nos sentimos desesperados por causa de alguma doença ou problema financeiro, e muitas vezes, em meio a tudo isso, não temos **CLAREZA** do que realmente precisamos ou queremos.

O Senhor fez uma pergunta ao cego de Jericó e hoje a faz a cada um de nós: "que queres que eu faça?" (Lc 18,41a). Certamente Bartimeu tinha inúmeras necessidades, mas sua prioridade era pedir a Jesus a cura da visão. E você, quais são os desejos do seu coração? Qual a sua maior necessidade neste momento?

Ação concreta

Em oração, eleve a Deus o seu clamor. Com sinceridade de coração, peça que ele restaure sua vida. Deus tem a solução perfeita para seu problema. Assim como fez Bartimeu, confie e deixe Deus agir!

ஐ ൙

Senhor, tu conheces a minha história, sabes das minhas cegueiras
espirituais e o quanto tenho ficado à margem da vida. Sei que és poderoso
para transformar a minha realidade, por isso, clamo a ti neste momento:
restaura-me, cura-me e faz-me caminhar contigo,
assumindo com coragem a vida abundante que tens para mim.
Amém.

Reflexão

Somos nós que nutrimos nossa alma, e sofremos quando permitimos que sentimentos como angústia, tristeza, mágoas, ressentimentos, medos, pensamentos negativos, autopunição e tantos outros se hospedem nela. "O Reino de Deus está no meio de nós" (Lc 17,21), e se manifesta em nossa vida a partir de nosso interior. Assim, podemos dizer que o **CÉU** está dentro de nós e, quando nos abrimos à ação de Deus e nos deixamos transformar pelo seu amor, nos tornamos colaboradores na transformação do mundo.

Vale aqui lembrar as palavras de Charles Chaplin: "se não conseguimos entender que o céu deve estar dentro de nós, é inútil buscá-lo acima das nuvens e ao lado das estrelas". O Reino dos Céus começa com a vida de cada um. É o que fazemos ou deixamos de fazer com nossa vida que vai ou não torná-la um céu.

Ação concreta

Encontrar Deus é o primeiro passo que damos em direção ao céu. Deus está dentro de você. Encontrar Deus é encontrar o céu! Sinta-o em seu coração!

༄ ༅

Senhor, quero que minhas atitudes antecipem o céu na minha vida.
Disponho-me a levá-lo para minha casa, para o meu ambiente de trabalho,
para minha igreja, para todos os lugares onde eu for.
Amém.

Reflexão

Vivemos numa época em que a **CULTURA DA MORTE** está cada vez mais sendo incutida em nossas mentes, principalmente no que se refere ao aborto. Como disse o médico francês Jérôme Lejeune: "se um óvulo fecundado não é por si só um ser humano, ele não poderia tornar-se um, pois nada é acrescentado a ele", e completou: "se a saúde da mãe está ameaçada, se mata a criança; se a saúde da criança está ameaçada, se mata a criança; se a saúde pública está ameaçada, se mata a criança".

Cada vez mais estão sendo elaboradas leis que permitem o aborto, mas precisamos lembrar que nem tudo que é legal é moral, e quem crê em Deus sabe que a vida humana é sagrada e precisa ser defendida desde sua concepção. O próprio Deus nos diz: "hoje ponho diante de ti a vida e a morte, a bênção e a maldição. Escolhe, pois, a vida" (Dt 30,19).

Ação concreta

A vida é sagrada, é dom de Deus. Jamais pratique atos contra ela. Lute em defesa da vida!

෩ ෬

Senhor, ajuda-me a defender a vida humana, que é sagrada
e possui dignidade inviolável. Que eu saiba respeitar e seguir
a lei natural da vida, sendo fiel aos ensinamentos de Jesus,
que veio "para que todos tenham vida e vida em abundância" (Jo 10,10).
Amém.

Reflexão

A vida é feita de sucessos e fracassos, alegrias e desapontamentos, tristezas e consolos, mas devemos deixar tudo isso para trás e seguir adiante, determinados a atingir nossas metas. Assim como Paulo, que disse: "uma coisa eu faço, esqueço-me do que fica para trás e avanço para o que está na frente. Lanço-me em direção à meta, em vista do prêmio do alto, que Deus nos chama a receber em Jesus Cristo" (Fl 3,13-14), também nós somos desafiados a avançar e vencer na vida. Devemos focar em ideais elevados, não em coisas pequenas ou situações que já passaram e não podem ser modificadas. Precisamos esquecer nossas limitações, nossos erros e nossas fraquezas, e com perseverança lutar para realizar nossos sonhos. Precisamos estar dispostos a mudar e recomeçar sempre que for necessário. Firme-se no Senhor e **AVANCE** com fé! Procure expandir seus ideais e ser feliz!

Ação concreta

Se você prosseguir firmado no Senhor, não haverá barreira intransponível na sua caminhada. Avance com ânimo e coragem! Avance com fé e determine-se a vencer!

ഇ ക

Senhor, retira de mim a vontade de olhar para trás, para as coisas passadas.
Quero seguir em frente com fé e coragem.
Suplico que abençoes meu futuro.
Amém.

REFLEXÃO

"Quem fica olhando o vento, nunca semeará; quem fica olhando as nuvens, jamais colherá" (Eclo 11,4). Este versículo destaca a importância da nossa atitude proativa no cotidiano, para que os projetos acalentados em nosso coração se concretizem.

Se não tomarmos decisões que nos levem ao encontro dos nossos objetivos, eles não se concretizarão. Não podemos esperar as circunstâncias ideais para agir. Quando desejamos mudar determinadas situações, ter **INICIATIVA** é um quesito fundamental. É ela que nos impulsiona a assumirmos a responsabilidade da transformação e nos leva à ação.

Precisamos vencer nosso comodismo e não esperar que os outros façam algo para mudar as circunstâncias. Precisamos ir atrás, insistir, buscar, sem jamais desistir de lutar, fazendo o que for possível e deixando o impossível para Deus realizar.

AÇÃO CONCRETA

Tenha iniciativa! Seja proativo! Faça sua parte. As pessoas com iniciativa são realizadoras, fazem o que precisa ser feito, sem nunca desistir. Elas se comprometem com seus objetivos e correm riscos calculados para atingi-los.

Senhor, fortalece-me para que eu seja proativo. Quero ter atitude e tomar as decisões que levem à realização dos meus objetivos, sem cair na apatia, na indiferença e no comodismo. Capacita-me a ter iniciativa e agir mesmo quando as circunstâncias não pareçam ideais.
Amém.

Reflexão

Quando sofremos algum tipo de provação, ouvimos das pessoas que convivem conosco: **CONFIE NO SENHOR!** Na visão do mundo, as provações são vistas como inoportunas e, quando estamos com pequenos problemas, é até fácil assimilar isso, mas quando vem a doença, a perda de um ente querido ou dificuldades que aos nossos olhos parecem insolúveis, é difícil manter-se firme na fé, confiando que tudo vai melhorar. Tiago diz: "Meus irmãos, fiquem muito alegres por terem que passar por todo tipo de provações, pois vocês sabem que aprendem a perseverar quando sua fé é posta à prova" (Tg 1,2-3). Para Tiago, as provações são oportunidades de crescimento e, se nossa fé for genuína, seremos capazes de enxergar a mão invisível de Deus agindo em meio às tribulações. Com o Senhor ao nosso lado, aprendemos a perseverar e suportar as provações, saindo delas vitoriosos.

Ação concreta

Intensifique suas orações e estreite sua comunhão com Deus. Confie e deposite sua confiança no Senhor. Não se firme somente em sua própria sabedoria. Estude a Palavra de Deus e procure vivenciar os ensinamentos nela contidos.

ೞ ಜ

Senhor, concede-me sabedoria e coragem para enfrentar as provações,
confiando em ti e perseverando na fé, na certeza de que,
pela tua misericórdia, no final serei vitorioso.
Amém.

REFLEXÃO

Disse Jesus: "Se pedirdes ao Pai alguma coisa em meu nome, ele vos dará" (Jo 16,23b). Muitas vezes nos encontramos desorientados, com uma enorme sensação de vazio interior, passando por privações, e então nos sentimos abandonados, pois nos esquecemos de que temos um Deus onipotente, que deseja, através de seu Filho Jesus, atender nosso clamor.

Jesus nos ensina a chave para que nossas orações sejam atendidas: nossos pedidos devem ser feitos ao Pai, em nome dele e sem nenhuma dúvida em nosso coração. Quando Jesus disse: "tudo o que pedirdes em oração, crendo, recebereis" (Mt 21,22), é porque é tudo mesmo, pois para Deus nada é impossível.

Quando pedimos em nome de Jesus, com uma fé incondicional e fazendo a vontade do Pai, acionamos o **PODER DA ORAÇÃO**, que é capaz de transformar nossa vida.

AÇÃO CONCRETA

A oração feita com fé aciona o poder de Deus, que escuta e responde nossas preces de acordo com sua vontade. Discipline-se a rezar todos os dias e aprenderá a manter uma comunhão com o Senhor, em tudo que fizer.

෨ ඬ

Senhor, tu és o Deus do impossível, conheces as minhas necessidades e sabes tudo o que preciso. Ajuda-me a não dar espaço para dúvidas em meu coração. Ensina-me a ter uma fé genuína, que me leve a confiar plenamente em ti.
Amém.

Reflexão

É interessante observar a instrução de Paulo a Timóteo, com respeito aos jovens: "Ninguém te despreze por seres jovem. Ao contrário, torna-te modelo para os fiéis, no modo de falar e de viver, na caridade, na fé, na castidade" (1Tm 4,12). Os jovens não devem ser apáticos, alheios aos problemas que o rodeiam, ao contrário, devem ser protagonistas das mudanças que se fazem necessárias, numa sociedade onde muitas vezes imperam a violência, o egoísmo, o ódio, a intolerância e o mal.

Nos dizeres de Paulo, o **JOVEM** deve ser modelo, deve ter em si os mesmos sentimentos de Jesus, vivendo com responsabilidade, enfrentando sem medo todas as situações da vida e empenhando-se na luta por um mundo melhor.

Ação concreta

Procure dizer não aos apelos do mundo, afastando-se de tudo que for contrário à vontade de Deus. Busque viver na santidade e seja sensível à direção do Espírito Santo. Empenhe-se na luta por um mundo melhor.

ଔ ଓ

Senhor, concede-me a graça da fé e ensina-me a viver de acordo
com os ensinamentos de Jesus. Alimenta em mim a esperança e o desejo
de cumprir com esmero minha missão. Que eu seja um colaborador
na construção de uma sociedade mais justa, fraterna e verdadeira.
Amém.

REFLEXÃO

Ao findar do dia, muitas vezes nos sentimos cansados, não só fisicamente, mas também mentalmente. Quando estamos com a mente cansada e perturbada, não conseguimos descansar e muito menos pensar direito. Assim como Eclesiastes, que "procurou conhecer a sabedoria e passou a considerar a fadiga que se realiza sobre a terra, pois o homem não conhece repouso, nem de dia, nem de noite" (Ecl 8,16), também nós precisamos analisar se vivemos de forma equilibrada, alternando períodos de atividade com períodos de repouso.

Assim como o corpo precisa de descanso, precisamos aprender a **REPOUSAR A MENTE**. Repousar a mente é uma prática que transforma nossa vida para melhor e opera no nível de nosso relacionamento com Deus.

AÇÃO CONCRETA

Sempre que possível diminua seu ritmo, acalme-se e descanse sua mente. Desligue-se da agitação do mundo e entre em contato com a natureza. Escute uma música suave e dê a si mesmo a oportunidade de mergulhar na tão buscada paz.

ೞ ಛ

Senhor, acalma minha mente cansada e perturbada
e mostra-me o que devo fazer em cada situação.
Ensina-me a passar mais tempo em tua companhia,
repousando a mente e sendo fortalecido pelo seu Espírito.
Amém.

Reflexão

Paulo nos dá uma recomendação para vivermos como verdadeiros cristãos: "façam tudo com amor" (1Cor 16,14). Isso implica fazer todas as coisas, das menores às maiores, das materiais às espirituais com amor. Todas as nossas ações, palavras, pensamentos, decisões, devem ser movidos pelo amor que nos é concedido por Deus, por meio do Espírito Santo, o amor ágape, que se doa e se entrega incondicionalmente.

Aquilo que é feito sem amor muitas vezes sai malfeito. O amor, por sua vez, penetra profundamente o coração das pessoas e constrói obras eternas, por isso, tudo que fizer, **FAÇA COM AMOR**. Dê sempre o melhor de si e Deus, que vê o secreto, o recompensará.

Ação concreta

Não permita que a sua vida seja em vão. Deixe que o amor mova suas ações, pensamentos, decisões, sonhos e objetivos. Coloque amor nas pequenas coisas, nas pequenas atitudes e nos mais simples afazeres do dia a dia.

ஒ ▻

Senhor, tu és um Deus de amor.
Abençoa-me e ensina-me a amar cada dia mais e melhor.
Ajuda-me a fazer tudo com amor e alegria,
espelhando um pouco do teu amor onde eu estiver.
Amém.

REFLEXÃO

Não somente a dor física, mas também a **DOR DA ALMA**, aquela dor profunda, que os exames clínicos não detectam, que ninguém pode ver nem tocar, mas que causam sofrimentos iguais ou maiores que muitas doenças físicas, são inevitáveis aos seres humanos. Em busca de alívio, muitas pessoas viciam-se em calmantes e antidepressivos, que na maioria das vezes não resolvem o problema.

As doenças emocionais não são visíveis aos olhos humanos e nem fáceis de serem detectadas pelos equipamentos de alta tecnologia, porém, existe um Deus que consegue ver, tocar e curar a alma ferida. Atendendo ao chamado de Jesus, que diz: "Vinde a mim, vós todos que estais aflitos sob o fardo, e eu vos aliviarei. Eu sou manso e humilde de coração e achareis o repouso para as vossas almas" (Mt 11,28.29b), descansemos nele entregando-lhe nossas dores, preocupações e inquietações. Deixemos que ele cuide de nós!

AÇÃO CONCRETA

Tudo que é necessário para que a cura ocorra está dentro de você: o melhor de você mesmo e Deus! Somente você pode dar o primeiro passo e pedir que Deus cure as dores da sua alma. Confie, entregue o seu sofrimento para Jesus e ele o aliviará!

Senhor, coloco no Coração de Jesus a profunda dor que sinto em minha alma.
Restaura minhas forças e faz-me sentir a tua presença e o teu amor a me aliviar.
Derrama em meu coração o teu Santo Espírito para que eu
seja restaurado e recupere a alegria de viver.
Amém.

Reflexão

Diante da perda de um ente querido a dor é imensa, mas nós encontramos nas palavras de Deus o conforto de que necessitamos para transformar essa dor em terna saudade. Na dimensão deste mundo, o corpo material ou físico é que morre. O corpo espiritual ou alma é resgatado por Deus para perto de si e "já não poderá morrer, pois será igual aos anjos, será filho de Deus, porque ressuscitou" (Lc 20,36). Essa é a garantia que o Senhor dá aos que seguem seus ensinamentos e procuram com sinceridade de coração fazer a sua vontade: a **VIDA ETERNA**.

Pensando nas pessoas que estão na eternidade, agradeçamos ao Senhor pelo tempo que estiveram ao nosso lado e aproveitemos este tempo de graça e misericórdia de Deus para buscarmos a salvação, pois a morte é inevitável, necessária e uma simples porta para a eternidade.

Ação concreta

Não viva pensando na morte, mas também não viva como se a realidade da eternidade não existisse. Procure viver os propósitos da sua existência, preparando-se para a próxima etapa da sua vida, que será eterna. Sua vida não termina aqui!

෨ ෬

Senhor, faz com que, ao pensar na finitude dos meus dias na terra,
eu lembre que a morte já foi vencida na cruz. Nos momentos de perda e dor,
que eu possa ser confortado e que também possa confortar os outros.
Dá-me a graça da vida eterna.
Amém.

Reflexão

Se quisermos ser felizes, o amor deve estar presente em todos os aspectos de nossa vida. Este amor a que nos referimos não é um amor distante, abstrato, difícil de entender, mas é o tipo de amor demonstrado nas pequenas atitudes de gentileza e compreensão. É o que sentimos quando ajudamos desinteressadamente alguém, quando olhamos com amor para nossos filhos, nosso companheiro, para as pessoas que convivem conosco e até para os animais. Esse é o amor verdadeiro, que vai muito além de um sentimento ou de um friozinho na barriga.

É a esse amor que João se referia ao escrever: "Meus filhinhos, o nosso amor não deve ser somente de palavras e de conversa. Deve ser um amor verdadeiro, que se mostra por meio de ações" (1Jo 3,18). Muito mais do que sentimentalismos, o verdadeiro amor depende de uma atitude, uma ação, por isso, esforce-se para amar indistintamente a todos de maneira firme e constante. **PRATIQUE O AMOR!**

Ação concreta

Uma das experiências mais belas da existência humana é o amor gratuito e generoso. Pratique o amor: doe-se, acolha, cuide, coloque-se no lugar do outro e aja.

☙ ❧

Senhor, Deus da graça e da misericórdia, faz com que eu busque
me alimentar da tua Palavra, que conduz à prática do amor verdadeiro.
Que eu seja a presença viva do teu amor na vida das pessoas.
Amém.

Reflexão

Jesus nos deixou dois mandamentos, e o segundo é este: "Ame ao seu próximo como a si mesmo" (Mt 12,31). Amar a si mesmo é preceito fundamental para vivenciarmos a felicidade. Aquele que não tem **AMOR-PRÓPRIO** não consegue reconhecer suas qualidades, sente-se inferior e dificilmente conseguirá amar verdadeiramente o outro.

Ter amor-próprio não significa ser egoísta, colocar-se no topo das prioridades, olhando apenas para o próprio umbigo, ao contrário, significa conhecer os próprios defeitos, procurando mudar o que for possível e aceitando aquilo que não pode ser mudado.

Quando temos amor-próprio, aprendemos a não nos punir pelos erros cometidos, tornamo-nos capazes de pedir perdão, perdoamos a nós mesmos e aos outros e recomeçamos. Ter amor-próprio consiste em respeitar a si mesmo e, como consequência, respeitar e amar o próximo.

Ação concreta

Procure conhecer-se profundamente. Reforce suas qualidades. Respeite-se e acredite no seu valor. Trace metas para mudar aquilo que achar necessário.

෴

Senhor, permite que eu me ame e me aceite como sou, sem julgar-me.
Que o teu Santo Espírito me vivifique no amor e na justiça.
Fortalece em mim a vontade de me perdoar
e de recomeçar sempre que eu pecar.
Amém.

Reflexão

A Bíblia diz em Hebreus 5,14: "Mas o alimento sólido é para os adultos, os quais têm, pela prática, as faculdades exercitadas para discernir tanto o bem como o mal". Discernir é saber fazer diferenciação entre as coisas, julgando, analisando, considerando e escolhendo com maturidade. Ter **DISCERNIMENTO** é essencial em todas as nossas atividades, pois permite que sejamos capazes de distinguir entre o certo e o errado, entre o bem e o mal.

Discernir é um dom através do qual entramos em sintonia com Deus e com a sua ajuda, aprendemos a distinguir com a maior precisão possível entre duas coisas, tomando decisões baseadas não somente no que pensamos ou vemos, mas especialmente na vontade de Deus para nossa vida. As pessoas que não têm capacidade de discernimento perdem oportunidades, recursos, tempo, relacionamentos e muitas vezes a própria vida.

Ação concreta

Peça incessantemente que Deus lhe conceda a capacidade de discernir entre o bem e o mal, o bom e o ruim, o certo e o errado, a verdade e a mentira, para que você possa tomar a melhor decisão diante de cada situação.

Senhor, concede-me o dom do discernimento para que eu reconheça,
enfrente e vença todo mal. Afasta-me do engano de escolher pela aparência.
Guia-me para que eu faça sempre a melhor escolha.
Amém.

REFLEXÃO

A Bíblia diz em Salmos 37,23-24: "Confirmados pelo Senhor são os passos do homem em cujo caminho ele se deleita; ainda que caia, não ficará prostrado, pois o Senhor lhe segura a mão". Para muitos a palavra **FRACASSO** tem um peso muito grande e significa incompetência, incapacidade e isso gera medo.

Muitas pessoas deixam de inovar, de tentar algo novo por medo de cair, de fracassar. A vida não é feita somente de vitórias e, mesmo quando algo não sai como esperado, o Senhor está ao nosso lado, ele segura nossa mão e nos aponta um novo caminho. Grande parte dos fracassos são resultado de tentativas de acertos e, se não tentarmos, não saberemos se dará certo ou não. Observe os grandes nomes da nossa história e verá que em determinado momento eles fracassaram, refletiram, aprenderam com os próprios erros, recomeçaram e foram bem-sucedidos.

AÇÃO CONCRETA

Se você está se sentindo fracassado, não desanime, tente novamente, tente diferente, mas não deixe de tentar.

ಸಿ ಲ

Senhor, abençoa com teu infinito poder minhas atividades cotidianas.
Pelo poder do teu Santo Espírito, concede-me a graça de não enfraquecer na fé,
não perder o entusiasmo nem deixar de agir por temor do fracasso.
Amém.

Reflexão

Muitas vezes pedimos a Deus que realize milagres em nossa vida, sobretudo quando passamos por momentos difíceis, em que cremos que somente um grande milagre pode resolver nossos problemas. Encontramos em todas as partes do mundo testemunhos reais de **MILAGRES** que Deus realiza, quando a ciência, a medicina e o próprio homem não encontram soluções nem respostas para suas dificuldades. Nosso Deus é o Deus dos milagres e no Livro de Jó lemos: "Ele faz coisas grandes e insondáveis, maravilhas incalculáveis" (Jó 5,9), e é nisso que precisamos acreditar: nesse Deus que tem o poder de intervir na vida das pessoas. Nesse Deus que nunca nos esquece e que age a seu tempo, mudando o curso da nossa história.

Ação concreta

Se você está precisando da intervenção de Deus em sua vida, saiba esperar com fé e confiança e acredite que o seu maior sonho, sua maior necessidade, são muito pequenos diante do que Deus tem preparado para lhe dar.

✽ ✽

Senhor, sei que não há nada que não possas realizar.
Eu creio que tu continuas a fazer coisas insondáveis e extraordinárias.
Abre os meus olhos para ver tua presença
nos milagres que acontecem todos os dias.
Amém.

Reflexão

Em sua infinita sabedoria, Deus nos projetou para o trabalho, porém, carregamos dentro de nós o "espírito" da **PREGUIÇA**, que consiste na indisposição para trabalhar, executar tarefas simples ou complexas, raciocinar ou realizar atividades físicas. Curtir um dia de preguiça tem seu lado bom e ajuda a recuperar as energias, só não podemos fazer disso uma rotina. Quando o comportamento preguiçoso se torna uma constante e nos domina, nossa vida profissional e pessoal é prejudicada.

O preguiçoso deseja muitas coisas, mas não move "uma palha" para consegui-las. Encontramos um provérbio bíblico que fala claramente a respeito disso: "O preguiçoso morre desejando, porque as suas mãos recusam trabalhar" (Pr 21,25), isso implicar dizer que atitudes generalizadas de preguiça levam ao fracasso, pois fazem com que a pessoa preguiçosa não alcance o que deseja nem realize seus sonhos.

Ação concreta

Existem três fatores determinantes para vencer a preguiça: força de vontade, determinação e motivação. Não permita que a preguiça faça você se desviar dos seus propósitos e do verdadeiro sentido de sua vida.

ഇ ര

Senhor, ajuda-me a vencer a preguiça. Concede-me força de vontade,
determinação e a motivação necessária para realizar
todas as minhas atividades com disposição e alegria.
Amém.

Reflexão

Certamente você já ouviu afirmações como estas: "se você fizer isso, Deus vai ficar bravo com você", "olha que Deus castiga". Por causa dessas e de tantas outras afirmações repressoras, muitas pessoas crescem com **MEDO DE DEUS**, criam para si a imagem de um Deus punitivo e, por causa do medo, não conseguem se relacionar com ele de forma plena e feliz.

Nosso Deus não é carrasco nem vingativo. Ele caminha ao nosso lado, conhece nossas fragilidades e é o primeiro a se importar com nossas dores e fracassos, porque não é o autor deles. "Deus é amor" (1Jo 4,8), e porque nos ama, nos dá o livre-arbítrio para fazermos nossas próprias escolhas. Nós é que muitas vezes escolhemos caminhos que nos levam a pecar, o que ocasiona o sofrimento. Deus não nos castiga, mas nos ensina sempre, para que andemos em seus caminhos e conquistemos a Salvação. Deus é a mais pura essência do amor!

Ação concreta

Procure conhecer melhor a Deus, aproxime-se dele e verá que ele é justo, amoroso e misericordioso. Diante das suas falhas, não tenha medo de ser punido, arrependa-se e o amor misericordioso de Deus lhe devolverá a paz através do perdão.

※ ※

Senhor, tira do meu coração todo resquício de medo que eu tenha com relação a ti. Dá-me a graça de confiar plenamente no teu amor e na tua misericórdia. Obrigado por continuares me amando, apesar de minhas falhas.
Amém.

Reflexão

Qualquer tipo de vingança tem em si um aglomerado de sentimentos como ressentimento, rancor, mágoa, ódio e raiva, que são verdadeiros venenos que destroem o que temos de mais puro em nosso coração.

A vingança é uma droga que corrói valores, princípios e, principalmente, a paz interior. Muitas vezes ficamos alimentando nossa mente com sentimentos de **VINGANÇA** e pensando: "Tomara que aquela pessoa se dê mal", "tomara que pague pelo mal que fez", e chegamos até mesmo a pedir que Deus faça justiça em nosso nome. A pessoa que carrega em si tais sentimentos, vive na escravidão, mas pode escolher ficar livre desse veneno e viver feliz, sem mágoa, nem rancor, seguindo este conselho bíblico: "Não diga: eu me vingarei! Coloque tua esperança no Senhor, ele te salvará" (Pr 20,22).

Ação concreta

Não enferruje sua alma alimentando o sentimento de vingança. Diante de qualquer tipo de agressão, respire fundo, trabalhe sua raiva, absorva apenas o que poderá acrescentar algo de bom em sua vida e perdoe. Siga em frente!

ಜ ಇ

Senhor, pelo poder do teu Espírito, livra-me do veneno de um coração vingativo que não perdoa. Que a minha atitude, comportamento e resposta àqueles que me fazem mal, ajudem a levá-los a conhecer a plenitude do teu amor.
Amém.

Reflexão

A liberdade é um dos mais belos dons de Deus e como disse o Papa Francisco: "Se existisse um bilhete de identidade para os cristãos, certamente a liberdade estaria entre as principais características". Paulo escreveu aos gálatas dizendo: "Para a liberdade foi que Cristo nos libertou. Permanecei, pois, firmes e não vos submetais, de novo, ao jugo de escravidão" (Gl 5,1).

Muitos buscam incessantemente a **LIBERDADE** e acham que ser livre é fazer tudo o que quiserem na vida. Mas a liberdade vai muito além disso. Como filhos de Deus, temos o poder de decidir aquilo que queremos, e quanto mais agimos livremente, mais nos tornamos responsáveis pelos nossos atos, por isso, precisamos aprender a viver pela fé, deixando de lado os padrões deste mundo que escravizam e corrompem as verdades ensinadas por Jesus. Cristo nos libertou e quem decide permanecer livre somos nós.

Ação concreta

Toda ação gera uma reação, e fazer o que você quer sem pensar nas consequências não vai torná-lo mais livre. Você deve assumir a responsabilidade pelos próprios atos.

Senhor, obrigado pela liberdade que foi conquistada por Jesus Cristo, comprada a preço de sangue. Ensina-me a dar mais valor à liberdade e perdoa minha falta de gratidão. Faz com que permaneça viva em minha memória a certeza de que tudo me é permitido, mas nem tudo me convém.
Amém.

Reflexão

Como reflexo da nossa condição humana, em determinados momentos da vida falta-nos esperança, nos sentimos cansados e até desesperados, chegando ao ponto de não sermos capazes de continuar a lutar, e é neste momento que o poder sobrenatural de Deus nos dá a força necessária para prosseguir. Quando atravessarmos por um "vale tenebroso", façamos nossas as palavras do salmista e proclamemos com fé: "O Senhor é o meu pastor, nada me faltará. Ele me faz descansar em pastos verdes e me leva a águas tranquilas. O Senhor renova as minhas forças e me guia por caminhos certos, como ele mesmo prometeu" (Sl 23,1-3).

O Senhor é nosso companheiro de caminhada. Ele nos guia, reanima nossas forças, devolve-nos a confiança. Nele encontramos **DESCANSO**, alívio e direção. Nele encontramos a provisão de todas as nossas necessidades, a proteção e a alegria.

Ação concreta

Confie, espere e descanse em Deus. Ele é suficientemente poderoso para acalmar a tempestade à sua volta e o seu coração em meio às tribulações.

೫ ೫

Senhor, meu coração está tribulado e preciso de descanso para minha alma.
Renova minhas forças e devolve-me a confiança. Obrigado, porque sei que,
quando estou em meio às provações, a tua graça está em ação.
Amém.

REFLEXÃO

Para algumas pessoas a felicidade está nas emoções, no dinheiro ou nos prazeres da vida. Para outras, está nas relações enriquecedoras como a família e as amizades. Para outras ainda, **FELICIDADE** é fazer parte de algo maior, buscar cumprir sua missão e colocar-se a serviço do próximo com seus dons e habilidades, encontrando, assim, um significado mais profundo para a sua vida. E para você? O que é felicidade? Onde tem buscado a sua felicidade?

O desejo natural do ser humano é ser feliz. Fomos criados por Deus para sermos felizes e é ele que diz: "tenho para vós um projeto de felicidade" (Jr 29,11). Grande parte das pessoas não se contenta com uma felicidade limitada, mas deseja algo infinito, e o infinito é Deus. Não há como ser plenamente feliz sem ele, pois só Deus é a verdadeira fonte de felicidade e alegria!

AÇÃO CONCRETA

Muitas pessoas acham que a felicidade está na comida, nos vícios, no sexo, no poder e no consumismo. Será que isso nos faz felizes? Inúmeros estudos mostram que não. A verdadeira felicidade deve estar baseada na espiritualidade, nos valores e nos bons propósitos da vida. Pense nisso!

☙ ❧

Senhor, vivo num mundo de provações, em que a felicidade se faz presente
por breves momentos. Em vão, tenho me esforçado para encontrá-la.
Ajuda-me a ser feliz não conforme os meus desejos,
mas de acordo com o teu projeto para a minha vida.
Amém.

Reflexão

É difícil conceber que o homem pode fazer mal a si mesmo ou **FERIR-SE**, mas como tudo que fazemos tem um retorno, "se semeamos urtigas não podemos colher rosas" (provérbio árabe). O mundo é regido por nossas ações, e muitas delas nos prejudicam: ingerir bebida alcoólica ou comida em excesso, usar drogas e fumar, descontrole emocional ou financeiro, falta de perdão, ressentimentos, mágoas, preocupação excessiva, e tantos outros sentimentos ou atitudes nocivas, que, uma vez semeadas, germinam e nos causam mal.

Em Provérbios encontramos um versículo que deixa claro a lei do retorno: "O homem bondoso faz bem a si mesmo, mas o cruel a si mesmo se fere" (Pr 11,17), ou seja, se almejamos que nossa colheita seja boa, somos desafiados a desempenhar hoje boas ações.

Ação concreta

Assim como é importante ser bondoso para com os outros, é igualmente importante ser bondoso para consigo mesmo. Não alimente em seu coração sentimentos ruins. Cultive emoções positivas, seja gentil, busque a paz interior. Sorria e seja grato!

ಐ ಐ

Senhor, faz com que eu haja com respeito e valorização
no trato com relação a mim mesmo. Fortalece-me no amor e na caridade,
para que meus sentimentos e atitudes não me causem mal algum.
Dá-me sabedoria, coragem, alegria e orientação para bem viver.
Amém.

Reflexão

Como filhos de Deus, temos liberdade para fazer qualquer coisa, mas nem tudo será bom para nós, e como toda escolha tem consequências, devemos fixar nossos pensamentos nas coisas boas e verdadeiras.

A liberdade cristã deve sempre ser baseada no princípio do amor. Nos momentos de dúvida entre fazer ou não fazer, falar ou não falar, lembremo-nos das palavras de Paulo: "tudo me é permitido, mas nem tudo convém. Tudo me é permitido, mas eu não me deixarei dominar por coisa alguma" (1Cor 6,12).

Diante da **PLURALIDADE** de opções e alternativas que o mundo nos oferece, peçamos que Deus nos conceda sabedoria e discernimento para identificar o que verdadeiramente nos beneficiará ou prejudicará, praticando somente aquilo que é voltado para o bem de todos.

Ação concreta

Antes de fazer qualquer escolha, silencie seu coração e peça que o Espírito Santo lhe dê discernimento. Realize um exame completo da situação, analise os prós e os contras de cada possibilidade e só então escolha que caminho seguir.

෨ ඤ

Senhor, faz-me lembrar que tu estás no comando de tudo.
Quando eu tiver que tomar alguma decisão,
ajuda-me a ouvir tua voz para fazer a melhor escolha.
Que minhas decisões estejam baseadas no amor e beneficiem a todos.
Amém.

REFLEXÃO

"Eis o que diz o Senhor que criou a terra, que a modelou e consolidou e cujo nome é Javé: **INVOCA-ME**, e te responderei, revelando-te grandes coisas misteriosas que ignoras" (Jr 33,2-3). Somos uma geração que, devido ao grande envolvimento com a vida secular, desaprendeu a orar e está se afastando de Deus. O Senhor nos exorta a orar, para que possamos experimentar a sua presença em nossa vida. Além de responder às nossas orações, ele deseja revelar-nos coisas grandiosas e ocultas, que vão além da compreensão humana e que seria impossível sabermos sem a graça dele.

A oração é a chave que abre as portas do céu e move a mão de Deus em nossa direção. Precisamos reaprender a orar, invocando esse Deus maravilhoso que é a plenitude do amor, e ele nos responderá, confortará e protegerá. Quando invocamos o nome do Senhor, ele vem para perto de nós e nos ajuda.

AÇÃO CONCRETA

"Perto está o Senhor de todos os que o invocam, que o invocam em verdade" (cf. Sl 145,18). Em todo lugar, em todo tempo você pode estar pedindo pela presença e bênção do Senhor. Assim como fez Estêvão, invoque o nome de Deus.

෨ ෫

Senhor, sei que em tua presença encontro auxílio, esperança e cura.
Fortalece-me na fé, para que eu me aproxime de ti e te invoque.
Obrigado por ouvires minhas súplicas e estares atento a elas.
Amém.

Reflexão

Davi pronunciou em um de seus Salmos: "Sinto-me esgotado de tanto gemer, e de noite eu choro na cama, banhando o meu leito com lágrimas" (Sl 6,7). É através das lágrimas que expressamos os sentimentos mais profundos de nosso ser. Passamos por provações em que experimentamos a tristeza, o abandono, o sentimento de perda, o fracasso, e, com isso, o choro torna-se inevitável. Quando o desânimo tenta nos derrubar, ficamos impossibilitados de agir com fé e muitas vezes esquecemos que o nosso socorro vem do alto, e é para lá que devemos voltar nosso olhar.

Ainda que nossos dias pareçam noites, diante de tanto sofrimento e falta de esperança, eles não durarão para sempre. Precisamos nos levantar do leito molhado, secar nossas **LÁGRIMAS** e nos colocar em pé, sem nos entregar às situações de derrota e tristeza.

Ação concreta

O Espírito Santo Consolador está em você. Ele sara as feridas, alivia a dor e enxuga as lágrimas. Mesmo diante de uma situação irremediável, creia que tudo passará e um novo tempo de paz chegará.

☙ ❧

Senhor, quando eu sucumbir diante de alguma dificuldade,
seca minhas lágrimas e faz-me viver a alegria de estar contigo.
Abençoa-me para que eu seja corajoso e viva na certeza do teu amor.
Faz com que eu não duvide que tudo está ao alcance de tuas mãos.
Amém.

Reflexão

Muitas vezes ficamos apreensivos e até decepcionados porque Deus não responde nossas súplicas da forma ou no tempo que gostaríamos, e assim como Jó dizemos: Por que Deus fez isso comigo? O problema é que queremos ensinar a Deus o **MODO DE AGIR**, e aí está o maior dilema: dizemos que acreditamos em Deus, elevamos a ele nossas súplicas, mas queremos que ele haja do nosso jeito. A verdade é que Deus se expressa e reponde às nossas súplicas de diversas formas, dependendo da pessoa, do contexto da situação e de como ele quer nos ensinar algo. Ele trabalha em nossa vida de muitas maneiras, operando milagres todos os dias. Não cabe a nós dizer como ele deve agir. "Eis o que diz o Senhor, o Santo de Israel e seu criador: 'Pretendeis pedir-me conta do futuro, ditar-me um modo de agir?'" (Is 45,11).

Deus age de forma soberana. Seus propósitos são eternos e se cumprem na nossa vida no tempo dele e não no nosso.

Ação concreta

Deus tem para nós um plano maior do que nossos olhos podem ver. Entregue a ele seu caminho e deixe-o dirigir sua vida. No tempo certo, Deus vai responder aos seus porquês.

ಌ ಋ

Senhor, creio na tua soberania. Faz com que eu veja tuas
maravilhas e não duvide que tudo está ao alcance de tuas mãos.
Ensina-me a esperar com confiança, até que chegue o tempo certo.
Amém.

Reflexão

Nossa vida é feita de altos e baixos, e mesmo quando tudo parece dar errado, nós ainda nutrimos a esperança de que haverá uma mudança e que o amanhã será melhor. Mas muitas vezes o tempo passa e as coisas só pioram. Diante das dificuldades, nossa esperança começa a definhar e o desespero toma conta de nós, porém o Senhor nos encoraja a ter esperança e nos diz: "haverá para ti um bom futuro e tua esperança não será frustrada" (Pr 24,14). Deus nos incita a crer que o melhor está por vir, que as possibilidades são infinitas e, se crermos nele, nossa esperança em um **FUTURO** melhor não será frustrada.

Mantenha a comunhão com Deus e viva com a certeza de que tudo vai terminar bem!

Ação concreta

Preocupar-se demais com o futuro pode impedir você de viver plenamente o presente. Coloque seu futuro nas mãos de Deus. Confie que ele está agindo e pare de se preocupar. Acredite que tudo dará certo!

꙳ ꙳

Senhor, entrego em suas mãos
minha vida, meus dons, meus talentos e meu futuro.
Guia-me pelos caminhos eternos.
Refrigera minha alma e faz-me enxergar
que a esperança de um futuro melhor está em ti.
Amém.

Reflexão

Quem nunca ouviu um não? Todos nós estamos propícios a receber um não e, quando isso acontece, é inevitável o desapontamento por não conseguirmos atingir nossos objetivos. Na vida cristã, também acontece isso. Há momentos em que Deus diz sim e atende prontamente nossas orações. Em outros momentos, ele diz calma, espere, ainda não chegou a hora. E há momentos em que ele diz não.

É difícil ouvir um não de Deus, principalmente quando achamos estar certos da direção em que estamos caminhando. Precisamos lembrar que os propósitos divinos estão sempre acima dos nossos. Um não de Deus pode significar que ele tem **OUTROS PLANOS** para nossa vida. Deus, que trabalha numa dimensão maior do que aquela que podemos ver, nos diz: "assim como os céus são mais altos do que a terra, também os meus caminhos são mais altos do que os seus caminhos, e os meus pensamentos, mais altos do que os seus pensamentos" (Is 55,9).

Ação concreta

Deus não tem confirmado seus planos? Deus não tem atendido suas orações da maneira como você gostaria? Então é hora de você deixar Deus assumir o comando e realizar em sua vida os planos dele e não os seus!

ೞ ಜ

Senhor, abre meus olhos e meus ouvidos para que eu aceite os teus "nãos"
como uma forma de aprender a fazer a coisa certa. Que eu me torne obediente
aos teus preceitos e ande em teus caminhos.
Amém.

Reflexão

Na vida passamos por constantes transformações. Certamente você já ouviu falar ou já vivenciou crises relacionadas às diversas fases da vida: crise da juventude, da pré-adolescência, dos quarenta, da terceira idade e muitas outras. Não temos como fugir das **CRISES EXISTENCIAIS**, mas podemos aprender a lidar com elas, amadurecendo nossas emoções, controlando nossos pensamentos e impulsos, que muitas vezes destroem nossos relacionamentos. Isso pode levar algum tempo e até mesmo provocar sofrimento, entretanto, "a tribulação produz perseverança" (Rm 5,3). "Aqueles que contam com o Senhor renovam suas forças; ele dá-lhes asas de águia. Correm sem se cansar, vão para a frente sem se fatigar" (Is 40,31).

Tenha por certo que a sensação de se superar, de vencer, de ultrapassar limites e fechar ciclos é benéfica e trará aprendizados valiosos para sua vida.

Ação concreta

Procure identificar os fatores que estão ocasionando essa crise com sua própria identidade. Lembre-se de que, independentemente das circunstâncias em que se encontre, você continua sendo você mesmo! Por isso, aceite-se, ame-se e valorize-se!

ಒ ಞ

Senhor, renova minhas forças e ajuda-me a
vencer os momentos de crises existenciais.
Ergue-me com teu poder e faz com que da terra árida
da minha existência brotem rios de água viva.
Amém.

Reflexão

"Guarda teu coração acima de todas as outras coisas, porque dele brotam todas as fontes da vida" (Pr 4,23). Através desse conselho, Salomão recorda que a única coisa que Deus manda guardar é o nosso coração. O **CORAÇÃO** não é somente um órgão do corpo humano, mas é onde estão alojados nossos desejos, emoções e pensamentos e de onde saem nossas decisões, atitudes e comportamentos, enfim, é do coração que saem as coisas boas ou ruins que influenciam diretamente a nossa vida.

Embora não devamos menosprezar as várias dimensões da nossa vida, são as dimensões da alma, da vida interior, que a Bíblia sugere que cuidemos mais atentamente. Quando nosso coração é alimentado pelo Senhor, somos fortalecidos e não caímos em desespero durante as provações.

Ação concreta

Guarde seu coração para que nele não entre a incredulidade, a falta de perdão, o orgulho ou qualquer outro sentimento que afaste você de Deus. Esforce-se para ter um coração humilde, alegre, agradecido e que busque sempre estar na presença do Senhor.

⁂

Senhor, examina meu coração e muda o que precisa ser mudado.
Cura minhas emoções e dá-me um coração agradecido.
Restaura minha alegria e santifica meus desejos.
Perdoa-me pelas vezes que não tenho me esforçado
o suficiente para estar na tua presença.
Amém.

Reflexão

"Um oficial romano aproximou-se de Jesus e disse: 'Senhor, o meu empregado está de cama, lá em casa, sofrendo muito com uma paralisia'. Jesus respondeu: 'Vou curá-lo'" (Mt 8,5-7). Observe que o centurião não pediu a **CURA**, apenas informou que seu empregado estava doente e sofrendo muito. Esta é uma atitude de ilimitada confiança, e, ao perceber a fé genuína do centurião, Jesus toma a iniciativa de curar, antes mesmo que ele pedisse.

Nessa passagem fica claro que, se tivermos uma fé verdadeira, basta comunicarmos nossa real necessidade a Jesus, que o resto ele faz. Ele quer nos socorrer em todas as nossas necessidades e, se andarmos nos caminhos do Senhor, certamente Deus falará ao nosso coração para que possamos agradá-lo da mesma forma como o centurião.

Ação concreta

Leve sua causa a Jesus. Não há nada impossível para ele. Não desista. Jesus pode curar você e encher sua vida de paz e alegria.

ೞ ೕ

Senhor, ajuda-me a exercitar a fé.
Faz que a cada dia eu reconheça o cuidado que tens com
minha vida. Cura-me de toda doença física ou espiritual.
Restaura-me e concede-me a graça de confiar plenamente em ti.
Amém.

Reflexão

Muito mais que cabelos brancos, ser **IDOSO** é carregar em si a experiência de vida na família, no trabalho e na sociedade. É conviver com as riquezas da maturidade e com as limitações do corpo, que transpassam os segundos da vida. A Bíblia valoriza muito a experiência e a sabedoria e o salmista lembra que aqueles que andam na justiça, "até na velhice darão frutos, continuarão cheios de seiva e verdejantes, para anunciarem quão justo é o Senhor" (Sl 91,15-16a).

Cada idade tem sua própria juventude e é possível fazer da velhice um dos momentos mais gratificantes da vida, onde se têm coisas para aprender e apreciar e muito mais para ensinar. Como diz Sêneca: "Quando a velhice chegar, aceita-a, ama-a. Ela é abundante em prazeres se souberes amá-la. Os anos que vão gradualmente declinando estão entre os mais doces da vida de um homem, mesmo quando tenhas alcançado o limite extremo dos anos, estes ainda reservam prazeres".

Ação concreta

Todas as etapas da vida são maravilhosas. Procure encarar esta fase como outra qualquer. Viva a graça deste momento com aquilo que a vida lhe reservou e seja feliz!

๛ ☙

Senhor, dá-me a graça de viver com sabedoria, saúde, lucidez e alegria
cada etapa da minha vida. Ajuda-me a aceitar o envelhecimento como
um ciclo natural. Afasta de mim a solidão e o sentimento de abandono.
Abençoa-me e sustenta-me na caminhada.
Amém.

Reflexão

No livro de Eclesiastes, Salomão escreveu: "Do mesmo modo que não sabes qual é o caminho do sopro da vida, e como se formam os ossos no seio de uma mãe, assim também ignoras a obra de Deus, que faz todas as coisas" (Ecl 11,5). O agir de Deus é invisível e é um **MISTÉRIO**. Desconhecemos o que ele vai fazer e como irá fazê-lo, a certeza que temos é que ele age sempre e em todas as coisas.

Com o poder de intervir nas situações, de tal forma que nossa mente jamais poderia alcançar, Deus age de maneira integrada e sinérgica, priorizando sempre o melhor para nós. A nós cabe crer e esperar sua manifestação que transcende o limite humano da compreensão e, por isso, ele acaba sempre nos surpreendendo com coisas maiores e melhores do que imaginamos.

Ação concreta

O modo e o tempo de Deus agir têm seus mistérios, e não cabe a nós entender. Confie no seu poder. Confie que ele está agindo. Deus tudo sabe, tudo pode e fará o melhor por você. Vale a pena esperar!

☙ ❧

Senhor, acredito no teu poder criador e no infinito
amor que tens por mim. Obrigado pela sua proteção,
amparo e consolo. Obrigado pela tua bondade.
Ajuda-me a confiar que um tempo novo virá.
Amém.

REFLEXÃO

Em uma de suas cartas, Paulo diz: "Aprendi a viver na necessidade e aprendi a viver na abundância; estou acostumado a toda e qualquer situação: viver saciado e passar fome, ter abundância e passar necessidade. Tudo posso naquele que me fortalece" (Fl 4,12-13). Embora tenha ficado abatido em determinadas situações, Paulo aprendeu a agir com **RESILIÊNCIA** e conseguiu superar tudo, seguindo em frente.

Nossa vida é feita de altos e baixos e, diante de determinadas situações, nos sentimos sem forças, abatidos e desanimados. Em Cristo, encontramos a força necessária para aprender a lidar com problemas, superar obstáculos e resistir à pressão de situações adversas, assim, nos tornamos resilientes e mantemos a esperança mesmo nas adversidades, desenvolvemos a confiança em nós mesmos, nos adaptamos às mudanças da vida e saímos fortalecidos na fé.

AÇÃO CONCRETA

Encare as mudanças e as dificuldades como oportunidades de crescimento. Aprenda a sair fortalecido de situações adversas.

൞ ൞

Senhor, pela força do Espírito Santo, concede-me a capacidade
de adaptar-me às mudanças e de resistir às adversidades.
Diante dos revezes da vida, ergue-me e concede-me o equilíbrio
necessário para encontrar o melhor caminho.
Amém.

REFLEXÃO

O Senhor disse ao profeta Jeremias: "Não posso fazer de vós como fez este oleiro? Como o barro na mão do oleiro, assim sois vós na minha mão, ó casa de Israel" (Jr 18,5-6). Perceba que Deus não fala "como vaso na mão do oleiro", mas "como barro na mão do oleiro", e tal qual o barro nas mãos do oleiro, somos nós nas mãos do Senhor. Deus não desiste e trabalha incessantemente em nossas vidas. Foi ele quem nos criou e é ele que nos vai moldando de acordo com sua soberana vontade, para fazer de nós pessoas novas, transformadas pelo seu amor.

Deus sabe que **NÃO SOMOS PERFEITOS**, mas também sabe que podemos ser moldados, transformados e aperfeiçoados, por isso ele vai fazendo reparos e ajustes, dando à nossa vida uma forma única e singular. Como vaso nas mãos do oleiro, deixe-se moldar pelas mãos do Senhor, que é perfeito em suas obras!

AÇÃO CONCRETA

Para que possamos ser moldados pelo Criador, precisamos retirar de nós as impurezas e lutar contra tudo que nos afasta de Deus. Precisamos vencer o orgulho, a vaidade, a soberba e a falta de perdão. Precisamos trabalhar a dureza do nosso coração, dando lugar à oração, à penitência, à caridade e ao amor.

Senhor, cura-me e retira do meu coração tudo que me afasta de ti.
Transforma-me pelo teu amor e faz de mim um vaso novo,
moldado à imagem de seu Filho Jesus.
Amém.

REFLEXÃO

Muitas vezes ficamos demasiadamente preocupados com problemas familiares, sentimentais, necessidades físicas e financeiras, com injustiças, calúnias e humilhações sofridas, e acabamos esquecendo que existe um Deus que está no controle da nossa vida.

Diante de tantos problemas e incertezas, Davi nos convida a tomarmos uma decisão radical: "**ENTREGA** o teu caminho ao Senhor, confia nele e ele agirá" (Sl 37,5). Entregar não é coisa fácil e implica uma atitude definitiva. Entregar consiste em não tomar de volta a preocupação. É confiar e ter certeza de que Deus tudo fará para resolver nossos problemas e, para isso, é necessário crer incondicionalmente no Senhor. Quando tudo parece perdido, Deus opera maravilhas e faz nascer em nós a alegria de uma vida plena. Tenha coragem e faça a experiência!

AÇÃO CONCRETA

Com fé, entregue ao Senhor aquilo que mais está lhe afligindo, e definitivamente esqueça. A partir do momento em que você entrega suas preocupações a Deus, não deve tomá-las de volta e querer resolver do seu modo. Deus vai resolver seu problema, mas do modo dele. Entregue, confie e descanse! Maravilhas acontecerão!

ಸಿ ಲಾ

Senhor, entrego em tuas mãos minha vida, minha família e meus sonhos.
Tu sabes do que necessito e sei que teus planos são mais elevados
que os meus. Confiante, aguardo pela tua providência.
Amém.

REFLEXÃO

Com a intenção de serem aceitas e amadas, muitas pessoas usam o que chamamos de máscaras e, assim, vão criando um "falso eu", reprimindo cada vez mais o seu "eu verdadeiro". Agindo assim, passam a ser admiradas não pelo que realmente são, mas pelo que aparentam.

Se algumas **MÁSCARAS** servem para cobrir o rosto, outras procuram disfarçar o que temos no coração, escondem nossas fragilidades, e passamos a viver na mentira. Para mudar essa situação, precisamos fazer o caminho de volta, buscar nossa essência e nosso eu verdadeiro. Só assim poderemos andar com o rosto descoberto e a consciência tranquila, como nos ensina o apóstolo Paulo: "E nós que, com a face descoberta, refletimos como num espelho a glória do Senhor, somos transfigurados nessa mesma imagem, cada vez mais resplandecente pela ação do Senhor, que é Espírito" (2Cor 3,18).

AÇÃO CONCRETA

Não construa falsos "eus" para ser aceito pelos outros. As máscaras podem cair nas horas mais impróprias. Seja você mesmo em qualquer situação.

※ ※

Senhor, muitas vezes uso "máscaras" para proteger minha verdadeira identidade.
Não permitas que elas se tornem parte integrante da minha personalidade,
comprometendo minha autoestima e meu autoconhecimento. Ajuda-me a viver
na verdade. Faz que as pessoas me amem pelo que realmente sou.
Amém.

Reflexão

O Senhor disse a Moisés: "Diga a Aarão e a seus filhos: Assim vocês abençoarão os israelitas: 'O Senhor te abençoe e te guarde! O Senhor te mostre a sua face e conceda-te a sua graça! O Senhor volva o seu rosto para ti e te dê a paz'" (Nm 6,22-26).

Essa é uma **BÊNÇÃO** permanente para nós, formada por palavras cheias de poder que manifestam um voto de esperança, um desejo e um pedido para que coisas boas aconteçam na vida das pessoas que as ouvem. Deus nos abençoa e pede que abençoemos os outros, para que todos se sintam amados, abençoados e guardados por Deus e, assim, tenham um coração aberto para acolher sua graça e sua paz.

Pedir a bênção de Deus é penhor de abundantes graças que auxiliam no combate contra o mal e atraem o amparo celeste.

Ação concreta

Que tal resgatar o hábito de abençoar? Sempre que possível, abençoe a vida de sua esposa, seus filhos, das pessoas que estão à sua volta. Também quero lhe abençoar: "Que Deus te abençoe e te guarde, que o Senhor te mostre a sua face e conceda-te a sua graça, que o Senhor volva o seu rosto para ti e te dê a paz".

☙ ❧

Senhor, abençoa todos os dias da minha vida.
Abençoa poderosamente minhas escolhas e guarda-me de todo mal.
Permite que eu seja bênção para todos que convivem ao meu redor.
Amém.

Reflexão

"Não miramos as coisas que se veem, mas sim as que não se veem. Pois as coisas que se veem são temporais e as que não se veem são eternas" (2Cor 4,17b). Nessa passagem, o apóstolo Paulo nos ensina a viver na dimensão da **ETERNIDADE**: com os pés na terra e o coração no céu. Tudo que é visível e tenta seduzir nosso coração é transitório e passageiro. As coisas que não vemos são as de maior valor e vão permanecer para sempre. É preciso relativizar as coisas humanas e valorizar mais as coisas eternas. Seremos insensatos se investirmos somente naquilo que é terreno, pois tudo que é terreno perecerá, mas as coisas invisíveis e eternas jamais perecerão!

Ação concreta

A vida não termina aqui. Nosso alvo deve ser a eternidade. O segredo é acumular riquezas espirituais, que resultam numa verdadeira felicidade. Como fazer isso? Lendo a Palavra de Deus e aplicando o que ela ensina.

Senhor, ajuda-me a viver na dimensão da eternidade.
Que a esperança da vida eterna e da ressurreição
me sustente nos momentos de maior aflição.
Obrigado por fazeres de mim um herdeiro do céu.
Amém.

Reflexão

Como peregrinos, caminhamos permanentemente a caminho da Pátria celestial e não há pessoa que se diga vitoriosa sem antes caminhar pelo **VALE DE LÁGRIMAS**. Na vida de todos nós há vales profundos, vales áridos, vales pedregosos... há vales de lágrimas. Diante disso, Deus nos conforta e nos diz que "a nossa presente tribulação, momentânea e passageira, nos proporciona um peso eterno de glória incomensurável" (2Cor 4,17a).

É confortante saber que nossos sofrimentos e aflições são pequenos e não durarão para sempre. Mesmo diante das tribulações, Deus tem um propósito que resulta numa abundância de ricas bênçãos. Ele usa os tempos de abatimento para nos edificar. Que possamos aprender, com a Palavra de Deus, a olhar para as aflições sob a luz e a ótica da eternidade.

Ação concreta

Você tem passado por problemas que parecem não ter solução e que o fazem chorar incessantemente? Se sim, então você está "atravessando um vale de lágrimas". Incline seu coração a Deus e peça que ele transforme esse vale de lágrimas em vale de bênçãos. Siga seu caminho confiante de que tudo passará!

෨ ෬

Senhor, não permitas que meu coração se perturbe. Aumenta minha fé
e faz-me passar pelos sofrimentos com a certeza de que tudo é passageiro.
Seca minhas lágrimas. Conforta meu coração
e mostra-me teus propósitos para minha vida.
Amém.

Reflexão

Disse Deus ao estabelecer uma aliança com o homem: "Obedecei-me, e eu serei o vosso Deus e vós sereis o meu povo; caminhai pelo caminho que vos indico e tudo irá bem" (Jr 7,23). Docilidade, obediência e disponibilidade para ouvir e realizar sua vontade, são atitudes que Deus quer do seu povo. Sabemos que antes de tudo, a **OBEDIÊNCIA** a Deus, é uma atitude filial, caminho de crescimento e liberdade, que nos permite acolher um projeto diferente da nossa própria vontade. No entanto, obedecer é um ato de vontade, e é preciso querer obedecer! Muitas situações e acontecimentos da vida só são transformados quando começamos a ouvir e colocar em prática a Palavra de Deus. Diante de qualquer acontecimento, é preciso fazer o exercício contínuo de aceitar a vontade de Deus!

Ação concreta

A obediência à Palavra de Deus é a chave para a maturidade espiritual. Só obedece aos ensinamentos do Pai quem tem fé, e quem faz isso é fortalecido na fé. O resultado de tal atitude é uma vida repleta de experiências com Deus.

ಏ ಙ

Senhor, tu que realizas o querer e o fazer em meu coração,
ajuda-me a acolher o teu projeto para a minha vida.
A cada passo, mostra-me o que é essencial.
Ajuda-me a fazer em tudo a tua vontade.
Amém.

REFLEXÃO

Muitos de nós somente louvamos ao Senhor quando as coisas saem do jeito que planejamos. Quando as coisas não acontecem de acordo com nossa vontade, trocamos o louvor pelas murmurações e queixas. Hoje, somos desafiados a confiar e prestar louvores ao Senhor todo o tempo, como fez o salmista, que, independentemente das circunstâncias que estava passando, teve uma atitude de gratidão e disse: "eu sempre darei graças a Deus, o Senhor; o seu louvor estará em meus lábios o dia inteiro" (Sl 34,1).

O **LOUVOR** precisa vir do coração, e a gratidão não deve estar limitada a determinadas situações. A vida nos dá permanentemente motivos para agradecer. Olhando as maravilhas do Senhor, nosso coração deve se encher de alegria, pois sua bondade se renova dia após dia e seu amor não tem fim!

AÇÃO CONCRETA

Louve ao Senhor em todos os momentos, não somente com palavras, mas também com atitudes.

෨ ෬

Senhor, dá-me um coração agradecido que te louve
em todas as circunstâncias da minha vida. Ensina-me a ser grato,
mesmo quando as coisas não saem de acordo com minha vontade.
Obrigado, Senhor, porque me amas e queres o melhor para mim.
Amém.

Reflexão

Viver com medo é deprimente. Pois ele bloqueia nossa mente, impedindo-nos de pensar, de enxergar uma saída e de agir com equilíbrio. O medo não vem de Deus e, para vencê-lo, devemos nos deixar tocar pelo seu amor, que fortalece e concede um espírito de equilíbrio. Se você está se sentindo desanimado e sem coragem, veja o que Paulo diz: "Deus não nos deu espírito de medo, mas de força, de amor e de sabedoria" (2Tm 1,7). O medo paralisa e inibe nossas ações, por isso devemos renunciar ao medo, substituindo-o pela confiança em Deus, que nos capacita a viver com coragem, **OUSADIA** e total segurança.

Ação concreta

Existe algo que você esteja querendo ou tentando fazer, mas não consegue criar coragem? Pare de hesitar e tente. Não tenha medo do inesperado. Deus quer que você viva sem medo, seja ousado e acredite nele para realizar seus sonhos.

✽ ✾

Senhor, dá-me um coração destemido, confiante, ousado e livre.
Ajuda-me a vencer o medo e ser tudo o que queres que eu seja.
Livra-me dos meus temores e inseguranças
e faz-me seguir rumo à vitória.
Amém.

Reflexão

Todos nós temos segredos e, quando revelamos um **SEGREDO** a alguém que confiamos, esperamos que o mesmo não venha a ser divulgado. Espalhar esse segredo é agir de forma maldosa, e muitas vezes denigre a imagem da pessoa que o confiou. É imprescindível valorizar o vínculo de confiança, por isso, "não repita o que você ouviu. Não revele um segredo. Assim você estará verdadeiramente isento de confusão, e achará graça diante de todos os homens" (Eclo 42,1a).

Não importa a relevância do assunto, segredos foram feitos para serem respeitados, para serem guardados!

Ação concreta

Se alguém lhe confiou um segredo, procure honrá-lo. Quando a confiança é quebrada, o relacionamento sofre um abalo. Procure manter-se calado e garanta sua reputação de pessoa confiável.

ஐ ෬

Senhor, ajuda-me a ser uma pessoal confiável,
capaz de guardar os segredos que me foram revelados.
Mostra-me quando devo falar e quando devo permanecer calado.
Que minhas palavras não promovam intrigas nem traiam
a confiança que depositaram em mim.
Amém.

REFLEXÃO

Pesquisas afirmam que o consumo excessivo de álcool pode acarretar a perda de capacidades cognitivas como a concentração e a memória. Pessoas com dependência química vivem muitas outras dificuldades que refletem em seu caráter. Embora não seja fácil para muitos viver com **SOBRIEDADE**, é preciso ao menos tentar. Sempre é possível recomeçar. O importante é reconhecer a necessidade de mudança e estar disposto a fazê-la, pois "a sobriedade no beber é a saúde da alma e do corpo. O excesso na bebida causa irritação, cólera e numerosas catástrofes" (Eclo 31,37-38).

Viver sóbrio é reconhecer os próprios limites, não os ultrapassando.

AÇÃO CONCRETA

Procure viver sóbrio, consagrando ao Senhor suas atividades, pensamentos e o desejo de viver bem com as pessoas. Evite todo tipo de excesso, sobretudo o da bebida, praticando a virtude da temperança.

৩ ଊ

Senhor, ajuda-me a exercer o autocontrole
e a dominar todo excesso, sobretudo da bebida.
Concede-me firmeza no agir, para eu andar no caminho da sobriedade.
Obrigado, Senhor, por não desistir de mim.
Sei que conseguirei vencer as tribulações com a tua graça.
Amém.

Reflexão

"Quem vive contando casos não guarda segredo; por isso, evite quem fala demais" (Pr 20,19). Esse é um ótimo conselho que podemos agregar à nossa vida: tomar cuidado com quem fala demais. Muitas pessoas têm dificuldades em guardar para si o que ouvem ou veem e acabam falando mais do que devem.

Falar qualquer coisa, de qualquer maneira e em qualquer momento muitas vezes acaba machucando, ferindo e ofendendo os outros, e não temos essa liberdade. Ao **FALARMOS DEMAIS**, sem discernimento, nos tornamos desagradáveis, críticos e inconvenientes. Esse comportamento faz com que as pessoas se afastem do nosso convívio, por isso é preciso rever tais atitudes, até mesmo mudando nosso modo de agir, se for necessário.

Ação concreta

"Não fale tudo o que sabe, porque quem fala tudo o que sabe, geralmente fala o que não convém." Pense sempre no que vai dizer e peça que Deus dirija suas palavras. Controle o que você fala e evitará muitos aborrecimentos.

೫೦ ೦೩

Senhor, ajuda-me a refrear minhas palavras
e, dessa maneira, a agir de acordo com tua vontade.
Ensina-me a exercer o autocontrole e a pensar antes de falar.
Que de minha boca saiam palavras que te glorifiquem
e transmitam vida às pessoas ao meu redor.
Amém.

REFLEXÃO

A providência divina é um dos mais belos elementos da fé. Quando confiamos nela, entregamos nas mãos de Deus onipotente o passado, o presente e o futuro. Ele é quem governa e tem o controle completo sobre todas as coisas do Universo e, como diz Paulo, "se Deus é por nós, quem será contra nós?" (Rm 8,31). Deus dá a direção para o mundo e, como Pai, cuida permanentemente de nós.

A fé na **PROVIDÊNCIA** divina nos livra dos medos, das preocupações e das inseguranças, porque cremos que é a mão do Senhor que nos conduz e faz maravilhas em nossa vida.

Diante das cruzes que o Senhor permite que enfrentemos, podemos até sofrer, mas, com o tempo, percebemos a ação de Deus dirigindo nossos passos e guiando-nos no caminho da verdadeira paz.

AÇÃO CONCRETA

Diante da providência divina, tenha uma atitude de colaboração. Trabalhe como se tudo dependesse de você. Confie e reze como se tudo dependesse de Deus. O Senhor vai realizar os planos que tem para sua vida!

❧ ☙

Senhor, perdoa-me pelas vezes que duvidei de tua providência.
Entrego minha vida em tuas mãos. Aumenta minha fé e minha esperança.
Obrigado por estares atento às minhas necessidades.
Amém.

REFLEXÃO

FAÇA A DIFERENÇA na vida das pessoas com as quais você convive. Tenha sempre um sorriso nos lábios, uma palavra amiga, dê um aperto de mão ou um abraço. Tudo isso custa pouco e torna a vida mais leve, iluminada e feliz! Ao falar sobre a missão do ser humano, Jesus disse: "Vocês são o sal para a humanidade, mas, se o sal perde o gosto, deixa de ser sal e não serve para mais nada. Vocês são a luz para a mundo. Não se pode esconder uma cidade construída sobre um monte" (Mt 5,13-14).

O ser humano foi criado para viver em comunhão e na companhia dos semelhantes. Num mundo que oprime e quer que vivamos à sua maneira, somos chamados a ser sal e luz no mundo, por isso, dê sabor à sua vida e faça a diferença onde você estiver!

AÇÃO CONCRETA

Viva intensamente e ilumine com suas palavras e seus gestos o mundo à sua volta. Prossiga firmemente com sua missão de iluminar. "Seja a mudança que você quer ver no mundo" (Mahatma Gandhi).

༺ ༻

Senhor, concede-me a graça de ser luz
e fazer a diferença iluminando os caminhos das pessoas.
Quero testemunhar com palavras e ações
a tua presença em minha vida.
Amém.

Reflexão

"Senhor, vós me perscrutais e me conheceis, sabeis tudo de mim, quando me sento ou me levanto. De longe penetrais meus pensamentos" (Sl 139,1-2). Temos um Deus onisciente e onipotente, e não somos sequer capazes de imaginar qual a dimensão do seu conhecimento. **DEUS CONHECE** tudo. Nenhum detalhe lhe passa despercebido. Seu conhecimento é pleno, e não há nada que possamos esconder dele. Ele sabe o que pensamos antes mesmo de termos formado alguma ideia. Ele conhece nossa vida, nosso mundo, nosso ser.

Como é reconfortante saber que Deus nos sonda, nos conhece e cuida de nós ao longo do dia inteiro.

Ação concreta

Este é o nosso Deus: um Deus maravilhoso que nos conhece de modo perfeito, nos ama e nos acompanha no dia a dia. Faça sua parte: busque a Deus e renda-se a ele em oração. Permita que ele lhe guie pelo caminho eterno.

෨ ෬

Senhor, tu que sabes tudo e conheces o que há dentro de mim,
sê minha proteção e ampara-me em todos os momentos.
Faz com que eu seja fiel a ti, mesmo quando não compreendo teus mistérios.
Firma meus passos e fortalece minha fé.
Amém.

Reflexão

Enquanto caminhamos, há sempre portas que se fecham e outras tantas que se abrem. O problema é que muitas vezes voltamos nosso olhar somente para a porta que se fechou, deixando de vislumbrar as infinitas possibilidades contidas nas **PORTAS** que se abrem, apontando novos caminhos que podem levar-nos a uma vida bem-sucedida. Seja qual for o momento, tenhamos por certo que Deus não nos abandona e não nos deixa à própria sorte. É ele que nos diz: "Conheço as tuas obras: eu pus diante de ti uma porta aberta, que ninguém pode fechar; porque, apesar de tua fraqueza, guardaste a minha palavra e não renegaste o meu nome" (Ap 3,8).

A qualquer momento você pode abrir novas portas e renovar seu compromisso com a vida e com a felicidade. Pense nisso!

Ação concreta

As portas se abrem para aquele que não tem medo de enfrentar as adversidades. Não lamente o que não deu certo. Coloque um sonho na alma e fé no coração. Vislumbre as oportunidades que a vida lhe oferece todos os dias.

෨ ෬

Senhor, sei que ninguém consegue fechar as portas que tu abres.
Auxilia-me nas estradas da vida e abre as portas que se
fecharam para mim. Concede-me entendimento e sabedoria
para ver as novas oportunidades que surgem.
Espero e confio em ti.
Amém.

Reflexão

Embora a gentileza e a educação sejam importantes no trato com os nossos semelhantes, o **RESPEITO** vai bem além disso, e é fundamental para que possamos praticar a verdadeira fraternidade. Precisamos aprender a ver no outro uma pessoa que pensa e age de forma diferente, pois possui valores diferentes dos nossos. Devemos respeitar sua personalidade e forma de ser, mesmo que não concordemos totalmente com suas atitudes.

O ser humano está acima de tudo, e respeitá-lo significa agir da mesma forma como Jesus fazia ao tratar as pessoas. Iniciemos, na medida do possível, a prática da verdadeira caridade, "tratando todos com o devido respeito" (1Pd 2,17a).

Ação concreta

O mundo necessita de pessoas mais humanas. Aprenda a respeitar, compreender e aceitar o outro como ele é. Por meio de seus atos e palavras, procure fazer de sua vida um exemplo de amor e respeito ao próximo.

ೞ ⌘

Senhor, corrige-me sempre que eu for intolerante
com alguma pessoa, situação ou realidade. Ensina-me a
respeitar as escolhas, o jeito de ser e o modo de pensar do outro.
Que eu trate todos com o devido respeito.
Amém.

Reflexão

Paulo nos dá um sábio conselho a respeito da autocrítica: "Em virtude da graça que me foi concedida, eu peço a cada um de vós que não tenha de si mesmo um conceito mais elevado do que convém, mas uma justa estima, ditada pela sabedoria, de acordo com a medida da fé" (Rm 12,3). Ou seja, precisamos ser ponderados até mesmo no pensar sobre nós mesmos, evitando a supervalorização, que é meio caminho para que o orgulho se instale em nosso coração. Assim como devemos prestar atenção para não subestimarmos nosso potencial, deixando de dar-nos nosso real valor.

A **AUTOCRÍTICA** é útil. Ela ajuda na avaliação de nossos atos e nos faz reconhecer nossos erros, bem como as possibilidades de autocorreção, caminhando sempre em busca da perfeição interior.

Ação concreta

Periodicamente faça uma análise de seus atos, de sua maneira de agir, de suas potencialidades e de erros cometidos. Através da autocrítica construtiva, você se conhecerá melhor e poderá aprimorar-se, caminhando em busca da perfeição.

☙ ❧

Senhor, faz com que eu seja capaz de analisar minhas atitudes, sem me punir.
Concede-me a força do Espírito Santo, para que eu me motive a mudar,
melhorando o que não está adequado. Que eu não me supervalorize
e não dê espaço para o orgulho em meu coração.
Amém.

REFLEXÃO

O jejum é uma ótima ferramenta de comunhão com Deus e não deve estar baseado apenas em deixar de comer algo que se goste, mas sim ser acompanhado de muita oração e caridade. O Senhor nos ensina, através do profeta Isaías, qual o **JEJUM** que ele quer: "acabar com as prisões injustas, desfazer as correntes do jugo, pôr em liberdade os oprimidos e despedaçar qualquer jugo; repartir a comida com quem passa fome, hospedar em sua casa os pobres sem abrigo, vestir aquele que se encontra nu, e não se fechar à sua própria gente" (Is 58,6-7).

O jejum é uma experiência particular entre nós e Deus e deve levar-nos a viver conforme sua lei. Aquele que pratica o verdadeiro jejum será abençoado com a presença de Deus (cf. Is 58,8).

AÇÃO CONCRETA

De nada adianta jejuar e continuar coagindo as pessoas para alcançar os próprios interesses (cf. Is 58,3). Deus aprecia e espera de nós tudo aquilo que nos leva ao amor autêntico com nossos irmãos.

ஐ ๛

Senhor, guia-me na prática do verdadeiro jejum.
Por meio dele, ensina-me a ouvir tua voz e viver teus ensinamentos.
Dá-me a graça de tornar-me mais humilde e mais aberto
a cumprir tua vontade. Livra-me do orgulho e do egoísmo.
Amém.

Reflexão

Na estrada da vida, pensar, meditar e ponderar são atitudes necessárias para tomarmos as melhores decisões e errarmos menos. Vez por outra, precisamos fazer uma parada para examinar o que está dando certo e onde podemos melhorar. "Fique atento ao caminho por onde você anda, e que todos os seus caminhos sejam firmes" (Pr 4,26). Se perceber que tomou o **CAMINHO** errado, recomece.

Não deixe a vida "te levar". Planeje, administre, questione e avalie cuidadosamente todos os aspectos de sua vida, inclusive o espiritual. Tenha propósitos sólidos. Não permita que o agito do dia a dia leve-o a viver sem pensar e sem fazer as próprias escolhas. Você tem por dever tomar as rédeas de sua vida!

Ação concreta

Toda vez que surgir em sua mente a pergunta: Que caminho devo seguir?, pare alguns minutos, interiorize, avalie todas as possibilidades e opte de forma consciente por uma delas.

ೞ ೧

Senhor, peço que todas as manhãs tu me fales do teu amor, pois em ti
eu tenho posto a minha confiança. As minhas orações sobem a ti;
mostra-me o caminho que devo seguir (cf. Sl 143,8).
Protege-me com tua presença constante em minha vida.
Concede-me sabedoria e discernimento para fazer sempre a melhor escolha.
Amém.

Reflexão

A vida é cheia de oportunidades e, quando estamos dispostos a mudar, passamos a vê-las em todas as direções. Mudanças só acontecem quando tomamos a decisão de pô-las em ação e nos dispomos a seguir os passos necessários para que aconteçam.

Pequenas **MUDANÇAS** fazem diferença e proporcionam grandes resultados. Pode ser uma mudança de hábito ou de rotina, ou algo simples como sorrir mais e reclamar menos, ter atitudes e pensamentos positivos, entre outros. Neste exato momento, no lugar onde você está, existem pequenas coisas que você pode fazer para mudar positivamente seu estilo de vida, e "sejam quais forem os teus caminhos, pensa em Deus, e ele aplainará tuas veredas" (Pr 3,6).

Ação concreta

Sabe aquela rotina ou aquele hábito que você quer mudar? Isso pode ficar mais fácil, se você assumir o compromisso de fazer pequenas mudanças diárias, até incorporá-las definitivamente à sua rotina.

৪০ ৫৪

Senhor, ajuda-me a entender o que precisa ser mudado em minha vida.
Transforma-me para que eu me assemelhe a Jesus.
Fortalece-me para que mudanças significativas e
duradouras ocorram a partir de hoje.
Amém.

Reflexão

"O sábio é cauteloso e desvia-se do mal, mas o insensato encoleriza-se e dá-se por seguro" (Pr 14,16). O provérbio de hoje apresenta uma advertência: devemos agir com cautela e fugir do mal. Pessoas cautelosas não correm riscos desnecessários, são prudentes e evitam os perigos, já as insensatas são autoconfiantes e agem por impulso. Ser cauteloso não significa ter medo nem se acomodar, mas sim ter moderação. Muitas pessoas sofrem sérias consequências por agirem sem refletir e com pressa diante de determinadas situações.

A vida sem **CAUTELA** é perigosa, e a pessoa que age assim está fadada ao fracasso. Por outro lado, o cauteloso é sábio, pensa mais, erra menos e evita problemas desagradáveis.

Ação concreta

Nem todos estão preparados para lidar com as pressões do dia a dia e, com isso, tomam decisões precipitadas. Não permita que as pressões forcem você agir com imprudência. Seja cauteloso e estará precavendo-se de muitos males.

ஐ ௧

Senhor, muitas vezes erro ao agir por impulso.
Protege-me de meus próprios ímpetos de agir sem refletir.
Ensina-me a agir com cautela, ponderando
os prós e os contras na tomada de decisões.
Amém.

Reflexão

A pessoa que recebe, por parte de seus pais e cuidadores, amor, carinho, compreensão, cuidados físicos e psicológicos quando pequena, tende a ser um adulto seguro. Pessoas seguras desenvolvem um bom emocional mesmo diante das dificuldades. Na Bíblia, em Provérbios de Salomão, há uma promessa de segurança para aqueles que creem em Deus: "Filho, tenha sempre sabedoria e compreensão e nunca deixe que elas se afastem de você. Elas lhe darão vida, uma vida agradável e feliz. Você caminhará seguro e não tropeçará" (Pr 3,21-23).

Uma vida de fé pode contribuir para que trilhemos nossos caminhos com mais **SEGURANÇA**. Se nos colocarmos confiantes nas mãos do Senhor, viveremos sabiamente sob a proteção do Altíssimo e, providos de uma fé autêntica, caminharemos confiantes e seguros!

Ação concreta

Diariamente temos muitos desafios para vencer. Em nossa caminhada, precisamos de segurança, sobretudo aquela que vem Deus. Reze o Salmo 91. Nele, há uma ação planejada de Deus para nos proteger e nos livrar do mal.

ഌ ര

Senhor, quando surgirem as dúvidas e os medos, lembra-me de que minha segurança está em ti. "Tu és o meu defensor e o meu protetor. Tu és o meu Deus, eu confio em ti" (cf. Sl 91,2). Fortalece minha confiança, para que eu experimente tua paz verdadeira.
Amém.

Reflexão

A pessoa autêntica é aquela que procura ser verdadeira e viver seus relacionamentos no trabalho e na vida como um todo sem fazer uso de máscaras. Em nosso íntimo, temos sede de ser autênticos, e mesmo quando não conseguimos sê-lo, continuamos com o desejo de alcançar essa virtude. No entanto, nem sempre ou quase nunca é possível sermos autênticos com as nossas próprias forças, por isso, precisamos contar com a força e o poder do Espírito Santo, que conhece a profundeza de nossas entranhas e restaura nossa verdadeira identidade.

Procure ser **AUTÊNTICO** em seu modo de ser e viver, seguindo o exemplo de Jesus, que tinha a sinceridade como uma de suas infinitas qualidades: "mentira nenhuma foi achada em sua boca" (1Pd 2,22).

A pessoa autêntica é sincera, transparente, passa maior credibilidade e vive em paz consigo mesma.

Ação concreta

Nos nossos relacionamentos, ser autêntico é essencial. Desafie-se a ser transparente diante de Deus e do próximo. Demonstre sua postura com amor, firmeza, revelando quem realmente você é.

ಎ ೞ

Senhor, quero ser uma pessoa autêntica,
mas nem sempre consigo fazer isso com minhas próprias forças.
Envia teu Santo Espírito e restaura minha verdadeira identidade.
Faz com que não aja dubiedade em meus pensamentos e em meu coração.
Amém.

Reflexão

Muitas vezes nos afastamos de Deus e decidimos trilhar nosso próprio caminho. No entanto, voltamos a procurá-lo nos momentos de desespero, quando não encontramos solução para nossos problemas e, então, nos perguntamos: Onde está Deus? Deus está ao nosso lado, nos abençoando e clamando incessantemente que retornemos a ele, corrigindo e mudando o rumo de nossa vida. Ele toca suavemente nosso coração e diz: "Voltai para mim e eu voltarei para vós" (Ml 3,7).

Deus é paciente, não nos abandona, sabe perdoar e espera nosso **RETORNO**. Se você está afastado de Deus, não adie mais esta importante decisão: retorne para os braços do Pai. Você é especial para Deus e tem um valor único. Aproxime-se do Senhor com fé e assuma um compromisso com ele. Em suas veredas, você encontrará o descanso que a sua alma necessita para viver na abundância do Espírito Santo.

Ação concreta

Confie no Senhor e entregue todos os seus fardos em suas mãos. Seu coração se encherá de paz "e terás confiança, porque haverá esperança; olharás em volta e repousarás seguro" (Jó 11,18).

༅ ༄

Senhor, perdoa-me pelas vezes que tenho me afastado de ti. Como é bom saber que tuas mãos estão sempre estendidas, aguardando que eu retorne aos teus braços. Obrigado por não desistires de mim.
Amém.

Reflexão

"Deus nos deu o desejo de entender as coisas que já aconteceram e as que ainda vão acontecer, porém não nos deixa compreender completamente o que ele faz. Nesta vida, tudo o que a pessoa pode fazer é procurar ser feliz e viver o melhor que puder" (Ecl 3,11-12). O tempo é um dos bens mais preciosos que temos e devemos aproveitá-lo com coisas úteis que desenvolvam nossa intelectualidade, nossos relacionamentos e nossa fé. O tempo parece voar, mas somos nós que escolhemos o que fazer com ele. Não devemos perder tempo com coisas fúteis, que não acrescentam nada à nossa vida.

APROVEITE SEU TEMPO com aquilo que é necessário para aprender a viver prudentemente.

Ação concreta

Se você estiver trabalhando, concentre-se na tarefa que estiver realizando e faça o melhor possível. Se você for à Igreja, reze intensamente e aproveite bem seu encontro com Deus e com os irmãos. Nos momentos de lazer, desligue-se das outras coisas e divirta-se. Viva intensamente cada momento, sem desperdiçar seu tempo.

༄ ༅

*Senhor, concede-me sabedoria para que eu não perca meu tempo
com futilidades. Ajuda-me a encontrar o equilíbrio e a não priorizar
e dedicar um tempo excessivo do dia para viver de forma desordenada.
Que eu saiba viver com prudência.
Amém.*

Reflexão

Paulo nos exorta a sermos "alegres na esperança, fortes na tribulação e perseverantes na oração" (Rm 12,12). A esperança enche nosso coração de ânimo, faz-nos olhar o futuro com otimismo e acreditar na vitória. Ser forte é manter-se firme e seguro mesmo em meio aos sobressaltos da vida. É saber aguardar a ação de Deus, com sabedoria e fé, em meio às tribulações. A oração é a nossa comunhão com o Senhor, através dela somos renovados, consolados e edificados. Se vivenciarmos essa exortação de Paulo, seremos fortes e estaremos aptos a vencer todos os desafios que surgirem à nossa frente.

Ore e **SEJA FORTE**!

Ação concreta

Para desenvolver a força espiritual, é necessário ter perseverança no estudo da Palavra, na oração, na prática de boas ações. Tudo isso aumenta nossa confiança em Deus e faz com que aumente nossa fé, fortalecendo-nos diante das dificuldades.

Senhor, são tantas as situações ao meu redor que tentam me sufocar, me fazer desanimar, que muitas vezes me sinto fraco e desestimulado.
Fortalece-me em teu amor e aperfeiçoa minhas fraquezas.
Faz com que eu permaneça firme na fé.
Amém.

Reflexão

O salmista declara: "Deus é para nós refúgio e força, defensor poderoso no perigo" (Sl 46,1). Em que sentido Deus é nosso **REFÚGIO?** Assim como a criança precisa se sentir protegida pelos pais, nós também buscamos proteção em vários momentos da vida. Quando nos refugiamos em Deus e nos apresentamos diante dele com sinceridade de coração, somos guardados e protegidos do mal. Em Deus encontramos orientação e proteção, amparo e conforto, tranquilidade e paz. Ele é nosso escudo e proteção. Ele é nosso amparo e força na tribulação, socorro que não falta em dia de aflição. No dia de angústia e tribulação, firme a sua confiança em Deus e nada temas. Ele está contigo!

Ação concreta

Diante das tribulações, não dê lugar às angústias. Refugie-se em Deus. Clame ao Senhor, vá à igreja, ouça a Palavra de Deus, alimente-se do Pão Vivo descido do céu. Você se recuperará e dirá como o salmista: "O Senhor é bom e justo, cheio de misericórdia é nosso Deus. Estava abatido, mas ele me livrou. Volta, minha alma, à tua serenidade, porque o Senhor foi bom para contigo" (Sl 116,5-7).

ஐ ☙

Senhor, em ti confio e me refugio. Vem em meu socorro.
Liberta-me e faz-me andar em teus caminhos.
"Guarda-me, ó Deus, pois em ti eu tenho segurança" (Sl 16,1).
Amém.

Reflexão

A gratidão é uma das qualidades mais nobres do ser humano. "Em nome de Nosso Senhor Jesus Cristo, devemos sempre agradecer todas as coisas a Deus, o Pai" (Ef 5,20). A atitude de agradecer molda nosso coração e cria sentimentos de docilidade e amabilidade. O sentimento de gratidão acalma e liberta nossa mente, deixa os ambientes mais leves e faz com que os relacionamentos sejam fortalecidos. Desenvolva essa virtude, dizendo **OBRIGADO** por tudo o que tem recebido de Deus. Peça que Deus lhe conceda um coração agradecido e você será mais feliz!

Ação concreta

Repita várias vezes ao dia: "Obrigado, Senhor, obrigado, obrigado por tudo!". Experimente fazer isso e você se sentirá mais calmo, completo e feliz!

༄ ༅

Senhor, obrigado por estar sempre ao meu lado e cuidar de mim.
Obrigado pelo teu amor e pela tua misericórdia. Obrigado por me
dar força e me mostrar que sou capaz de realizar meus sonhos.
Obrigado por me conceder uma nova chance após cada fracasso.
Obrigado pelo sol, após uma tempestade.
Obrigado pelo crescimento que vem após as decepções.
Obrigado por me concederes muito mais do que peço.
Obrigado pelo refrigério, quando a tristeza assola meu coração.
Obrigado por me amar e me aceitar como sou.
Amém.

REFLEXÃO

Por mais que as pessoas possam nos dar alguma segurança, a nossa fortaleza não está nos homens, mas em Deus. Não nos podemos apoiar nas pessoas, que, assim como nós, são fracas. Quando nos sentimos abatidos, angustiados, enfraquecidos, assolados pelas tribulações da vida e precisamos de amparo e alento, Deus é nossa **FORTALEZA**. Ele nos abriga e acolhe. Ele nos sustenta e não nos deixa desamparados.

Não importa o que estejamos enfrentando neste momento, para tudo existe uma solução divina. Portanto, rezemos como o salmista: "O Senhor é o meu rochedo, minha fortaleza e meu libertador; meu Deus, minha rocha, na qual me refúgio; meu escudo e baluarte, minha poderosa salvação" (Sl 18,3).

O Senhor é nosso porto seguro. Em seus braços encontramos descanso e paz para nosso coração!

AÇÃO CONCRETA

Intensifique sua confiança do cuidado do Senhor e alimente sua fé. Acredite que sua jornada será de vitórias e triunfos, mesmo em meio às tempestades. Você está sob os cuidados de Deus Todo-Poderoso. Confie e descanse nele!

ಸಿ ಲ

Senhor, não me deixes sem tuas forças "Sê a minha rocha de abrigo e uma fortaleza para me proteger" (Sl 71,3). Em ti confio, em ti espero.
Amém.

REFLEXÃO

Você já chegou a um ponto de sua vida em que não consegue vislumbrar uma saída? Isso é normal. Nossa capacidade humana é limitada e, a partir de determinado ponto, entramos no campo da impossibilidade humana, onde somente Deus pode agir. Disse Jesus: "O que é impossível para os homens é possível para Deus" (Lc 18,27).

Deus quer realizar o impossível em nossa vida e não exige que façamos o que não temos condições, mas sim que executemos tudo que estiver ao nosso alcance. Ele tem controle e soberania sobre tudo que existe. Ele é o Deus do **IMPOSSÍVEL** e tem a solução perfeita para cada situação. Com fé, entregue suas preocupações e angústias nas mãos de Deus. Ele irá dar-lhe a direção certa para resolvê-las.

AÇÃO CONCRETA

Coloque aos pés do Senhor aquilo que para você parece ser impossível de se concretizar. Não desista. O impossível pode acontecer. Deus pode fazer em sua vida coisas extraordinárias. Ele pode realizar em sua vida prodígios e milagres. Entregue, confie e espere!

ஜ ಎ

Senhor, Deus do impossível, tu conheces minhas necessidades.
Aumenta minha fé e faz-me alcançar aquilo que só
é possível através da tua ação e do teu poder.
Em ti confio e nas tuas mãos coloco minha vida.
Amém.

REFLEXÃO

Amar e ser amado são as maiores necessidades do ser humano. Vez por outra, todos, sem exceção, experimentam a sensação de não serem amados, é quando surge a carência afetiva, que se esconde no nosso íntimo, causando sofrimento e até depressão. O fato de não se sentir amado, não quer dizer que o amor não exista. Para Deus você é alguém especial e ele o ama incondicionalmente. Lemos no Livro de João: "E nós, que cremos, reconhecemos o amor que Deus tem para conosco. Deus é amor: quem permanece no amor, permanece em Deus, e Deus permanece nele" (1Jo 4,16).

DEUS AMA VOCÊ de um modo perfeito e completo. Aceite isso e faça agora a experiência de sentir esse amor invadir sua alma, para que em seu coração floresça uma vida nova, repleta de alegria e de amor.

AÇÃO CONCRETA

Deixe-se conduzir pelo Espírito Santo e estabeleça com Deus uma relação amorosa de Pai e filho. Divida com ele suas preocupações e suas alegrias, peça orientação e agradeça. Deixe-se amar e conduzir pelo Pai.

ഗ ര

Senhor, dá-me a graça de sentir o teu amor por mim e de amá-lo como Pai.
Louvado sejas pelo infinito e misericordioso amor com o qual tu me
envolves e me abraças. Estou certo de que nada me pode separar
desse amor que tu revelaste por meio de Jesus Cristo.
Amém.

Reflexão

Assim como Deus chamou a Abraão, Samuel, Jeremias, Zaqueu, Pedro, Paulo... Ele nos escolheu desde o ventre de nossa mãe e disse: "Eu sou o Senhor, o Deus de Israel, que te chamo pelo nome" (Is 45,3b). Embora haja no mundo milhares de pessoas com nomes semelhantes, para Deus somos únicos. Ninguém tem a mesma história de vida, a mesma personalidade, o mesmo DNA, a mesma identidade.

Uma das mais belas dimensões da fé cristã é a de que Deus nos chama pelo **NOME** e revela seu amor, um amor relacional, em que cada pessoa é importante e cada situação da vida recebe dele uma atenção particular. Deus nos chama para sermos dele e nos convida a vivermos em sua presença, exercendo a missão que temos no mundo. O nome que recebemos no Batismo é a nossa "marca" e nos identifica. Aja de forma que você possa ser identificado como um verdadeiro cristão.

Ação concreta

Escolhas e atitudes erradas podem denegrir nossa imagem e desvalorizar nosso nome. Cuide das suas escolhas e das suas atitudes. Viva de forma íntegra. Faça o bem e seja honesto. Esforce-se para manter uma boa reputação. Valorize seu nome!

ೞ ಞ

Senhor, ajuda-me a enfrentar as situações nas quais minha identidade
de cristão é atingida. Concede-me a força necessária para viver de tal
maneira que não dê razão aos outros de falarem mal de mim. Ensina-me
a valorizar o nome que recebi e pelo qual o Senhor me conhece.
Amém.

REFLEXÃO

De tempos em tempos, passamos por períodos de sofrimento intenso e desassossego que deixam nosso coração aflito, sem paz. A aflição deprime e atinge o mais profundo de nosso ser, produzindo sentimentos de solidão, angústia, tristeza, dor, derrota e inquietação. O próprio Jesus nos alertou a respeito das **AFLIÇÕES** que passaríamos neste mundo, ao dizer: "Eu vos disse essas coisas para que, em mim, tenhais a paz. No mundo tereis aflições. Mas tende coragem! Eu venci o mundo" (Jo 16,33). Se tivermos fé e coragem, colocando nossa esperança no poder e na soberania de Deus, mesmo que passemos por aflições, desfrutaremos da mais perfeita paz de Cristo e sairemos vencedores.

AÇÃO CONCRETA

Não acredite em promessas de uma vida sem aflições. Reze e busque encontrar dentro de si a força necessária para reerguer-se diante das dificuldades. Veja em cada desafio a oportunidade de crescer e sair fortalecido na fé.

ஐ ෬

Senhor, fortalece-me na fé e dá-me coragem para vencer as aflições.
Perdoa-me pela minha falta de confiança em teu amor e no teu poder.
Amém.

REFLEXÃO

Paulo descreveu Deus como "o Deus da constância e da consolação" (Rm 15,5). Como Deus não muda com o passar do tempo, podemos ter certeza de que ele ainda nos consola e que o Espírito Santo nos dá poder para fazer o mesmo por aqueles que estão passando pelos mesmos problemas que nós. Paulo sofreu muito, mas sempre estava pronto a encorajar e consolar os outros. Ele sabia que Deus é a fonte de todo tipo de **CONSOLO**, ajuda e encorajamento, e, assim, escreveu: "Bendito seja o Deus e Pai de nosso Senhor Jesus Cristo, Pai das misericórdias e Deus de toda consolação. Ele nos consola em todas as nossas aflições, para que, com a consolação que nós mesmos recebemos de Deus, possamos consolar os que se acham em toda e qualquer aflição" (2Cor 1,3-4).

AÇÃO CONCRETA

Quando você perceber que uma pessoa está precisando de consolo, tenha compaixão. Procure tranquilizá-la. Dê-lhe um abraço e ofereça-se para ajudar. Esses simples gestos podem ajudá-la a manter a fé e a esperança.

༄ ༅

Senhor, consola-me em minhas aflições pela ação do Espírito Consolador.
Dá-me a palavra certa para amenizar a aflição e aliviar o sofrimento
dos que estão desolados. Ensina-me a consolar os que precisam.
Encoraja-me a falar da tua misericórdia e do teu amor.
Amém.

Reflexão

Quem é você? Qual sua **IDENTIDADE**? A busca por aprovação e reconhecimento cria em nós a necessidade de agradar e leva-nos a pensar que devemos ser diferentes para que nos aceitem e nos amem. Não somos uma coisa, mas pessoas capazes de pensar, escolher, crescer e amar. Ser pessoa é ser você mesmo, é ser livre para tomar as próprias decisões, sem se deixar levar pelos outros. Ser livre não significa fazer o que se quer, mas o que se deve, com responsabilidade. Conhecendo nosso verdadeiro "eu", seremos capazes de focar nos valores mais preciosos para nossa vida, transformando-nos dia após dia, até chegar ao ponto de dizer: "pela graça de Deus, sou o que sou" (1Cor 15,10a).

Ação concreta

Dialogue mais consigo mesmo. Reveja seus padrões e recicle suas verdades. Questione-se sobre o que pensa, qual sua opinião sobre as coisas e o que realmente faz sentido para você.

Procure conhecer ou redescobrir sua verdadeira identidade.

৯০ 03

Senhor, ajuda-me a reconhecer minha verdadeira identidade e,
apesar dos meus defeitos, a aceitar-me como sou. Fortalece-me e
ensina-me a focar nos valores mais preciosos da vida, pela tua graça,
transformando-me e restaurando-me dia após dia.
Amém.

Reflexão

Às vezes, em meio aos afazeres diários, ficamos tão absortos em nossos problemas que sequer percebemos as pessoas a nossa volta. No entanto, não é preciso muito esforço para oferecer um sorriso ou uma palavra amiga aos demais. É sensato o conselho do Livro do Eclesiástico, que diz: "o insensato, quando ri, levanta a voz; o sábio apenas sorri calmamente" (Eclo 21,23). Um sorriso gracioso e espontâneo tem o poder de animar, dar força e esperança para nossos semelhantes seguirem em frente com fé e confiança.

O **SORRISO** é uma dádiva que pode transformar situações e amenizar ânimos exaltados, por isso, faça um esforço para que o seu sorriso envolva todos que o rodeiam. Essa atitude proporciona alegria, melhora a qualidade de vida e a percepção de bem-estar.

Ação concreta

Rostos sorridentes provocam sorrisos e felicidade. Semeie sorrisos e você vai se surpreender, ao ver um rosto triste e fechado, iluminar-se. O seu sorriso fará bem aos outros e a você mesmo!

ᔆ ᘯ

Senhor, ensina-me a sorrir mesmo que haja noite em meu coração.
Que, através do meu sorriso, eu consiga transmitir força, esperança,
alegria e paz a todos que vivem ao meu redor.
Amém.

Reflexão

Para conquistar nossos sonhos, objetivos e projetos, precisamos de determinação. Ser determinado é ter metas claras, bem definidas e a plena convicção de que não vamos desistir até alcançá-las.

A **DETERMINAÇÃO** é uma força capaz de tornar aquilo que, para muitos, parece impossível, em algo possível. Essa força, chamada por muitos de "força de vontade", pode transformar vidas. Ela é capaz de remover vícios, modificar comportamentos, contribuir para a realização profissional e pessoal. Uma pessoa determinada busca sempre o melhor de si mesma. Como o salmista, supliquemos ao Criador: "Cria em mim, ó Deus, um coração puro, renova em mim um espírito resoluto" (Sl 51,12).

Ação concreta

A determinação é uma habilidade e pode ser aprendida. Estabeleça metas, aperfeiçoe-se e trabalhe com afinco para alcançar o que você deseja. Fortaleça a fé e mantenha o foco em seus objetivos. Não se deixar abater pelos obstáculos!

ဢ ⳼

Senhor, cria em mim um coração puro e vem em socorro da minha fraqueza.
Sustenta-me com um ânimo invencível, que me liberte
de toda apatia e me leve a agir com determinação e fé.
Senhor, faz-me caminhar na tua luz.
Amém.

Reflexão

Aproveite o dia de hoje e agradeça as coisas boas que você tem na vida. Não se torne um poço de lamentações. Vá em frente, com coragem, confiança e alegria. Não se deixe vencer pelas dificuldades e pelo desânimo. Conscientize-se de que a verdadeira felicidade está dentro de você. Tenha sempre uma atitude positiva e estará criando espaço para que outras pessoas ajam positivamente diante da vida.

A **VIDA** é o que existe de mais fantástico, por isso, não faça de hoje apenas "mais um dia", mas "um grande dia", que vai ficar para sempre inscrito no livro de sua vida, e diga com fé: "Felicidade e graça vão me acompanhar todos os dias da minha vida" (Sl 23,6).

Ação concreta

Viva um dia de cada vez e faça desse dia o mais importante de sua vida. Realize as coisas da melhor maneira possível e creia que Deus fará o resto. Esse é o segredo para uma vida equilibrada e feliz.

ಏ ಐ

Senhor, obrigado pela tua presença em todos os dias da minha vida.
Obrigado pelas pessoas que colocastes em meu caminho.
Obrigado pela maravilha de ser teu filho.
Abençoa-me com boa saúde, esperança, paz, gratidão e alegria.
Amém.

Reflexão

"Não se vendem dois pardais por uma moedinha? No entanto, nenhum deles cai no chão sem o consentimento do vosso Pai. Quanto a vós, até os cabelos da cabeça estão todos contados. Não tenhais medo! Vós valeis mais do que muitos pardais" (Mt 10,29-31). Quanto vale um pardal? Quase nada, e mesmo não possuindo alto valor monetário, nada lhe acontecerá sem a permissão do Criador. Se Deus cuida assim de um passarinho, imagine o cuidado que ele tem por cada um de nós, pois está dito que até nossos fios de cabelo estão contados.

A vida do ser humano vale pouco para algumas pessoas, mas, para Deus, ela tem um valor incalculável. Você foi comprado pelo sangue de Jesus, por isso, não despreze, desperdice ou desvalorize sua vida. Você tem um **VALOR** inestimável!

Ação concreta

Você foi escolhido por Deus para estar aqui. Você foi comprado por Deus, e o preço foi o sangue do Cordeiro. Valorize o que você tem. Valorize quem você é. Valorize sua vida, pois o Espírito de Deus se move em você!

༄ ༅

Senhor, obrigado por me valorizares, mesmo sendo eu pecador.
Obrigado por teu cuidado, que se expressou de forma especial por meio de Jesus.
Ajuda-me a valorizar minha vida e não me afastar de ti.
Amém.

Reflexão

Como filhos de Deus, nosso primeiro chamado é à **SANTIDADE**. Para vivermos uma vida de santidade, precisamos ser constantes, piedosos, fraternos, capazes de amar em todas as circunstâncias. E isso exige disciplina, reorientação e mudança de vida. É preciso trocar o que é mau pelo que é bom. É preciso viver com coerência, honrando a Deus com nossas atitudes, palavras e pensamentos, até mesmo nas coisas mais simples do cotidiano.

Viver em santidade não é ser fanático por uma denominação religiosa, mas honrar a Deus com toda a nossa vida, procurando em tudo imitar a forma de Jesus viver, agir e sentir. Pedro nos estimula a buscarmos a santidade, ao nos dizer: "Como é santo aquele que vos chamou, tornai-vos santo, também vós, em todo o vosso proceder" (1Pd 1,15).

Ação concreta

A busca pela santidade requer o contato diário com a Palavra de Deus. É ela que nos ilumina, exorta e fortalece na luta contra o pecado, vivendo na caridade. A santificação consiste em buscarmos nos transformar numa cópia viva de Jesus, vivendo em tudo o que ele nos ensinou e da forma como ele viveu.

Senhor, concede-me a força do Espírito Santo para que eu possa
resistir às lutas que surgirão ao longo dos meus dias.
Com tua graça, ajuda-me a caminhar rumo à santidade.
Amém.

Reflexão

O cristão deve **SEGUIR JESUS** por amor e não por vantagens pessoais, vaidades, desejos de poder ou sede de dinheiro. Seguir Jesus significa se esforçar para ser como ele. Para fazer isso, é preciso amar verdadeiramente, trabalhar pela justiça e pela liberdade, partilhar com os mais necessitados, recuperar a dignidade daqueles que a perderam, e tudo isso requer coragem, renúncia e determinação.

Quando nos dispomos a seguir Jesus, aplicamos as verdades que aprendemos com a sua Palavra no nosso dia a dia e passamos a viver como se ele caminhasse lado a lado conosco. Jesus lhe diz: "Segue-me!" (Lc 5,27). Você já disse sim a esse chamado? Já aceitou o desafio de segui-lo?

Ação concreta

Para seguir Jesus é preciso: "Amar como Jesus amou; sonhar como Jesus sonhou; pensar como Jesus pensou; viver como Jesus viveu; sentir o que Jesus sentia e sorrir como Jesus sorria" (Pe. Zezinho). Você já aceitou esse desafio, que é diário?

ರಾ ಯ

Senhor, por onde eu for, inunda minha vida com teu Espírito.
Concede-me a graça de fazer da tua Palavra minha regra de vida.
Quero dizer sim ao convite de Jesus, renunciando a tudo que
me afasta dos ensinamentos dele e seguindo seus passos.
Amém.

REFLEXÃO

Vivemos na era da impaciência e do imediatismo. A pessoa sem paciência é incapaz de desfrutar a vida com tranquilidade e carrega em seu coração incertezas e inquietações que lhe tiram a alegria e a paz.

A **IMPACIÊNCIA** é um sentimento perturbador que leva as pessoas a agirem com precipitação, aumentando os tropeços, as murmurações e as críticas. "Quem é paciente, porta-se com grande prudência; quem é impaciente, aumenta a própria insensatez" (Pr 14,29). Além de nos prejudicar emocional, física e espiritualmente, a falta de paciência prejudica nossos relacionamentos e, por isso, precisamos vencê-la, reagindo a tudo que nos deixa inquietos e irritados.

AÇÃO CONCRETA

Não permita que a impaciência domine sua vida e roube sua paz. Peça que Deus lhe conceda a graça de ter paciência consigo mesmo, com seus familiares, com todas as pessoas e acontecimentos. Ao praticar a paciência, você se tornará mais forte.

ೞ ೞ

Senhor, derrama sobre mim o teu Santo Espírito e abençoa-me com a graça de ser paciente comigo mesmo e com todos aqueles que estão ao meu redor, em todas as circunstâncias em que me encontrar. Concede-me paciência sem limites e liberta-me de tudo que gera ansiedade e desarmonia.
Amém.

Reflexão

Há muitas pessoas que acreditam ser possível vencer sem **ESFORÇO**. Querem ter um título acadêmico, passar num concurso, vencer um jogo ou campeonato, melhorar de vida, mas, num processo constante de autoengano, não se empenham para obter tais conquistas. Não se esforçam para aperfeiçoar suas habilidades, não procuram aprender coisas novas e aplicar novos conhecimentos, ao contrário, vivem reclamando da má sorte e invejando o sucesso alheio. A respeito do esforço humano, Paulo disse: "É para isso que me esforço e luto, sustentado pela força de Cristo que age de forma poderosa em mim" (Cl 1,29).

Paulo teve que trabalhar e lutar para cumprir o plano que Deus tinha para sua vida. Nós também podemos conquistar muitas coisas, se aliarmos a força que vem de Cristo ao nosso esforço, e isso fará muita diferença na nossa vida!

Ação concreta

Empenhe suas forças em algo que você almeja. Com esperança, trabalhe e determine-se a crescer. Se lhe faltar motivação, peça-a a Deus, autor e consumador da fé. Não permita que o desânimo o desestimule a lutar por uma vida melhor.

☙ ❧

Senhor, sustenta-me pela força do Espírito Santo. Faz com que eu tenha bom ânimo, entusiasmo e capacidade de superar-me todos os dias. Mostra-me como posso esforçar-me para cumprir os teus propósitos. Amém.

Reflexão

Certamente você já ouviu a frase: "fulano de tal é vaidoso". Mas o que significa **VAIDADE**? Nos padrões bíblicos, quer dizer abandonar a fé genuína em troca das coisas do mundo, e tem o sentido de algo inútil, sem duração, passageiro. Trata-se de valorizar demasiadamente coisas terrenas como comprar, trabalhar, cultuar o corpo, que, à luz da eternidade, são fúteis. Ao dizer: "Vaidade das vaidades, vaidade das vaidades! Tudo é vaidade" (Ecl 1,2), Eclesiastes quer mostrar que somente a busca por Deus traz a verdadeira felicidade.

Não é necessário que deixemos de nos cuidar, de buscar crescimento no trabalho, de viver bem desfrutando as boas coisas da vida. O que não podemos é fazer dessas coisas uma prioridade, pois isso é vaidade!

Ação concreta

Não olhe somente para o lado material da vida. Procure encontrar equilíbrio entre ter e ser; entre beleza física e beleza interior; entre aparência e competência, entre o novo e o velho. Os bens mais preciosos não são feitos de matérias.

ഇ ര

Senhor, assim como o salmista, eu te suplico:
"Desvia meu olhar para eu não ver as vaidades,
faze-me viver no teu caminho" (Sl 119,37).

Reflexão

Apesar de poucas vezes admitido, o **CIÚME** é um sentimento que faz parte das relações humanas. Muitas vezes ele é provocado pelo sentimento de falta de exclusividade sobre o sentimento de outra pessoa; outras vezes, está relacionado ao apego por algum objeto ou pelo desejo de possuir algo que pertence aos outros. Quando o ciúme é no sentido de zelo, ele é normal, mas, quando é gerado pela falta de confiança no outro ou em nós mesmos, ele pode se tornar excessivo, causando sofrimento para a pessoa que o sente e também para aqueles que são alvos desse sentimento.

Sabedor de que o ciúme gera ira e raiva, Paulo faz um questionamento a respeito: "enquanto houver entre vós ciúmes e contendas, não será porque sois carnais e procedeis de um modo totalmente humano?" (1Cor 3,3).

Ação concreta

Você é uma pessoa ciumenta? Se sim, procure controlar-se. Cuide da sua autoestima e desenvolva a confiança em si mesmo. Peça que Deus o liberte desse sentimento e você terá menos problemas nos seus relacionamentos.

༄ ༅

Senhor Deus, liberta-me da insegurança e do ciúme exagerado
que muitas vezes tornam o outro prisioneiro de meus afetos desordenados.
Dá-me a graça de ser uma pessoa segura, confiante e feliz comigo mesmo.
Quero agir conforme teus ensinamentos.
Amém.

Reflexão

Quando fazemos uma leitura atenta da Palavra de Deus, seguida de uma meditação, aprendemos a mudar nossa visão, muitas vezes distorcida, da vida e das pessoas, e também aprendemos a superar os obstáculos e passamos a ver a vida com mais esperança.

"O Evangelho é uma força vinda de Deus para a salvação de todo aquele que crê. Nele se revela a justiça de Deus, que se obtém pela fé e conduz à fé" (cf. Rm 1,16-17a). O Evangelho é um instrumento indispensável para a conversão e, por meio dele, Deus pode operar maravilhas. À medida que vivermos o **EVANGELHO**, entenderemos que ele se expressa nas coisas simples do dia a dia. Se nos aprofundarmos no conhecimento da Palavra e nos abrirmos à ação do Espírito Santo, passaremos a viver na verdade, e nossa vida será transformada pelo poder extraordinário da Palavra de Deus. Você tem dado o devido valor à Palavra de Deus?

Ação concreta

Aproveite as oportunidades que você tem para ler e estudar os ensinamentos do Pai. Acolha em sua mente e em seu coração a Palavra da vida, e você receberá através dela a vida em abundância que Deus prometeu.

༄ ༅

Senhor, faz nascer em meu coração o desejo de conhecer mais a tua Palavra.
Inspira-me a viver o Evangelho, fazendo com que meus pensamentos,
sentimentos e atitudes sejam direcionados no caminho da salvação.
Amém.

Reflexão

A milenar sabedoria chinesa ensina que, assim como o bambu, "não basta sermos fortes, precisamos ser flexíveis". Essa é, sem dúvida, uma grande lição para nós que vivemos num mundo globalizado, cada vez mais competitivo, onde as constantes mudanças exigem grande **FLEXIBILIDADE** e capacidade de adaptação no âmbito pessoal, familiar e profissional.

A respeito da necessidade constante de mudanças e adaptações em nossa vida, Paulo diz: "É preciso que vocês se renovem pela transformação espiritual da inteligência" (Ef 4,23). Ser flexível depende única e exclusivamente da nossa postura perante a vida e as pessoas. Você é capaz de adaptar-se ao novo, contornando obstáculos? Você se dispõe a mudar suas opiniões e ideias sobre uma nova situação, uma informação ou uma evidência oposta, compreendendo as perspectivas e ideias provenientes de outras pessoas?

Ação concreta

Esteja aberto às infinitas oportunidades que surgem todos os dias. Procure adaptar-se às diferentes situações, sendo acessível à compreensão das coisas e pessoas, começando por si mesmo.

ఎ ର

Senhor, ajuda-me a ser flexível e coerente. Que eu aprenda a tolerar
as inovações e as mudanças, aceitando os imprevistos e as diferenças.
Que eu seja capaz de mudar de estratégia e adequar meus sonhos,
em face das exigências da vida.
Amém.

Reflexão

Quando olhamos para uma pessoa triste, abatida e sem confiança, vemos o semblante de alguém curvado diante das dificuldades e sem ânimo para continuar. Muitas vezes nos sentimos assim: sozinhos, fracassados e com um enorme vazio no peito. Mesmo nos momentos em que perdemos o encanto pelas coisas, é imprescindível manter a cabeça erguida e numa atitude vitoriosa acreditar que "se de tarde sobrevém o pranto, de manhã vem a alegria (Sl 30,6b).

Quando nos julgamos incapazes de resolver determinada situação e nos sentimos desprovidos da força que vem do alto, se tomarmos a decisão de entregar tudo nas mãos de Deus, ele agirá poderosamente e levantará nosso espírito abatido. Ele enxugará nosso **PRANTO**, renovará nossas forças e nossa esperança, para que possamos experimentar a beleza de poder sorrir, quando o sol de um novo dia despontar.

Ação concreta

Diante das dificuldades, não desanime. Acorde todas as manhãs pensando que as coisas ruins cederão espaço às boas. Fortaleça-se na fé por meio da oração e clame pelo socorro que vem do alto.

☙ ❧

Senhor, não me deixes vacilar pela dor e pelo desânimo.
Converte meu pranto em alegria e levanta meu espírito abatido.
Renova minhas forças e devolve-me a esperança em um novo amanhecer.
Obrigado porque estás comigo, mesmo quando não consigo perceber.
Amém.

Reflexão

Quando vivemos afastados de Deus, vamos perdendo nossa essência e o egoísmo vai tomando conta de nosso coração e de nossas ações, afastando-nos da graça divina. Quando fazemos a experiência do encontro pessoal com Cristo e nos abrimos aos seus ensinamentos, mudamos para melhor, e muitos se transformam tanto que chegam a dizer: "Eu vivo, mas já não sou eu quem vive, é Cristo que vive em mim" (Gl 2,20).

Se pelas forças humanas não somos capazes de mudar, pelo poder da Palavra de Deus e pela ação do **ESPÍRITO SANTO**, seremos capazes de transformar nosso modo de ser, pensar e agir. Embora frágeis como seres humanos, trazemos dentro de nós esse tesouro de inestimável valor, e, à medida que nos abrirmos à ação do Espírito Santo, a graça de Deus vai acontecendo em nossa vida, tornando-nos pessoas melhores.

Ação concreta

Peça diariamente que o Espírito Santo de Deus o conduza, dando-lhe sabedoria, discernimento e fortaleza para superar a falta de fé, o desânimo e o medo. É ele que dará refrigério para sua alma, ajudando-o na sua santificação.

☙ ❧

Senhor, guia meus passos e conduze-me nos teus caminhos. Dá-me forças
para lutar contra as maldades existentes em minha natureza humana.
Que eu possa melhorar a cada dia, na força e graça do Espírito Santo.
Amém.

REFLEXÃO

Muitas pessoas querem **ENCONTRAR JESUS**, para que ele mude radicalmente suas vidas e, por isso, correm de um lado para outro, mudam de religião, de grupo, e esquecem que, muito antes do nosso desejo de encontrar Jesus, Deus nos procura e quer que façamos a experiência do encontro pessoal com seu Filho. Para isso, ele faz uso de diversos meios: a visita de alguém, uma mensagem com frases dos textos sagrados, um momento de dificuldade, os sacramentos, a oração pessoal ou comunitária, o serviço aos irmãos, os meios de comunicação e tantas outras formas.

Em meio à pressa e impaciência em que vivemos, muitas vezes deixamos de reconhecer a presença de Jesus em nosso meio, por isso, é importante que estejamos atentos aos passos dele em nosso caminho, para que não aconteça conosco o que aconteceu com os discípulos de Emaús, que "estavam com os olhos como que vendados e não o reconheceram" (Lc 21,16).

AÇÃO CONCRETA

Tenha fé e invoque o Senhor seu Deus em nome de Jesus e você sentirá sua presença. Jesus está dentro do seu coração e, aonde quer que você for, ele irá contigo.

Senhor, obrigado porque tu nos falas todos os dias de muitas maneiras. Dá-me olhos atentos para perceber a presença de Jesus em minha vida e concede-me a alegria de encontrar Jesus em cada irmão que cruzar meu caminho.
Amém.

Reflexão

Nem sempre os problemas são fáceis de serem superados e muitas vezes temos vontade de desistir de tudo. Apesar de todas as adversidades que encontramos pelo caminho, jamais devemos desistir. Ao longo da história, encontramos inúmeros exemplos de pessoas que tinham tudo para se sentirem fracassadas e desistirem até mesmo de viver, mas foram persistentes e superaram as adversidades, conquistando o sucesso. Nos projetos pessoais, profissionais e principalmente espirituais, "é necessário a perseverança para fazermos a vontade de Deus e alcançarmos os bens prometidos" (Hb 10,36).

Muitas vezes estamos a um passo de realizar nossos projetos e, sem saber disso, desistimos. **JAMAIS DESISTA**, Deus está preparando o melhor para você!

Ação concreta

Se você está desanimado e com vontade de desistir dos seus sonhos, inspire-se em pessoas vencedoras, cujos exemplos são testemunhos de superação. A fé em Deus, aliada à determinação e persistência, é a chave do sucesso.

☙ ❧

Senhor, anima-me na fé, para que eu jamais desanime.
Faz-me confiar na tua providência e aceitar a tua vontade para minha vida.
Obrigado por reservar sempre o melhor para mim.
Amém.

Reflexão

Precisamos exercitar continuadamente a virtude da temperança, através da qual usamos com moderação os bens temporais, sejam eles: comida, bebida, trabalho, diversão, descanso, viagens, estudos e muitos outros. Essa virtude nos ensina a usar as coisas no tempo certo, na hora certa e na quantidade certa. Assim como um bom cozinheiro, que, ao temperar os alimentos, sabe a exata medida e a forma de usar cada um dos condimentos, precisamos aprender a utilizar os "temperos" da vida, para que ela não perca o sabor.

"Não siga suas paixões. Coloque freio nos seus desejos" (Eclo 18,30) e lembre-se de que, em tudo o que fizer, é preciso ter **MODERAÇÃO**.

Ação concreta

Se você ainda não se sente temperante diante das situações, não desanime. Peça a Deus essa virtude, produzida pela força do Espírito. Exercite sua força de vontade e prove para você mesmo que é capaz de alcançar o autocontrole.

୧ ୨

Senhor, ensina-me a alcançar a temperança,
para que eu aprenda a viver com moderação,
mantendo-me dentro dos teus ensinamentos
em todas as circunstâncias da vida.
Amém.

REFLEXÃO

Assim como o salmista que "junto aos canais de Babilônia sentou-se e chorou, com saudades de Sião" (Sl 137,1), também sentimos saudade daqueles que partiram, mas que permanecem em nosso coração, dos amigos, familiares e pessoas que cruzaram nossos caminhos e que estão distantes de nós.

Sentir **SAUDADE** é experimentar um forte desejo de ver os entes queridos que já partiram; é querer estar com aqueles que fazem parte de nossa vida, mas estão distantes; é o desejo de reviver momentos que não voltam mais. Embora não seja uma dor física, a saudade dói e, por vezes, vem acompanhada de muita tristeza e um nó na garganta. Se tiver vontade de chorar, chore. Mas também saiba a hora de parar. Nutra sua alma com boas recordações e espere pela oportunidade de um possível reencontro.

AÇÃO CONCRETA

Quando a saudade machucar muito seu coração, procure dar ênfase às boas lembranças. Coloque-se nos braços do Pai, ele consolará você e amenizará sua dor.

ಸಂ ೧೩

Senhor, consola-me no teu amor e transforma a dor da saudade
em terna lembrança. Concede-me que, pela força do Espírito Santo,
eu possa aquietar meu coração e ter a paz que preciso para viver pela fé.
Amém.

Reflexão

Você é capaz de mudar sua mente (atitudes e pensamentos), seu ânimo (ideias que cultiva e aquilo a que mais dedica atenção), seu estilo de vida (centralizando-se no que é mais importante), sua forma de encarar e tratar as outras pessoas (o que aceita e não aceita nos outros), abrindo-se para mudanças? Para que as coisas boas aconteçam em sua vida, retire de sua mente os padrões de pensamentos prejudiciais, amplie seu foco, seus interesses, descubra seus dons e talentos. Assim como o leproso que, ao aproximar-se de Jesus disse: "Senhor, se quiseres, podes purificar-me" (Mt 8,2), peça que Deus envie o Espírito Santo para **PURIFICAR SUA MENTE** e seus sentimentos, libertando-o de todas as amarras, assim, você será curado e restaurado e sua vida será transformada para melhor.

Ação concreta

Comece, desde agora, a acreditar que, pelo seu infinito poder, Deus pode purificar sua mente e fortalecer sua alma. Ele pode restaurar todas as coisas, se você se abrir à sua ação.

୭ ଓ

Senhor, envia o vosso Santo Espírito para renovar e purificar
minha mente de pensamentos que me prejudicam,
preenchendo-a com pensamentos que geram transformação e vida.
Amém.

Reflexão

O ser humano é constitutivamente relacional. Cada vez mais, faz-se necessário desenvolver a capacidade de se colocar no lugar do outro nas relações interpessoais, com consideração, identificação e diálogo, praticando, assim, a **ALTERIDADE**, uma virtude que precisa ser conquistada, exercitada e aprendida até que se firme como uma parte da nossa personalidade. Disse Paulo aos romanos: "Portanto, acolhei-vos uns aos outros, como também Cristo nos acolheu para a glória de Deus" (Rm 15,7).

Neste mundo tão marcado pelo egoísmo e individualismo, somos convidados a rever conceitos e valores, a aceitar e acolher aquele que é diferente em suas particularidades, entendendo-o a partir da sua experiência de vida e da sua interioridade. E você, como se relaciona com as pessoas no seu dia a dia? Você compreende e aprende com a diferença, respeitando cada indivíduo como um ser humano psicossocial?

Ação concreta

Aprenda a respeitar o outro na plenitude de seus direitos, dignidade e nas suas diferenças. Quando praticamos a alteridade, a possibilidade de ocorrerem conflitos diminui.

ഇ ഏ

Senhor, abre meu coração e minha mente para que eu
aprenda a aceitar e conviver com as várias culturas e etnias.
Que eu seja capaz de colocar-me no lugar do outro, dialogando,
valorizando e aprendendo com as diferenças.
Amém.

Reflexão

Onde podemos encontrar a felicidade? Não há uma fórmula pronta ou uma receita testada e aprovada sobre como ser feliz. Para muitos, a felicidade está inserida na harmonia e no equilíbrio do dia a dia; para outros, na satisfação dos desejos ou no fato de estar bem consigo mesmo. A felicidade é formada por diversos sentimentos e emoções.

Ser feliz não consiste necessariamente em possuir muitas coisas ou viver experiências extraordinárias, mas em valorizar as coisas simples da vida e aproveitar da melhor maneira possível tudo que se tem. Se você quer **SER FELIZ**, não faça como aqueles que buscam a felicidade a todo custo, mas sem Deus, ao contrário, "reconcilia-te com Deus e faz as pazes com ele, é assim que te será de novo dada a felicidade" (Jó 22,21).

Ação concreta

A felicidade começa dentro de nós e está inserida em cada ação, em cada movimento e em cada pensamento. É preciso muito pouco para viver e ser feliz!

ಬ ಛ

Senhor, ensina-me a ser feliz, nas circunstâncias em que me encontro.
Ajuda-me a usufruir de uma mente tranquila,
uma vida bem resolvida e um coração repleto de amor,
que me faça descobrir a felicidade nas coisas simples da vida.
Amém.

Reflexão

A pessoa avarenta é egoísta, mesquinha, e é cega para a realidade do próximo, deixando, assim, de praticar a caridade. Ela tem dentro de si o desejo ardente de acumular riquezas, é exageradamente apegada ao dinheiro, deixa-se escravizar e dominar por ele, ou pelos meios que levam a ele.

São Paulo fala sobre a **AVAREZA** como idolatria: "mortificai, pois, os vossos membros terrenos: fornicação, impureza, paixões, desejos maus, cupidez e a avareza, que é idolatria" (Cl 3,5). Ao priorizar os bens materiais e a riqueza, deixamos Deus em segundo plano e, assim, afastamo-nos do seu convívio. O Senhor nos quer livres. Ser livre é fazer a vontade de Deus, e uma de suas vontades é que não sejamos escravizados por nada nem por ninguém.

Ação concreta

Priorize o convívio com Deus e coloque-o no lugar que lhe é devido em seu coração. Administre tudo que você possui, sabendo que tudo é do Senhor, assim estará livre da avareza.

ೞ ೞ

Senhor, liberta-me de tudo que me acorrenta, me prende e me torna escravo do apego exagerado ao dinheiro e das coisas materiais. Dá-me um coração livre de toda avareza para amá-lo e receber a graça de usar as coisas que me concedes sem ser escravo delas.
Amém.

Reflexão

Todos nós queremos fazer a vontade de Deus, mas como saber qual a vontade dele para nossa vida? Em primeiro lugar, precisamos aceitar os desígnios do Senhor, pois não há vontade melhor e maior do que a do Pai. Em segundo lugar, sabemos que cumpri-la é o caminho para a verdadeira felicidade, pois ela nos santifica e nos conforma com Jesus, que em tudo buscou fazer a **VONTADE DE DEUS**.

Como saber qual a vontade de Deus para nossa vida? Quando procuramos andar nos caminhos do Senhor, desejando verdadeiramente que a vontade dele se realize, Deus sussurra aos nossos ouvidos e coloca em nosso coração a sua vontade. O segredo é desejar a vontade de Deus e não a nossa, por isso, "põe no Senhor tuas delícias e ele te dará o que teu coração pede" (Sl 37,4).

Ação concreta

A vontade de Deus é que você o conheça como pessoa, achegue-se a ele e passe a amá-lo e servi-lo de todo coração. Para os que buscam fazer a vontade do Senhor, não há sofrimento, tribulação ou preocupação que não seja superada.

ஐ ෬

Senhor, eu quero viver segundo a tua vontade,
porque sei que é o melhor para minha vida.
Guia meus passos e ajuda-me a prestar mais atenção na tua Palavra.
"Ensina-me o caminho por onde devo andar.
Guia-me e orienta-me" (cf. Sl 32,8).
Amém.

Reflexão

São Boaventura deixou muitos ensinamentos para aqueles que buscam uma direção espiritual em prol de uma vida perfeita, dentre os quais, destacamos: "Exerce-te na modéstia da civilidade, regulando, ordenando e, compondo as ações, os movimentos, os gestos, as vestes, os membros e os sentidos, conforme o requer a educação moral e o costume na ordem, para que merecidamente pertenças ao número daqueles aos quais o Apóstolo diz: 'Faça-se tudo entre vós com decência e ordem' (1Cor 14,40)".

A **DECÊNCIA** e a ordem andam de mãos dadas e têm a ver com decoro, compostura. Essas virtudes ensinadas pelo Espírito Santo precisam estar presentes na vida comunitária e na vida pessoal do cristão, que não deve fazer o que bem entende, mas sim adequar sua vida à vontade de Deus.

Ação concreta

Como cristão, procure viver de forma decente, respeitando as normas, a ética e os preceitos morais da sociedade. Seja uma pessoa honesta, autêntica e responsável. Paute sua vida na verdade e na vontade de Deus.

☙ ❧

Senhor, dá-me serenidade e discernimento para viver com responsabilidade.
Que o teu Santo Espírito me ensine a adequar minha vida à tua vontade,
fazendo com que a decência e a ordem se estabeleçam
no meu pensar e no meu agir.
Amém.

REFLEXÃO

"Eu sou pobre e necessitado, porém o Senhor cuida de mim" (Sl 40,18a). Diante da grandeza de Deus, Davi reconhece ser pobre e necessitado, mas também reconhece os cuidados que Deus tem para com ele. O mesmo acontece conosco: somos carentes e necessitamos dos cuidados divinos, por outro lado, temos a promessa de que **DEUS CUIDA DE NÓS**. Ele nos sustenta e providencia tudo de que necessitamos, mesmo quando não percebemos sua ação em nosso favor.

Por isso, sejam quais forem os problemas que esteja passando neste momento, ampare-se nessa promessa e tenha certeza de que o Senhor está cuidando de você. Jamais desanime. Viva sem se preocupar demasiadamente, pois a manutenção de sua própria existência é responsabilidade do Criador.

AÇÃO CONCRETA

Trabalhe e lute todo dia, mas sempre consciente de que sua vida depende do amoroso Deus da Providência.

൭ ര

Senhor, cuida de mim e livra-me de tudo que fecha meu coração.
Ilumina minha vida, minhas decisões e ampara meu caminhar.
Dá-me a graça de não desanimar diante das dificuldades.
Que eu seja capaz de olhar o futuro com esperança e alegria,
na certeza de que tu cuidas de mim.
Amém.

Reflexão

A **LEITURA** é essencial para o nosso desenvolvimento e também ajuda a exercitar a imaginação. Por meio dela adicionamos à mente um pouco mais de conhecimento, informações sobre um novo mundo, novas palavras, fazemos descobertas interessantes sobre culturas, histórias e hábitos diferentes. Ler por prazer, ler para estudar ou ler para informar-se; o fundamental é ter a leitura como hábito. Ela proporciona aumento da capacidade de escrita, de argumentação, além de trazer um enriquecimento relevante no vocabulário do leitor, em sua forma de se expressar.

O livro, com o simples objetivo de contar histórias, pode ser considerado uma das invenções mais versáteis do mundo, pois, por meio dele, podemos fazer parte de outras vidas, perceber novas emoções e conhecer histórias de pessoas inspiradoras. "Adquire a sabedoria, adquire o entendimento" (Pr 4,5a) através da leitura e verá um mundo novo à sua frente!

Ação concreta

Crie o hábito de ler. A leitura tem o poder de fazer você "viajar", sem sair do lugar. Através da imaginação, você será transportado para o cenário vivido pelos personagens. Além disso, adquirirá conhecimento e enriquecerá seu vocabulário.

꧂ ꧁

Senhor, peço-te a graça de adquirir o hábito da leitura. Que eu aprenda a dedicar parte do meu tempo para ler e viajar pelo mundo encantando das letras.
Amém.

REFLEXÃO

A mentira, a falsidade, a tapeação e a corrupção parecem ser normais nos dias atuais. Muitas vezes, temos a sensação de que quem vive fora dessa realidade, está fora dos padrões considerados "normais" pela sociedade. O ser humano é formado por hábitos como respeitar/desrespeitar, ser honesto/desonesto, falar a verdade/mentir e tantos outros, que vão sendo adquiridos e incorporados ao cotidiano.

A **SINCERIDADE** também é um hábito que precisa ser adquirido. Ela está diretamente relacionada à essência humana, ou seja, para sermos sinceros, precisamos ter esse desejo no coração, visto que "a boca fala do que o coração está cheio" (Lc 6,45). Assim como as crianças, que, quando gostam de alguém ou de algo, são verdadeiras, e, quando não gostam, deixam isso claro para todos, devemos ser sinceros diante de Deus, das pessoas e de nós mesmos. Se agirmos desse modo, seremos verdadeiros e transparentes, conquistando a verdadeira liberdade!

AÇÃO CONCRETA

Desenvolva o hábito de ser sincero com seus sentimentos, suas intenções, palavras e ações. Não queira projetar algo que você não é. Seja você mesmo em qualquer circunstância.

☙ ❧

Senhor, peço-te a graça da sinceridade do meu coração.
Sob a luz do Espírito Santo, quero sempre ser verdadeiro e
transparente contigo, com meus semelhantes e comigo mesmo.
Amém.

Reflexão

É raro encontrar alguém disposto a escutar com atenção. Se falar é uma necessidade, escutar é uma arte e vai além de simplesmente ouvir. **A ARTE DE ESCUTAR** baseia-se no ouvir, sentir, interpretar e entender o que o outro disse, e isso requer paciência e tolerância. Escutar não é uma tarefa fácil e o próprio Senhor nos diz: "prestai atenção à maneira como vós ouvis!" (Lc 8,18). A boa escuta precede à boa comunicação, e poucos são os que desenvolvem essa arte, mesmo sendo esse um fator primordial nos relacionamentos interpessoais.

Saber ouvir promove a paz, o entendimento, a compreensão, a tolerância e ainda desenvolve a empatia entre as pessoas. Peçamos a Deus que sejamos homens e mulheres capazes de escutar com atenção, procurando compreender o que o outro quer nos transmitir.

Ação concreta

Desenvolva a habilidade de saber ouvir os outros e você aprenderá a prestar atenção nas necessidades e ideias das pessoas que estão à sua volta.

ಎ ಡಾ

Senhor, desperta em mim o dom da escuta.
Capacita-me para que eu consiga colocar em prática esse importante
preceito na difícil, mas tão importante, arte de escutar as pessoas,
nas minhas relações familiares, profissionais e sociais.
Amém.

REFLEXÃO

Em determinados momentos, tribulações severas e conflitos difíceis, que mais parecem um "tsunami", se instalam em nossa vida. Normalmente, nessas horas, intensificamos nossas orações, pois ansiamos que uma luz brilhe em meio à escuridão. Não importa a intensidade da escuridão que se abateu sobre sua vida, pois, quando tudo parecer sem solução, ore, confie e **DEIXE DEUS AGIR**. Agindo assim, "a tua vida se tornará mais clara do que o meio-dia; ainda que haja trevas, será como a manhã. E terás confiança, porque haverá esperança" (cf. Jó 11,17-18).

Deus tem uma solução perfeita para cada situação. Busque-o para que ele possa trabalhar em você. Descanse no Senhor e deixe-o cuidar das coisas que você não pode resolver. Deixe-o agir e, com seu poder, ele fará com que a luz resplandeça em sua vida.

AÇÃO CONCRETA

Mantenha uma disciplina espiritual. Medite sobre a Palavra de Deus. Entregue seus problemas nas mãos do Senhor. Não queira pegar os problemas de volta. Deixe Deus ser Deus e você experimentará o modo sobrenatural de ele agir.

ಜ ಆ

Senhor, sei que tens a solução perfeita para meus problemas.
Age poderosamente, fortalecendo minha confiança e renovando
minha esperança de que a luz prevalecerá sobre as trevas.
Amém.

Reflexão

Diante da **DOENÇA** ficamos debilitados física e emocionalmente e, com isso, nos tornamos menos assíduos na oração e fragilizados na fé. Estudos comprovam que a prática da espiritualidade ajuda no tratamento de doenças. A pessoa doente, provida de uma vida espiritual assídua, tende a encarar a doença de forma "mais paciente". Quem tem uma experiência de fé, apresenta uma motivação maior de viver e lidar com os problemas. Jesus sempre repetia às pessoas que curava: "a tua fé te salvou" (cf Mc 5,34-36). Isso serve para nos lembrar que devemos enfrentar e vencer a provação da doença tendo o coração mergulhado no amor de Deus e sabendo que, mesmo que "para os homens pareça impossível, para Deus tudo é possível" (Mt 19,26b).

Ação concreta

Não se deixe vencer pela doença. Procure uma rede de apoio que reúna outras pessoas com a mesma doença, para dividir angústias, medos e experiências. Enfrente o sofrimento com serenidade e caminhe com fé em busca da cura!

෮෮ ෬

Senhor, ajuda-me a manter a serenidade diante da enfermidade,
concede-me resistência na dor, fortaleza na tribulação e alegria na esperança.
Quero encontrar em ti a força de que necessito, para enfrentar o
momento de dor pelo qual estou passando.
Amém.

REFLEXÃO

"Para o aflito todos os dias são maus, mas o coração alegre está sempre em festa" (Pr 15,15). Você já percebeu como as pessoas bem-humoradas estão sempre alegres, sorridentes, brincalhonas, contagiando os outros com seu **BOM HUMOR**? Embora elas tenham problemas, são capazes de enfrentá-los com otimismo, são proativas, conquistam suas metas e objetivos, sempre encontrando uma solução para as pressões e adversidades do cotidiano.

Por outro lado, as pessoas mal-humoradas vivem sisudas e de mal com a vida, reclamam de tudo e de todos. Saiba que tanto o bom como o mau humor são contagiantes e influenciam na qualidade de vida e bem-estar das pessoas, por isso, cultive o bom humor, ele não custa nada, faz bem para a saúde e contribui para sua felicidade.

AÇÃO CONCRETA

Conserve o bom humor. Ele dá leveza aos relacionamentos e torna nossa companhia agradável e desejada, contribuindo para nossa felicidade.

༺ ༻

Senhor, não permitas que a tristeza nem o mau humor invadam meu coração.
Dá-me o senso do bom humor e que eu possa adotar um comportamento
mais sereno, confiante e bem-humorado, apreciando a vida
com alegria e contagiando os que vivem ao meu lado.
Amém.

REFLEXÃO

AMBIÇÃO é a vontade de querer conquistar algo e faz parte da natureza humana. Quando a usamos sem prejudicar e sem desrespeitar os direitos do outro, ela faz bem e impulsiona na realização de nossos sonhos. A Palavra de Deus nos diz: "Nada façais por ambição ou vanglória, mas que a humildade vos ensine a considerar os outros superiores a vós mesmos" (Fl 2,3), porém, muitas vezes nos tornamos pessoas gananciosas e egoístas, fazendo de tudo para alcançar sucesso, fama, reconhecimento e bens materiais, nem que para isso tenhamos que "passar por cima dos outros". Precisamos cuidar para que a ambição não sufoque nosso "ser", dando ênfase ao "ter".

AÇÃO CONCRETA

Peça a Deus que lhe dê sabedoria para usar a ambição de forma saudável, impulsionando-o na realização de seus ideais e metas.

ஐ ஐ

Senhor, liberta-me da ambição egoísta.
Ajuda-me a controlar a ganância e o desejo
de conquistar meus sonhos a qualquer preço.
Dá-me sabedoria para usar a ambição de forma equilibrada,
sem prejudicar ou desrespeitar os diretos do outro.
Amém.

REFLEXÃO

Deus declara que "não é bom o homem estar só" (Gn 2,18). Sabemos que viver de forma solitária, isolada e individualista não faz bem, ao contrário, traz problemas emocionais e físicos. O ser humano é sociável por natureza e, por isso, tem vocação para a comunicação, o relacionamento, a reciprocidade e a complementaridade, e é na **FAMÍLIA** que todos esses valores acontecem desde o início da vida. Ela é o berço da comunicação e do crescimento humano, pois recebemos, dentro dela, a vida, que é a primeira experiência do amor e da fé.

A família é também modelo da primeira igreja, primeira sociedade e primeira comunidade. Deus criou a mulher para ajudar, auxiliar e ser companheira do homem (cf. Gn 2,18.22), por isso, o homem e a mulher devem ser amigos, companheiros, parceiros, se completarem e se ajudarem mutuamente.

AÇÃO CONCRETA

A vida e a felicidade do casal e da família dependem do diálogo, da comunicação, da ajuda mútua, da harmonia e da reciprocidade na convivência diária.

෨ ෬

Senhor, venho te pedir que abençoes a minha família.
Que eu saiba cultivar valores essenciais como o diálogo, a ternura,
a paciência, a harmonia e a reciprocidade na convivência,
para manter minha família unida e feliz.
Amém.

Reflexão

"De tanto ver triunfar as nulidades, de tanto ver prosperar a desonra, de tanto ver crescer a injustiça, de tanto ver agigantarem-se os poderes nas mãos dos maus, o homem chega a desanimar da virtude, a rir-se da honra, a ter vergonha de ser honesto" (Rui Barbosa). Embora tenha sido escrito há muitos anos, este é um texto atual, visto que a desonestidade é uma realidade bem presente nos dias de hoje.

Muitas vezes nos questionamos se vale a pena ser honesto num mundo em que os desonestos triunfam. O princípio da **HONESTIDADE** permeia as Sagradas Escrituras e "para que possamos viver uma vida calma e tranquila, com toda a piedade e honestidade" (1Tm 2,2b), devemos procurar praticar essa virtude que faz parte da conduta cristã, não nos deixando contagiar pela onda de desonestidade que permeia nossa sociedade. Prestaremos conta de nossas atitudes, e não vale a pena abrir mão da honestidade em troca de nenhum tipo de benefício.

Ação concreta

Crie o hábito de ser honesto consigo mesmo, com os outros e com Deus. Mudar pode demorar algum tempo, mas os resultados podem ser maiores e melhores do que você imagina.

෮ ෴

Senhor, concede-me a fortaleza do Espírito Santo para que eu seja honesto
e verdadeiro contigo, comigo mesmo e com meus semelhantes.
Que eu seja capaz de amar o bem e rejeitar o mal,
pautando minha vida nos princípios da honestidade.
Amém.

Reflexão

A Bíblia, cujos conselhos são sábios, recomenda: "Não imite aquele a quem a inveja consome, porque esse tal não tem nada a ver com a Sabedoria" (Sb 6,23). O invejoso sente-se infeliz com o sucesso e a riqueza dos outros. Esse sentimento faz a alma adoecer. Ter inveja do que o outro possui não vai fazer com que tenhamos os mesmos bens que ele. Ter inveja da felicidade alheia não nos trará felicidade, ao contrário, quando abrigamos a **INVEJA** em nosso coração, prejudicamos nossa saúde, nossos relacionamentos, tornando-nos pessoas tristes e sem sossego. Não ganhamos nada sentindo inveja, só sofrimento, por isso devemos lutar para nos livrar dela. Devemos nos sentir felizes com o que somos e temos, não desejando possuir, ser ou estar na mesma posição do outro. Devemos conquistar uma vida melhor, com humildade e sem ganância, buscando a prosperidade com esforço próprio.

Ação concreta

Peça para Deus agir em seu interior, libertando-o de todo sentimento de inveja. Evite querer ter ou ser igual aos outros. Valorize e desenvolva seus talentos e suas capacidades. Você é obra-prima de Deus!

හ ℭ

Senhor, liberta-me de todo tipo de inveja e dá-me a graça de ser agradecido pelo que tenho e sou, não desejando o que pertence aos outros. Que eu possa amar e me alegrar com o sucesso e a prosperidade de meus semelhantes.
Amém.

REFLEXÃO

O amor confere equilíbrio à existência. Ele é um sentimento lindo, difícil de ser definido, mas fácil de ser reconhecido. Com ele, somos capazes de crescer e aprender muito. Amar é uma decisão e faz diferença em qualquer área de nossa vida. Nós só aprendemos a amar, amando, por isso, decida-se a **AMAR** e manifeste esse amor. Ame aquilo que você faz, ame as pessoas que convivem com você, ame o mundo, ame a vida, ame a si mesmo e ame a Deus. Não deixe para depois! Comece agora a praticar gestos de amor. Amar é um verbo e o fruto dessa ação é o amor.

Mergulhemos na imensidão do amor de Deus e "com ardor e de coração sincero amemo-nos uns aos outros" (1Pd 4,8a).

AÇÃO CONCRETA

O amor é a principal fonte de realização e felicidade da nossa vida. Abra o coração e a mente para receber amor e dividi-lo com os demais, através de suas atitudes e ações. Abrace, ame, elogie! Dê a sua presença de presente às pessoas que você ama!

ಹ ಛ

Senhor, muitas vezes tenho tido dificuldades para amar.
Cura-me e faz-me mergulhar nas profundezas do teu amor.
Ensina-me a amar e expressar esse amor às pessoas
com as quais convivo, através de gestos e palavras.
Amém.

Reflexão

Os meios de comunicação e a literatura tentam nos convencer de que a vida pode ser só alegria, mas sabemos que o sofrimento faz parte da existência e é inevitável. Muitas vezes a **TRISTEZA** toma conta de nosso coração e mesmo "entre risos o coração chora, e a alegria termina em tristeza" (Pr 14,13). Se, por um lado, a tristeza nos machuca e traz melancolia, por outro, ela nos humaniza e faz crescer, levando-nos a uma mudança de vida.

As Escrituras não dizem que Deus retira toda tristeza do nosso coração, mas sim que ele nos consola e nos dá forças para superá-las, por isso, encare sua tristeza e permita-se chorar! A tristeza vai passar!

Ação concreta

Muitas vezes não existe uma solução imediata para a tristeza, mas é possível superá-la, mudando a forma de encarar a vida. Dê um significado às tristezas sem fugir delas, para que possa sair fortalecido das batalhas. Valorize as experiências positivas e retome o ciclo normal da sua vida.

৪০ ৫৪

Senhor, guarda meu coração para que, nos momentos
de tristeza, eu me deixe ser consolado por ti.
Dá-me sabedoria para compreender que tuas bênçãos
são maiores que meus problemas.
Amém.

REFLEXÃO

Conviver com as **DIFERENÇAS** interpessoais é um desafio que exige habilidade e sabedoria. Muito além das diferenças físicas, faz-se necessário aprender a lidar com as diversidades na forma de pensar, sentir e agir das pessoas. Ao saber lidar com isso, conseguiremos viver em harmonia. Somos únicos e "tudo o que Deus criou é bom, e nada é desprezível" (1Tm 1,4), por isso, é importante aprender a lidar harmoniosamente com as desigualdades todos os dias, dentro e fora de casa. Afastar-se daquele que é diferente não vai diminuir em nada as diferenças, e é com a convivência que isso poderá ser administrado e até mesmo eliminado. Muitas vezes, o que falta em nós o outro tem e, assim, nossas necessidades vão sendo preenchidas.

AÇÃO CONCRETA

Devido às divergências interpessoais, a convivência algumas vezes torna-se um verdadeiro desafio. Todos os dias, peça que Deus lhe conceda sabedoria e discernimento para respeitar as diferenças entre as pessoas.

༄ ༅

Senhor, faz-me entender que cada pessoa tem
personalidade e particularidades próprias.
Dá-me disposição interior para aceitar as diferenças,
fazendo com que haja harmonia nas minhas relações interpessoais.
Amém.

Reflexão

Muitas vezes nos deparamos com situações nas quais não vemos uma saída possível. No linguajar popular, nos sentimos no fundo do **POÇO**, devido a problemas financeiros, familiares, doenças e tantos outros. Nesses momentos, nos tornamos vulneráveis, perdemos a fé e nos sentimos abandonados até mesmo por Deus.

Seja qual for o drama que você esteja vivendo, existe uma saída! Encare as dificuldades e saiba que você não está só. Olhe para o alto e acredite na misericórdia, na fidelidade e no amor de Deus, que sempre está ao nosso lado. Faça suas as palavras do salmista: Senhor, "para onde irei, longe do teu sopro? Para onde fugirei, longe da tua presença? Se subo ao céu, tu aí estás. Se me deito no abismo, aí te encontro" (Sl 139,7-8).

Ação concreta

Diante de situações difíceis, não desanime. Não se deixe dominar pelo abatimento, que entristece a alma. Procure enfrentar seus problemas com entusiasmo. Persevere e não desista de seu crescimento espiritual nem dos seus sonhos.

ೞ ೕ

Senhor, que abre os olhos aos cegos, levanta os abatidos e ama os justos
(cf. Sl 146), liberta-me desta situação de abatimento, tristeza e desânimo,
que me faz sentir como se estivesse no mais profundo de um poço.
Faz-me sentir a tua presença a me sustentar e iluminar.
Amém.

REFLEXÃO

O ser humano sempre esteve submetido às **TENTAÇÕES**, e em cada uma delas sempre há propostas sedutoras e enganadoras. "Corremos o risco de nos deixarmos sucumbir por elas, sendo conduzidos por uma existência sem horizontes, uma liberdade sem Deus" (Bento XVI). Deus sabe que somos limitados e que sozinhos somos incapazes de vencer as tentações do mundo e, através de Paulo, nos encoraja a combatê-las: "as tentações que vos acometeram tiveram medida humana. Deus é fiel e não permitirá que sejais tentados acima de vossas forças. Mas, com a tentação, ele vos dará os meios de sairdes dela e a força para suportá-la" (1Cor 10,13). Deus, que é poderoso, nos capacita a lutarmos com superioridade e em seu nome (cf. Mt 22,44). Ele jamais permitirá que sejamos tentados mais do que podemos resistir. Com essa garantia, podemos enfrentar as provações com esperança e com a fortaleza de Deus!

AÇÃO CONCRETA

As tentações mundanas podem nos influenciar negativamente e levar-nos à prática de atos censuráveis e contrários à moral e à justiça. Resista a elas! Você será recompensado, pois é "feliz aquele que suporta a provação" (Tg 1,12).

ဆာ ∞

Senhor, envia teu Espírito e fortalece-me na fé para que eu resista
às seduções do mundo. Afasta-me do caminho que conduz ao pecado
e não me deixes cair em tentação (cf. Lc 11,4).
Amém.

Reflexão

Promessas são compromissos assumidos por quem as faz. Recebemos e fazemos promessas todos os dias, mas muitas delas são simplesmente palavras ao vento e sabe-se de antemão que não serão levadas a sério. Quando os outros nos prometem algo, somos eficazes em cobrá-los, mas nem sempre lembramos o que foi por nós prometido.

Cumprir uma **PROMESSA** não é tarefa fácil. Exige empenho, esforço e conhecimento do caminho que deve ser percorrido para quitá-la. Para evitar problemas que podem originar-se de algo que não pôde ser realizado, Eclesiastes alerta que *"é melhor não fazer uma promessa, do que fazê-la e não cumpri-la"* (Ecl 5,4). Portanto, se você pretende fazer uma promessa que sabe que não poderá cumprir, não a faça, só se comprometa com aquilo que está dentro de suas capacidades.

Pessoas que cumprem o que se propõem, são vistas de maneira mais confiável e encontram o caminho para o sucesso.

Ação concreta

Pense bem antes de fazer uma promessa a alguém. Se você não pode cumprir essa promessa, não vale a pena prometê-la!

ஜ ௐ

Senhor, sei que "é tentação fazer um voto sem pensar, e depois
se arrepender da promessa feita" (cf. Pr 20,25), por isso,
ajuda-me a não prometer o que não sou capaz de cumprir.
Amém.

Reflexão

"Oh! quão bom e quão suave é que os irmãos vivam em união!" (Sl 133,1) exclama o salmista, enaltecendo a importância da união entre as pessoas nos trabalhos de igreja. O mesmo acontece no mundo corporativo, onde a **UNIÃO** de esforços na busca de resultados é extremamente necessária.

Desenvolver o trabalho em equipe e com parcerias é muito mais fácil e eficaz do que tentar evoluir sozinho. Para ter uma parceria participativa e duradoura, é necessária uma perfeita sintonia, em que todos olhem na mesma direção e tenham os mesmos objetivos. Apesar da cultura imposta pela sociedade, que exige eficiência, qualidade e resultados em todos os sentidos, a verdade é uma só: ninguém precisa passar por cima de ninguém para atingir seus objetivos. O trabalho colaborativo pode ser eficiente e enriquecedor!

Ação concreta

À medida que amadurece profissionalmente, o ser humano aprende que a união é fundamental para realizar um bom trabalho. Mantê-la é um progresso e trabalhar em conjunto é uma vitória. Torne-se colaborativo! Ajude o próximo a exercer seu trabalho.

ಏ ಐ

Senhor, faz com que eu tenha atitudes colaborativas no trabalho.
Que eu seja um bom ouvinte, respeite a opinião do outros e
valorize o que o outro tem de bom. Que eu zele pela união
do grupo e colabore para que os objetivos sejam alcançados.
Amém.

Reflexão

Se pudéssemos mudar o passado, certamente corrigiríamos nossos erros e faríamos muitas coisas de forma diferente. O fato é que não temos esse poder, e o que podemos fazer é aproveitar o momento presente, que dentro de alguns segundos já será passado, e viver de forma que não tenhamos do que nos arrepender. Assim diz o Senhor: "Não fique lembrando o passado, não pense nas coisas antigas. Veja que estou fazendo uma coisa nova: ela está brotando agora, e você não percebe?" (Is 43,18-19a). Isso é maravilhoso!

Cada dia, Deus nos dá graciosamente a oportunidade de recomeçar, de deixar o que passou definitivamente para trás, reescrevendo nossa história. Não deixe o **PASSADO** paralisá-lo. Procure viver intensamente o presente, pois você não sabe o que o amanhã lhe reserva.

Ação concreta

Não fique remoendo acontecimentos do passado. Aproveite este momento e dê à sua vida um novo significado, um novo propósito. Você poderá se surpreender com os resultados!

༄ ༅

Senhor, muitas lembranças de outrora têm sido como um fardo
para mim. Liberta-me de tudo que me prende ao passado
e faz de mim uma nova criatura, por amor do Senhor Jesus.
Amém.

Reflexão

Davi elevou esta súplica a Deus, pedindo que ele o perdoasse: "Não vos lembreis dos pecados de minha juventude e dos meus delitos; em nome de vossa misericórdia, lembrai-vos de mim, por causa de vossa bondade, Senhor" (Sl 24,7). Muitas vezes não reconhecemos que nossos fracassos podem estar pautados em nossos pecados.

Quando aceitamos nossa condição de pecador, confessamos nossos pecados e nos arrependemos, o Espírito Santo nos dá a capacidade de reconciliarmo-nos com o Pai, que é misericordioso e nos perdoa. Com o **CORAÇÃO PERDOADO**, ficamos em paz e podemos colocar nossas ideias em ordem, abrindo-nos para novas oportunidades. O perdão é um aspecto do grande amor que Deus tem por nós. Em sua Palavra, ele nos assegura que, quando nosso arrependimento é verdadeiro, ele está pronto para nos perdoar (cf Pr 28,13). Deus é um Deus de perdão e libertação! Confie na sua bondade e misericórdia!

Ação concreta

Deus não retém nossos pecados. Quando nos arrependemos e pedimos perdão, ele nos perdoa e liberta. Aceite o perdão de Deus e viva a liberdade de ser perdoado no amor do Pai!

Senhor, com o coração contrito, peço perdão pelos meus erros.
Guarda-me em teu amor e ensina-me a viver segundo tua Palavra,
para não mais pecar. Obrigado pelo teu perdão e teu amor infinito.
Amém.

Reflexão

Quando seus esforços não trazem o resultado esperado, há dois caminhos a seguir: "você pode conviver com seus problemas, reclamar deles e permitir que o arrastem para baixo; ou pode se levantar, fazer alguma coisa a respeito deles e se posicionar mediante uma atitude melhor e mais produtiva" (Mike Malone). Escolha seguir adiante e encare com coragem o que o está arrastando para baixo.

Levante-se, esforce-se para aprender mais, mantenha o foco e **SIGA EM FRENTE**. Existe muito para ser feito! Há infinitas possibilidades que se renovam cada dia e aqueles que persistirem serão capazes de realizar seus sonhos. Confie no poder e na graça de Deus, "cujo amor não acaba jamais e sua compaixão não tem fim. Pelo contrário, renovam-se a cada manhã: como é grande a sua fidelidade! (Lm 3,22-23).

Ação concreta

Deposite sua confiança no Senhor e deixe que ele guie seus passos. Não reclame dos acontecimentos. Levante a cabeça, enfrente os problemas e siga em frente!

෨ ෬

Senhor, só tu conheces todas as coisas. Não estou conseguindo os resultados
esperados, por isso te peço: orienta minhas decisões e guia meus passos.
Que a tua vontade perfeita se realize em minha vida. Confio que estás comigo
e que serei bem-sucedido, por isso, levanto minha cabeça e sigo em paz.
Amém.

Reflexão

"Oxalá a bondade e a fidelidade não se afastem de ti! Ata-as ao teu pescoço, grava-as em teu coração!" (Pr 3,3). É fácil ser bondoso e compreensivo com aqueles que são bondosos e gentis conosco, por outro lado, ser bondoso com todos não é tão simples assim. Bondade não é sinônimo de fraqueza e temos em Jesus um grande exemplo de pessoa bondosa.

Jesus agia sem severidade e sem violência. Seus gestos eram de compaixão e preocupação com o próximo. Sua **BONDADE** transformava a vida das pessoas! A bondade é uma força poderosa, que traz benefícios mesmo depois de muito tempo que a irradiamos através dos nossos pensamentos, palavras e ações.

Ação concreta

Permita que a bondade entre em seu coração. "A bondade nas palavras cria a confiança; a bondade nos pensamentos cria a plenitude; a bondade nas doações cria o amor" (Lao-Tsé).

෨ ෫

Senhor, Pai de bondade, que constantemente estendes a mão para nos ajudar,
que não nos trata segundo nossos erros, mas é rico em misericórdia e amor,
ajuda-me a ter atitudes bondosas, respeitando e tendo consideração
para com os outros. Em nome de Cristo, fonte de bondade e vida.
Amém.

Reflexão

A sociedade tornou-se escrava do relógio. As pessoas correm e se desdobram para cumprir as tarefas diárias no tempo determinado. Mesmo assim, ao findar do dia, muitas pessoas percebem que não conseguiram cumprir suas metas. Se isso também acontece com você, e não consegue arrumar tempo para parar e entender sua vida, não se sinta frustrado. Se você se sente angustiado vendo as horas passar e as coisas continuarem do mesmo jeito, lembre-se de que: "se Jesus o libertar, você será verdadeiramente livre" (cf Jo,8,36).

O tempo foi criado por Deus e é uma bênção para aqueles que sabem usá-lo com sabedoria. Já o relógio, foi criado pelo homem e muitas vezes nos escraviza. O tempo não para e aprender a lidar com ele é fundamental para conquistarmos o equilíbrio e a autonomia sobre nossa vida. Não viva em função da **DITADURA DO RELÓGIO**. Aprenda a esperar e viver pelo tempo de Deus!

Ação concreta

Muitos de nós aprendemos a contar os minutos, mas não sabemos lidar com o tempo. Clame para que Deus venha em seu socorro e o ensine a administrar seu tempo com sabedoria. Em Cristo, liberte-se da ansiedade e da escravidão do relógio.

☙ ❧

Senhor, vem em meu auxílio. Ensina-me a administrar o tempo
com sabedoria, para que eu aprenda a estabelecer prioridades e
cumpra minhas tarefas diárias com calma e tranquilidade.
Amém.

Reflexão

A fé é o elo de ligação entre o homem e Deus. Ela é um dom que precisa ser desenvolvido e está alicerçada no conhecimento e na vivência da Palavra de Deus. É ela que nos fortalece diante das dificuldades e nos capacita a realizarmos coisas grandiosas, abrindo nossos olhos para compreendermos os mistérios divinos e humanos.

A **INCREDULIDADE** gera ansiedade, desânimo e um enorme vazio interior. Quando, em sua caminhada cristã, faltar fé, faça como o homem que foi pedir a cura do filho para Jesus e que, quando o Senhor disse que "tudo é possível para quem tem fé. Ele exclamou: 'Eu tenho fé! Ajuda-me a ter mais fé ainda'" (Mc 9,24).

Jesus realiza milagres quando expressamos nossa fé em seu poder. Declare sua incredulidade a Jesus e peça que ele ajude você na prática do exercício da fé.

Ação concreta

Peça que Deus lhe dê coragem para superar os momentos de dúvida. Medite a Palavra de Deus e clame por ajuda. Certamente o Senhor responderá e o ajudará a superar a incredulidade. A luta pela fé é uma batalha diária!

ಬ ಚ

Senhor, vem em auxílio de minha incredulidade.
Dá-me a fé em tua palavra e confiança em tuas promessas.
Se eu cair, ampara-me com tuas mãos amorosas.
Amém.

REFLEXÃO

"Se o teu irmão pecar contra ti, vai corrigi-lo, mas em particular, a sós contigo!" (Mt 18,15). Esse texto nos aponta para algo necessário, útil e importante, mas difícil de ser realizado: a **CORREÇÃO FRATERNA**. Deixar de aplicar uma correção necessária é ser conivente com a falha praticada. Agindo assim, podemos privar a pessoa de uma palavra esclarecedora, que pode ser um meio de salvação.

Jesus ensina que, sempre que for preciso corrigir uma pessoa, devemos fazê-lo em particular, sem expor a fraqueza dela diante de alguém. Devemos ser caridosos e corrigir sem críticas destrutivas ou difamação. A correção fraterna deve ser movida pelo amor e com a intenção de ajudar. Ela é difícil de ser vivida e interpretada pela nossa fé, mas é uma necessidade para a vivência do Evangelho.

AÇÃO CONCRETA

Antes de corrigir alguém, tire do seu coração o ressentimento, a mágoa e, sobretudo, o orgulho. Peça que Deus lhe dê sabedoria, humildade e as palavras certas, para que a correção seja movida pelo amor e com a intenção de ajudar o outro.

ഩ ര

Senhor, concede-me a maturidade necessária para corrigir o meu semelhante,
sem maldade ou humilhação, e, ao mesmo tempo, que eu aceite
ser corrigido quando houver necessidade.
Amém.

Reflexão

A plena **CONFIANÇA** não acontece de uma hora para outra. Ela cresce gradualmente e aumenta quando cremos naquilo que estamos fazendo. A prática da confiança nos aproxima de Deus, a ponto de aprendermos a confiar mesmo na dúvida, ou quando não há o menor motivo para crer.

Confiar é um ato de fé que nos desafia a vencer o medo e nos leva a agir. É a capacidade de crer em Deus, especialmente nas situações adversas. Nosso Deus é pleno de dádivas e seu poder está sobre o céu e a terra, sobre tudo e sobre todos. *"É no repouso e na confiança que reside a nossa força"* (cf. Is 30,15b), e quando temos um relacionamento autêntico com Deus, em nosso coração não há lugar para o medo, a desconfiança ou a ansiedade. Viver com confiança é repousar no Senhor, e isso faz uma positiva diferença em nossa vida!

Ação concreta

Quando colocamos nossa confiança em Deus, nosso coração se alegra. Confie verdadeiramente no Senhor, você não se decepcionará! Deus tem o poder de reverter as circunstâncias. Em seu tempo, ele virá em seu socorro e lhe atenderá.

ഌ ര

Senhor, mesmo que eu "caminhe por um vale tenebroso" (Sl 23,4),
mesmo "que as águas tumultuem e espumejem" (Sl 46,3),
dá-me a graça de confiar com todo meu coração e com toda
minha mente que estás comigo e nada devo temer.
Amém.

Reflexão

Cada pessoa reage de maneira diferente diante do mesmo problema. A forma como encaramos os fatos e nos posicionamos tem o poder de determinar o curso da nossa história. Na base das nossas reações estão as emoções e a interpretação que fazemos de cada situação. Aprender a entender nossas **REAÇÕES**, inclusive as emocionais, é de fundamental importância, por isso, preste atenção e analise os resultados das suas reações. Ao ficar ciente das consequências negativas de alguns de seus atos, motive-se a mudar, porque "tudo que você semear, isso também colherá" (cf. Gl 6,7).

Quando reagimos a algo de forma emocional, na grande maioria das vezes nos arrependemos. Agir sem refletir pode nos conduzir a comportamentos do qual não nos orgulhamos ou que prejudicam nossa vida.

Ação concreta

Procure entender que você tem a capacidade de não reagir ou de agir de forma mais consciente diante de determinados estímulos externos ou internos. Evite agir sem pensar!

༄ ༅

Senhor, diante das tensões do dia a dia, acalma meus pensamentos
e ensina-me a conduzir minha vida com equilíbrio e tranquilidade.
Nas adversidades, dá-me serenidade. Que eu saiba agir de forma mais
consciente e de acordo com o resultado pretendido.
Amém.

Reflexão

Hoje é um dia especial! Um dia para comemorar a vida e agradecer as bênçãos divinas, escrevendo mais uma página da sua história. Neste novo dia, não se detenha no ontem e não fique pensando no que poderia ter feito e não fez. Você não pode reverter acontecimentos passados, mas pode viver plenamente o momento presente, semeando um futuro promissor.

Não olhe para o dia de **HOJE** como mais um dia em sua vida. A "cada manhã Deus se manifesta e grande é sua fidelidade" (Lm 3,23), e neste exato momento ele lhe oferece infinitas oportunidades para você crescer e ser feliz. Em breve, este momento passará, quer você faça bom uso dele ou não, portanto, seja sábio e viva com amor este tempo que Deus está lhe proporcionando.

Ação concreta

"Só existem dois dias no ano que nada pode ser feito. Um se chama ontem e o outro se chama amanhã, portanto, hoje é o dia certo para amar, acreditar, fazer e principalmente viver" (Dalai Lama).

෨ ෬

Senhor, tudo que prometes tu sempre cumpres.
Obrigado por abençoares minha vida
e me sustentares diariamente com tuas bênçãos.
Desejo viver sob tua graça e proteção.
Amém.

Reflexão

Carregar o mundo nos ombros é uma sensação comum para quem tem a tendência de assumir muitas responsabilidades. Se você anda **SOBRECARREGADO** de afazeres e não encontra tempo para suas coisas nem para fazer algo que lhe dê prazer, veja se não está assumindo responsabilidades demais. Muitas vezes nos sobrecarregamos de atividades e compromissos para fugir de problemas que não queremos enfrentar ou por não saber dizer "não". Não queira ser responsável por tudo e nem pretenda modificar o mundo de acordo com sua vontade ou forma de ver as coisas. Sempre que você sentir que está "no seu limite" e sobrecarregado, lembre-se de que Jesus deseja tirar de seus ombros todo peso desnecessário e lhe diz: "Vinde a mim... e eu vos aliviarei" (Mt 11,28).

Ação concreta

Qual a maior dificuldade pela qual você está passando agora? Entregue a Jesus tudo que dificulta a sua jornada. Confie e descanse no amor do Senhor. Deleite-se na presença daquele que pode trazer alívio para o seu coração.

⁂

Senhor, não permitas que as atividades do dia a dia absorvam todas as minhas forças e meu tempo. Ajuda-me a não agir como quem está carregando o mundo nos ombros. Quero descansar e esperar em ti! "Bendito sejas, Senhor, que a cada dia levas o nosso fardo" (cf. Sl 68,20).
Amém.

Reflexão

"Deus pode enriquecer vocês com toda espécie de graças, para que tenham sempre o necessário em tudo e ainda fique sobrando alguma coisa para poderem colaborar em qualquer boa obra" (2Cor 9,8). Isto é maravilhoso! A **GRAÇA DE DEUS** nos acompanha em todos os momentos e por toda a nossa vida. Ela não está presente somente nos momentos em que a vida sorri para nós, mas também quando sentimos que estamos naufragando nos mares da vida, quando nos sentimos fracos, abandonados ou injustiçados.

Assim como um diamante, a graça de Deus é eterna e nos acompanha na infância, na juventude e na velhice; nos dias ensolarados ou nas noites escuras; nos momentos de tristeza ou de alegria. Deus está conosco, aconteça o que acontecer. Por sua graça, ele nos concede muito além do necessário e espera que colaboremos na construção de seu Reino.

Ação concreta

Seja grato a Deus de forma genuína, por todos os bens recebidos. Retribua as graças recebidas tornando-se um colaborador na construção do seu Reino, espalhando vida!

ഔ ര

Senhor, que nos concedes gratuitamente maravilhosas e incomparáveis graças,
faz-me caminhar alegre e confiante em tua luz. Que eu seja merecedor
dessa promessa e receba a Salvação Eterna, por meio de Jesus.
Faz de mim um colaborador fiel do teu Reino.
Amém.

Reflexão

Todos nós estamos em busca de um caminho na vida, de um sentido para a nossa existência, de uma direção para aquilo que fazemos e realizamos. Muitas vezes nos sentimos perdidos, sem saber o que fazer nem para onde ir. Viver sem uma perspectiva clara de onde queremos chegar é o mesmo que viver sem rumo. Estamos em permanente movimento e Deus, que está atento à **DIREÇÃO** da nossa existência, nos diz: "Eu sou o Senhor, o teu Deus, que te ensina o que é útil e te guia pelo caminho em que deves andar" (Is 48,17). Precisamos nos conectar a ele, pois a nossa história pessoal é mudada quando nos colocamos sob a sua direção, através do Espírito Santo.

Ação concreta

Muitas coisas podem nos fazer desanimar, esmorecer ou perder a direção, por isso, precisamos ser guiados por Deus. Dê ao Espírito Santo a direção da sua vida. Deixe-se conduzir por aquele que pode mudar a sua história.

ೞ ಐ

Senhor, quero caminhar sob a tua direção. Ajuda-me a ouvir
tuas instruções, para que eu possa andar nos teus caminhos.
Obrigado pelo Espírito Santo que me guia
e pela direção da tua Palavra.
Amém.

REFLEXÃO

Quando dirigimos, somos orientados por sinais, setas e placas. Obedecendo-os, seguimos nosso caminho com segurança e chegamos ao nosso destino. Observando a sinalização do trânsito, evitamos uma situação perigosa; ignorando-a, corremos o risco de nos envolver em um acidente. Algo semelhante acontece na nossa vida. Através do profeta Isaías, o Senhor nos diz: "Se vocês se desviarem para um lado ou para outro, ouvirão uma voz atrás: 'O caminho é este; é por aqui que vocês devem ir'" (Is 30,21). Há sinais que nos indicam o caminho que devemos seguir, para permanecermos sob a proteção de Deus. Devemos pedir a **ORIENTAÇÃO** de Deus, esforçando-nos para ouvi-lo, sobretudo através da oração. Se observarmos esses sinais, viveremos em segurança e caminharemos na direção certa. Se insistirmos em não ouvi-los, nos desviaremos do caminho certo e sofreremos as consequências de nossas escolhas.

AÇÃO CONCRETA

Em oração, peça que Deus lhe mostre a solução para seus problemas, lhe dê sabedoria para compreender e forças para aceitar a direção a ser seguida. Creia no poder e no amor divino. Seja grato.

☙ ❧

Senhor, orienta-me nas decisões que preciso tomar para que eu trilhe o melhor caminho na minha vida. Faz com que eu perceba teus sinais e baseie minhas escolhas no teu querer. Ajuda-me a permanecer sob a tua proteção.
Amém.

REFLEXÃO

Semear discórdia intencionalmente causa divisão e "o Senhor detesta... aquele que semeia discórdia entre os irmãos" (cf. Pr 6,16.19b). Os homens possuem grandes diferenças entre si e ninguém vê o mundo exatamente da mesma forma. A divergência de ideias e opiniões – que até certo ponto é saudável – não se pode transformar em ressentimento e ódio. Quando não somos capazes de compreender as diferenças, acontece a divisão, e isso muitas vezes leva a acusações recíprocas e acabamos nos colocando uns contra os outros.

A **CONVIVÊNCIA** humana raramente deixa de produzir algum atrito. O embate de ideias e posições não é ruim, já a agressividade e o radicalismo sempre o são. A diversidade de opiniões e perspectivas é um tesouro que gera crescimento quando vivemos de forma respeitosa.

AÇÃO CONCRETA

Não permita que a discórdia semeie a divisão na sua vida. Procure ser um elemento pacificador, ouvindo e respeitando a opinião dos outros. Faça uso do diálogo para resolver os conflitos. Saiba que a única verdade está em Deus!

Senhor, peço perdão por todas as vezes que me deixei levar
pelo espírito de desunião, semeando a discórdia e a divisão no meio em que vivo.
Transforma-me em um canal da tua luz e do teu amor,
para que eu gere unidade na diversidade.
Amém.

Reflexão

Com o passar dos anos, começamos a **ENVELHECER**. As primeiras rugas aparecem, a pele fica flácida, as pernas começam a enfraquecer e os joelhos já não se dobram como antes. Apesar de ser inevitável o envelhecimento, atualmente, as pessoas procuram viver mais e melhor, tendo como objetivo conquistar a longevidade. Para isso, procuram ter hábitos saudáveis, praticam atividades físicas, alimentam-se bem, exercitam o cérebro, cultivam amizades, procuram ser otimistas e dormir bem, todas coisas fundamentais para envelhecer com saúde.

Envelhecer com sabedoria é viver com qualidade de vida. A sabedoria é um dom do Espírito Santo, que renova, vivifica e nos faz saborear as realidades de cada fase da vida! "Quão bela é a sabedoria nas pessoas de idade avançada, e a inteligência e a prudência nas pessoas nobres! A experiência consumada é a coroa dos anciãos" (Eclo 25,7-8).

Ação concreta

Reconheça e aceite cada fase de sua vida como uma grande bênção. Demonstre sabedoria e procure fazer o melhor que sua situação permite. Crie o hábito de compartilhar seu tempo e recursos com os outros. Isso o fará se sentir capaz e feliz!

෩ ൟ

Senhor, quero te agradecer por todos esses anos de vida. Renova-me pela juventude
de espírito, conforta-me pelo carinho dos irmãos e não permitas que eu me deixe
abater pela doença. Que eu saiba envelhecer com dignidade e nobreza de espírito.
Amém.

Reflexão

Diante de determinadas situações, não sabemos que decisão tomar. É bem provável que em algum momento você já tenha pronunciado ou pensado: "Oh, que dúvida cruel!". A dúvida é uma manifestação de insegurança em relação a um fato, uma ideia ou uma ação. Quando não sabemos que caminho seguir, qual decisão tomar ou até mesmo o que de fato queremos, a chance de sermos bem-sucedidos é mínima. O apóstolo Tiago diz: "aquele que duvida é como a onda do mar, que o vento leva de um lado para outro", (Tg 1,6). Além de bloquear nossas ações, a incerteza dificulta a realização de nossos projetos e bloqueia nossa comunhão com Deus. Quando elevamos a Deus nossas preces, divididos entre a dúvida e a **FÉ**, "não recebemos coisa alguma do Senhor" (cf Tg 1,7). Precisamos nos libertar da incerteza e dar lugar à certeza e, assim, encontraremos a luz no fim do túnel.

Ação concreta

A dúvida nos impede de chegar aonde queremos. Se você não consegue solucionar suas dúvidas sobre algo, encontre forças para superá-las pela fé. Creia, mesmo que aparentemente não haja circunstâncias para isso. Vença a dúvida, pela fé!

ஐ ❀

Senhor, nos momentos de dúvida, cobre-me com as luzes do Espírito Santo
e dá-me sabedoria para decidir o que é melhor para mim e para
aqueles que me rodeiam. Dá-me forças e as respostas que
preciso para libertar-me da dúvida, dando lugar à fé.
Amém.

Reflexão

Para ter vida em Deus, é preciso confiança e **DOAÇÃO**. Assim como Jesus se doou, também nós somos chamados a entregar com liberdade e alegria nossa vida pelo seu Reino, que acontece quando promovemos a vida e o amor. Não há nada mais nobre para Deus do que alguém oferecer a própria vida, para que outros tenham uma vida mais digna e plena.

Oferecer a vida é doar-se, é ter vontade de ajudar quem está à beira do caminho, é socorrer o necessitado, é dar o melhor de si em prol do outro. O amor verdadeiro consiste na doação de si mesmo ao outro e "ninguém tem maior amor do que aquele que dá a vida por seus amigos" (Jo 15,13). Deus conta com a nossa colaboração para transformar o mundo. Se doarmos com o coração alegre alguns minutos do nosso dia a quem necessita, seremos mais felizes e nossa vida se tornará fecunda.

Ação concreta

A exemplo de Jesus, demonstre a intensidade do seu amor não só com palavras, mas com gestos concretos. Procure descobrir qual a melhor forma de se doar e sinta a alegria de ser útil, ajudando o outro a ser feliz.

☙ ❧

Senhor, pela força do Espírito Santo, suscita em meu coração
o desejo de viver uma vida de doação plena ao teu Reino. Ensina-me
a ser um verdadeiro discípulo e mostra-me oportunidades para servir.
Faz com que minha vida seja um constante doar-se!
Amém.

REFLEXÃO

Jesus afirmou: "Eu sou o pão vivo que desceu do céu! Se alguém comer deste pão, viverá para sempre" (Jo 6,51). O que Jesus quer nos dizer é que ele vem do Pai. Ele dá o sustento à nossa existência. Com ele nossa vida ganha rumo, tem razão de ser. Jesus sabia que necessitávamos mais dele do que o nosso corpo precisa do pão de cada dia, por isso, deixou-nos a **EUCARISTIA**.

A Eucaristia não é somente alimento para nosso caminho e penhor da vida eterna, ela nos torna um só corpo em Cristo. "Todas as vezes que participamos da mesa eucarística, nos conformamos de modo profundo e único a Cristo, experimentando já a plena comunhão com o Pai, que caracterizará o banquete celeste, onde teremos a alegria de contemplar Deus face a face! Jesus se fez pão partido, derramando sobre nós toda a sua misericórdia e seu amor, renovando o nosso coração, a nossa existência e a maneira como nos relacionamos com ele e com os irmãos" (Papa Francisco).

AÇÃO CONCRETA

Você é convidado a comungar o Cristo eucarístico. Comungar é assimilar o perdão, a justiça, a solidariedade, a partilha, o amor, demonstrando isso através das suas atitudes.

٨

Senhor, dá-me forças para assimilar o modo de viver e o jeito de Cristo amar em minha vida. Assim como Jesus se dá todo a nós na Eucaristia, faz com que eu saiba me doar e partilhar o que tenho com meus irmãos.
Amém.

Reflexão

Para aprender a amar e conviver com uma pessoa de temperamento difícil na família, no trabalho, na escola e na sociedade, é preciso compreendê-la e acolhê-la com o coração. Como não temos o poder de mudar o comportamento do outro, precisamos ter atitudes que amenizem as situações conflitantes. Não devemos julgar as pessoas apenas pela sua característica mais evidente. Precisamos perceber seus valores, agindo com paciência e benevolência. "A pessoa colérica provoca disputa, mas a paciente acalma as brigas" (Pr 15,18), por isso, se você convive com uma pessoa difícil de lidar, procure conhecer sua história, compreender sua forma de pensar, extraindo o melhor dela.

O BOM RELACIONAMENTO fraterno é dom de Deus e devemos nos empenhar em conviver bem com todos.

Ação concreta

Existem muitas razões pelas quais uma pessoa pode ser vista como difícil ou de "temperamento forte". Procure entender o que a impulsiona a ter determinado comportamento. Seja paciente e haja com benevolência. Reflita sobre sua forma de agir e veja se você também não é visto como alguém difícil de lidar.

⋆ ⋆

Senhor, ensina-me a lidar com as pessoas de temperamento difícil.
Concede-me paciência, benevolência e um coração compreensivo
para conviver com elas da melhor forma possível.
Por tua graça, faz com que eu não me torne uma pessoa difícil de lidar.
Amém.

Reflexão

Cansado da viagem, Jesus tinha sede e, ao aproximar-se da samaritana, disse-lhe: "Dá-me de beber" (Jo 4,7). Nesse primeiro momento, Jesus pede à samaritana a água que sacia a sede do corpo e, em seguida, ele se apresenta como a água viva que jorra para a vida eterna e que sacia a **SEDE DE DEUS**. Diante disso, a mulher suplica-lhe: "Senhor, dá-me dessa água, para que eu não tenha mais sede, nem precise vir aqui para tirá-la" (Jo 4,15).

Assim como a samaritana, nós também temos sede do Divino e precisamos buscar a água viva que está em Jesus e na sua Palavra. Não há nada que possa satisfazer os desejos da nossa alma, de forma plena, constante e abundante, a não ser Deus. Quando você perceber que há conflito em seu interior, peça para o Espírito Santo agir e transformar seu coração, gerando uma vida nova.

Ação concreta

Se você não tem encontrado tranquilidade e paz interior, peça incessantemente a Deus que derrame sobre você a água que jorra do Espírito Santo e que não seca nunca. Ela saciará sua sede e promoverá uma autêntica mudança interior.

ଛ ଓ

Senhor, sacia a sede da minha alma. Não quero mais beber da água
que o mundo me oferece, mas da água do teu Espírito. Quero ser íntimo de ti,
do teu coração, que conhece os anseios de felicidade que existe em mim.
Amém.

Reflexão

A desorganização é um problema para muitas pessoas. São tantas tarefas, compromissos, ideias e objetos que precisam estar em seu devido tempo e lugar, que muita gente acaba se perdendo por falta de organização. Desenvolver habilidades organizacionais melhora o desempenho do seu dia a dia e proporciona melhor qualidade de vida.

Em qualquer atividade, a organização é um aspecto de fundamental importância para as pessoas, por isso, **ORGANIZE-SE**. Comece com atitudes simples que podem melhorar o seu dia, proporcionando economia de tempo e evitando transtornos. Lembre-se sempre da observação de Eclesiastes: "Se o machado está cego e não for afiado, será preciso muita força; é mais vantajoso usar a sabedoria... o trabalho do insensato lhe causa fadiga" (Ecl 10,10.15).

Ação concreta

A pessoa organizada facilita sua rotina e com isso ganha tempo. Para muitos, tempo é dinheiro, para outros, tempo é vida! Organize-se com atitudes simples, mas que podem fazer toda diferença.

ೞ ಲ

Senhor, dá-me sabedoria para organizar minha vida
no âmbito pessoal, familiar e profissional. Também preciso
organizar meu mundo interior. Molda-me conforme a tua
vontade para que eu seja abençoado com tua graça.
Amém.

Reflexão

A vida é cheia de **DESAFIOS**. Todo obstáculo que a vida nos oferece apresenta riscos. Arriscar é fazer algo que pode dar certo ou não. O certo é que vivemos cercados de riscos e, se não estivermos dispostos a enfrentá-los, pouco conseguiremos. Assumir riscos e aceitar as consequências faz parte das escolhas que fazemos a cada segundo!

Se você está desanimado e sem coragem de seguir adiante, escute o Senhor que lhe diz: "Sê forte e corajoso, não temas, nem te amedrontes" (1Cr 22,13). Não desista! Não tenha medo de colocar-se em situações que implicam desafios e o levem a correr riscos. Arrisque-se a mudar, fazendo pequenas mudanças todos os dias em direção ao inexplorado, ao desconhecido.

Ação concreta

Viver é correr riscos. Não permita que o medo lhe impeça de enfrentar as incertezas. Peça a Deus coragem e firmeza para encarar o desconhecido.

༂ ༃

Senhor, é tão difícil tomar decisões,
sobretudo quando elas nos levam ao desconhecido.
Fortalece-me com teu Espírito e dá-me coragem
para agir e enfrentar novos desafios, assumindo riscos e
aceitando as consequências de minhas escolhas.
Amém.

Reflexão

Quanto mais procuramos dominar as técnicas aperfeiçoando o trabalho que realizamos; quanto mais nos empenhamos em melhorar nossos relacionamentos; quanto mais procuramos corrigir nossas falhas; quanto mais buscamos nosso crescimento espiritual, mais nos aprimoramos e nos aproximamos da perfeição. Paulo nos exorta a buscarmos o **APERFEIÇOAMENTO** de nossas vidas, inclusive para o serviço do Reino de Deus, e nos diz: "Rogamos, irmãos, que vos aperfeiçoeis mais e mais" (1Ts 4,10). Não somos uma obra acabada! Podemos aprender algo diferente a cada dia. A contínua busca pelo aprendizado nos impulsiona a sermos cada vez mais competentes e nos leva a termos êxito em nossa missão.

Peça a Deus que lhe mostre como e onde buscar o aperfeiçoamento!

Ação concreta

Busque constantemente o aperfeiçoamento. Ao aperfeiçoar-se, você se tornará cada vez mais diferenciado dos demais, naquilo que faz. A busca em tornar-se melhor tem que ser uma meta intrinsecamente desejada e cultivada diariamente.

ஓ ෆ

Senhor, por tua graça estou determinado a me aperfeiçoar.
Mostra-me como buscar o aperfeiçoamento em minha caminhada
e ensina-me a ser uma pessoa melhor a cada dia.
Amém.

Reflexão

Diante dos problemas e das dificuldades, muitas vezes entramos em desespero. Saber enfrentar as **ADVERSIDADES** é verdadeiramente o segredo para superá-las, por isso, enfrente-as, com esperança e entusiasmo, e não se deixe dominar pela aflição, que entristece a alma. Quando temos fé, não nos entregamos ao desespero, pois ela opera em nossos corações o grande milagre de nos libertar da incredulidade. Sim, essa é a grande obra da fé, porque, quando cremos e confiamos em Deus, sabemos não só do que ele é capaz, mas também que ele está ao nosso lado, aconteça o que acontecer!

Por mais difíceis e complicadas que sejam as situações da vida, precisamos dizer como o apóstolo Paulo: "Eu sei em quem coloquei a minha fé, em quem eu depositei a minha confiança!" (2Tm 1,12).

Ação concreta

A fé é um dom que precisa ser alicerçado na vivência da Palavra de Deus e dos sacramentos, na oração e na vida em comunidade. Que a essência suave da presença de Deus lhe traga serenidade e a certeza de que ele o ama e tem cuidado de você dia e noite sem cessar!

☙ ❧

Senhor, sei que me amas infinitamente, apesar dos meus pecados.
Dá-me um coração agraciado, livre de todo desespero,
capaz de confiar e te amar sobre todas as coisas.
Amém.

Reflexão

Salomão declarou: "os planos do homem ativo produzem abundância; a precipitação só traz penúria" (Pr 21,5). Isso implica dizer que, se o planejamento bem elaborado leva ao sucesso, a falta dele pode gerar infortúnios e insucessos. Também Lucas nos leva a refletir sobre a importância do **PLANEJAMENTO**, ao nos dizer: "De fato, se alguém de vocês quer construir uma torre, será que não vai primeiro sentar-se e calcular os gastos, para ver se tem o suficiente para terminar?" (Lc 14,28). Ele chama a atenção para a importância de compararmos os planos que temos com as reais possibilidades de realização. Devemos sempre analisar e rever se estamos no caminho certo, fazendo as mudanças que forem necessárias para alcançar o que desejamos.

Ação concreta

As metas e os sonhos são fundamentais para mudarmos nosso futuro. Avalie onde você está e aonde quer chegar. Pratique as ações necessárias no presente para concretizar futuramente o que almeja para sua vida.

ಲ ಌ

Senhor, ensina-me a planejar e ordenar minhas ações para alcançar
meus objetivos. Que minhas escolhas estejam pautadas na tua vontade
e que eu aprenda a confiar plenamente no teu poder.
Amém.

REFLEXÃO

"O preceito é uma tocha, o ensinamento é uma luz, a correção e a disciplina são o caminho da vida" (Pr 6,23). Ser uma pessoa disciplinada é uma necessidade para aqueles que querem alcançar seus objetivos. A disciplina é importante tanto na parte física como na parte psicológica e espiritual. Um atleta, para ter um excelente desempenho, precisa ter consciência de que precisa aprender mais, precisa treinar mais, e para isso é necessário ser disciplinado. O mesmo acontece com o cristão que quer conquistar a santidade e ficar cada dia mais parecido com Jesus, ele precisa de **DISCIPLINA**, que inclui momentos diários de reflexão da Palavra e oração. Assim como o atleta está de olho na medalha, devemos estar com os olhos fixos em Jesus, aquele que um dia veremos face a face!

AÇÃO CONCRETA

Seja disciplinado para alcançar seus objetivos. A disciplina depende da força de vontade, e esta é fortalecida pela graça de Deus. São Paulo diz que é Deus "que opera em nós o querer e o fazer" (cf. Fl 2,13). Sem disciplina, não se pode chegar à santidade!

༄ ༅

Senhor, desperta em mim o respeito pelos teus preceitos e ensina-me
a valorizar a tua correção. Ajuda-me a ser uma pessoa disciplinada
e mostra-me o caminho da vida plena.
Amém.

Reflexão

"Feliz o homem que não pecou pelas suas palavras, e que não é atormentado pelo remorso do pecado" (Eclo 14,1). O remorso é um sentimento difícil de lidar. Ele se expressa quando nos sentimos culpados por uma falta cometida e que tenha prejudicado alguém, ou pode estar relacionado a atitudes que não foram tomadas em determinadas situações, principalmente quando envolveu algum familiar e não houve tempo para reparar o mal cometido.

Sentir remorso causa um enorme sofrimento, capaz de corroer a alma. Para o Marquês de Maricá, "o remorso é no moral o que a dor é no físico da nossa individualidade: advertência de desordens que devemos reparar", e a única forma de minimizar o remorso é ganhar o perdão de quem se viu prejudicado. Para isso, é preciso se arrepender e com **HUMILDADE** pedir desculpas.

Ação concreta

Se você tem algum remorso, procure a pessoa envolvida na questão e peça-lhe perdão com sinceridade. Pode ser que a ela nem lhe queira perdoar, mas você vai se sentir bem melhor.

ഇ ദ

Senhor, minha consciência me acusa e o remorso me acompanha dia e noite
por uma falta que cometi. Cria em mim um coração puro, e renova dentro de
mim um espírito de arrependimento sincero, para que eu possa reconciliar-me
com aquele que prejudiquei e comigo mesmo, seguindo em frente.
Amém.

Reflexão

Quando fazemos tudo que está ao nosso alcance por um amigo, um parente, um filho ou pela pessoa amada e ela simplesmente não reconhece nosso esforço, dói muito. A ausência do reconhecimento humano é algo que decepciona e machuca. O mesmo pode acontecer a nosso respeito, por isso, devemos cuidar para não sermos ingratos com aqueles que nos envolvem pelo carinho, amor e amizade.

Jesus também viveu a experiência da **INGRATIDÃO** ao curar dez leprosos e somente um voltar para agradecer, ao qual Jesus falou: "Não ficaram curados todos os dez? Onde estão os outros nove?" (Lc 17,17). Essa passagem mostra que a ingratidão é algo comum no comportamento humano. Mesmo assim, é algo que pode ser trabalhado e aperfeiçoado em nossa vida. Um coração grato faz do mundo ao seu redor um lugar muito melhor!

Ação concreta

A gratidão é uma atitude que nasce do coração em reconhecimento ao que alguém fez por nós. O motivo do nosso agradecimento deve-se ao desinteresse dos que nos deram seu tempo, sua atenção, seu carinho. Acostume-se a agradecer!

๛ ଔ

Senhor, não permitas que as decepções oriundas da ingratidão endureçam meu coração. Molda meu coração, para que eu faça o bem sem esperar reconhecimento. Dá-me um coração grato, que gere vida e alegria.
Amém.

Reflexão

Muitas pessoas vivem na escuridão. Mesmo com boa visão, não conseguem enxergar qual o melhor caminho a seguir, porque vivem à margem da luz de Deus. O salmista compara a Palavra de Deus a uma lâmpada, ao dizer: "vossa palavra é um facho que ilumina meus passos e uma luz em meu caminho" (Sl 118,105). Como um farol, a luz que a Palavra emite tem por objetivo indicar com clareza e segurança o melhor caminho a percorrer. Embora esse caminho nem sempre seja o que esperávamos seguir, é certamente o melhor para nós.

Podemos resumir que a função da **BÍBLIA** é ser como uma luz que nos orienta e nos ensina o que fazer diante das dificuldades e incertezas da vida. Façamos da Palavra de Deus nossa companhia diária, para que ela nos conduza e oriente em todos os momentos da nossa vida.

Ação concreta

Marque uma hora diária para a leitura bíblica. Leia a Palavra com lápis ou caneta na mão, sublinhando as passagens que mais tocam seu coração. Lembre-se de que você não está apenas lendo a Bíblia, mas buscando a orientação de Deus, por isso deve esforçar-se para colocar seus ensinamentos em prática.

෩ ෬

*Senhor, abre meus ouvidos e meu coração para eu entender,
aceitar e viver a tua Palavra. Livra-me da incredulidade e
ajuda-me a estar aberto a tudo o que quiseres me ensinar.
Amém.*

Reflexão

É interessante observarmos que há pessoas que têm por hábito lançar críticas destrutivas e não são capazes de proferir uma palavra que não esteja carregada de **MALDADE**. São pessoas sempre prontas a destilar seu veneno, maldizendo e desestimulando àqueles com os quais convivem. Também existem aqueles que demonstram maldade em suas atitudes ou deturpam o que foi dito agindo de má-fé. São Paulo nos aconselha sobre isso: "arrepende-te desta tua maldade e roga a Deus, para que, sendo possível, te seja perdoado este pensamento do teu coração" (At 8,22).

Palavras e atitudes maldosas destroem a autoestima, os sonhos, a motivação e a alegria, machucam e ferem profundamente, por isso, devemos pensar duas vezes antes de proferi-las!

Ação concreta

Cuide e zele pelas palavras que você profere. Busque sempre levar às pessoas palavras de ânimo, carinho, amizade e amor!

୨୦ ଓଡ

Senhor, perdoa-me pelas vezes que prejudiquei
ou feri alguém com palavras e atitudes maldosas.
Dá-me a graça de proferir somente palavras boas que ajudem
os outros a conseguirem o que necessitam e a crescerem na fé.
Amém.

REFLEXÃO

Muitas vezes, ficamos frustrados porque não conseguimos realizar nossos sonhos, cumprir nossos objetivos, concretizar as mudanças que julgamos necessárias. Se se sente assim, lembre-se de que o mundo não está contra você, e deve fazer o que for necessário para **SENTIR-SE BEM**. Faça o que tiver que fazer para sentir-se renovado, calmo e espiritualmente bem. Não alimente pensamentos negativos e "não se entristeça, porque a alegria do Senhor será a vossa força" (Ne 8,19c). Saiba que estar bem consigo mesmo é o primeiro passo para ser e fazer o outro feliz. Quando nos sentimos bem, encontramos razões para perseverar diante dos desafios e nos tornamos mais produtivos e felizes!

AÇÃO CONCRETA

Desenvolva a autoestima e a confiança em si mesmo! Procure amar-se por dentro e por fora e fique de bem com a vida. Volte a sorrir e a lutar pelos seus ideais e começará a ver as oportunidades surgirem.

ೲ ಚ

Senhor, independentemente de onde eu esteja e quais as
circunstâncias de minha vida, desejo sentir-me bem.
Dá-me a graça de conquistar o equilíbrio emocional,
mudando as atitudes e os pensamentos ruins.
Amém.

Reflexão

A beleza exterior é muito apreciada e valorizada, mas a beleza interior, ligada a coisas intangíveis, como a inteligência, simpatia, espiritualidade e comportamento, também tem sua importância. Afinal, onde está a verdadeira beleza? Com sabedoria, Antoine de Saint-Exupéry respondeu essa pergunta: "Só se vê bem com o coração, o essencial é invisível aos olhos. Quem ama vê além da aparência física e é isto que ama: a essência".

Embora não devamos descuidar da aparência física, a verdadeira **BELEZA** está no âmago do ser humano que se ama e é verdadeiro consigo mesmo. Está nos gestos de compaixão, amor e solidariedade que testemunham nossa fé. Está nas palavras de incentivo, consolo e amizade, enfim, está onde nossos olhos não conseguem enxergar. Sobre isso, Pedro nos alerta: "Que o enfeite de vocês não seja de coisas exteriores, como penteado, uso de joias de ouro ou roupas finas, mas de qualidades internas, isto é, o enfeite inalterável de caráter suave e sereno. Isso sim é coisa preciosa diante de Deus" (1Pd 3,3-4).

Ação concreta

Busque enxergar a beleza que está no íntimo, na essência do ser humano, em suas atitudes e gestos de amor.

༄ ༄

Senhor, tu sabes que somos inclinados a dar mais ênfase à beleza física do que à beleza interior. Perdoa-me por isso e ajuda-me a valorizar as pessoas em sua essência. Que eu também possa ser admirado por minhas palavras e gestos.
Amém.

REFLEXÃO

A constante evolução da ciência e das novas tecnologias, o planejamento e a construção das grandes cidades e as facilidades da vida moderna, têm levado o ser humano a modificar cada vez mais a ordem natural da vida no planeta, prejudicando o equilíbrio da **ECOLOGIA**. Ao agir assim, de forma predatória, o homem destrói a natureza, sem se preocupar com o impacto e a consequência que virá a sofrer no futuro, como resultado dos desmatamentos, das queimadas, da destruição da camada de ozônio e do efeito estufa sobre o meio ambiente.

Somente com uma profunda mudança de mentalidade, adotando novos estilos de vida, cultivando a ética da responsabilidade e da prudência, poderemos preservar e cuidar da natureza enquanto há tempo. Lembre-se de que a natureza demonstra o caráter de Deus, onde "os céus proclamam a sua glória e o firmamento anuncia a obra das suas mãos" (Sl 19,2).

AÇÃO CONCRETA

A perfeição divina pode ser observada na ordem e na harmonia existentes na natureza. Preservar a criação é enaltecer o Criador! Cuide da natureza e estará preservando a vida!

ಬಾ ಞ

"Senhor, meu Deus, vós sois imensamente grande!" (Sl 104,1). Ensina-me a contemplar a natureza, zelando pela sua preservação. Que a seiva da vida continue a correr no seio das tuas obras que espelham tua grandeza divina.
Amém.

Reflexão

Desde o nosso nascimento, a linguagem está inserida em nossa vida. Por meio dela, podemos modelar nossos pensamentos. A linguagem, como forma de **COMUNICAÇÃO**, é a base da sociedade humana, pois, ao usá-la, somos influenciados e podemos influenciar os outros. Jesus foi o modelo perfeito de comunicador do Pai. Ele usava uma comunicação simples, mas com palavras cheias de vida. O Mestre sabia que as melhores ideias são inúteis se não forem comunicadas, e deu aos discípulos uma importante missão, dizendo: "Vão pelo mundo inteiro e anunciem a Boa Notícia para toda a humanidade" (Mc 16,15), orientando-os a agirem de acordo com os seus princípios. Assim, as boas-novas foram sendo repassadas até os dias de hoje!

Ação concreta

A comunicação é uma forma de integração, instrução e desenvolvimento do ser humano e, para que ela cumpra seu papel, deve gerar comunhão, mudança de vida e a vivência do amor, tirando-nos do isolamento e aproximando-nos uns dos outros. Você faz bom uso da comunicação no dia a dia?

ଛ ଓ

Senhor, concede-me a graça de comunicar
tuas maravilhas hoje e sempre.
Quero ser comunicador da tua Palavra, que é vida,
amor, paz, verdade e salvação para toda a humanidade.
Amém.

REFLEXÃO

"Todos os homens ou mulheres, impelidos pelo seu coração a contribuir para alguma das obras que o Senhor tinha ordenado pela boca de Moisés, trouxeram espontaneamente suas ofertas ao Senhor" (Ex 35,29). Assim como Deus chamou os israelitas, ele também nos chama para o **VOLUNTARIADO**. Ser voluntário é prestar serviço em benefício de uma causa ou pessoa, por livre e espontânea vontade. É ir ao encontro dos necessitados, sem ter limites de tempo, espaço, generosidade e amor. É praticar ações que contribuam para melhorar a qualidade de vida da comunidade, nos diversos segmentos da sociedade.

O voluntariado é um trabalho exercido por muitas pessoas ao redor do mundo, que não ganham nenhum tipo de pagamento material, mas que, mesmo assim, recebem bem mais do que dão. Recebem a alegria de servir, a motivação e o preenchimento do vazio da alma!

AÇÃO CONCRETA

Que tal se juntar a esse exército de voluntários, colocando-se à disposição de creches, orfanatos, asilos e tantos outros? Doe seu tempo, carinho e amor... seja a mudança que você espera que aconteça no mundo!

෨ ଔ

Senhor, "restituí-me a alegria da salvação, e sustentai-me com uma vontade generosa" (cf. Sl 51,14). Quero abrir o meu coração e tirar dele o que há de mais singelo e honesto para oferecer generosamente àquele que está ao meu lado.
Amém.

Reflexão

Neste dia, faça deste poema uma oração: "Aceite-me, querido Deus, aceite-me por um momento. Deixe os dias órfãos sem você serem esquecidos. Alongue este breve instante por seu amplo colo, mantendo-o sob sua luz. Vaguei atrás de vozes que me atraíram... deu em nada. Permita-me, agora, sentar em paz e escutar suas palavras no espírito de meu silêncio. Não mostre suas costas aos segredos obscuros do meu coração: queime-os até que seu fogo os ilumine" (Tagore). Mesmo sem percebermos, diante de situações difíceis somos protegidos e ganhamos o **COLO DE DEUS**. É o Senhor que nos diz: "Desde que vocês nasceram os tenho carregado; sempre cuidei de vocês" (Is 46,3b). No seu colo, somos abraçados e acariciados por seu amor! Sua força nos envolve, dando-nos a certeza de que somos amados e jamais abandonados.

Ação concreta

Se você estiver sofrendo, reze e, no silêncio do seu coração, acomode-se no colo de Deus. Entregue a ele suas dores e sofrimentos, confie e descanse. Ele o fortalecerá!

ඞ ൡ

Senhor, esteja presente em todos os momentos da minha vida,
e concede-me a graça de sentir-me em teu colo, acolhido por teu amor e
iluminado por tua luz. Dá-me a graça de ter um coração sereno
que confie no cuidado que tens para comigo.
Amém.

Reflexão

No contato diário com as pessoas, fazemos uso principalmente das palavras. Elas têm o poder de nos aproximar ou nos afastar dos outros. Em nossos relacionamentos a comunicação é fundamental, mas muitas vezes não sabemos usar as palavras de forma adequada e as consequências são desastrosas. Para que haja entre nós um bom entendimento, precisamos aprimorar a arte de equilibrar pensamentos, palavras e atos. Palavras cruéis desanimam, já palavras bondosas dão vida nova às pessoas (cf. Pr 15,4). Uma palavra de **INCENTIVO** gera motivação, esperança e pode ser uma verdadeira bênção para aquele que dela necessita. "Saber dar uma resposta é fonte de alegria; é agradável uma palavra oportuna" (Pr 15,23) e, embora as palavras de incentivo não resolvam os problemas, elas podem mudar a forma como vemos o mundo, motivando-nos a lutar.

Ação concreta

Uma palavra de incentivo pode modificar a vida de uma pessoa. Aprenda a olhar a vida com os olhos, enxergar com a alma e apreciar com o coração. Jamais se esqueça de que querer fazer é poder fazer, basta acreditar!

ஐ ✿

Senhor, faz que, diante de cada oportunidade, eu tenha
uma palavra de incentivo que fortaleça o coração de quem precisa,
levando a pessoa a se motivar e lutar por seus objetivos.
Amém.

REFLEXÃO

Quando somos feridos por palavras ou atitudes e não conseguimos perdoar, nos sentimos magoados, assim como o rei que "atirou-se à cama e caiu doente de tristeza... passou assim muitos dias, porque sua mágoa se renovava sem cessar, e pensava na morte" (1Mc 6,8b-9).

A **MÁGOA** é um sentimento que causa tristeza, pesar e ressentimento. Ela machuca porque faz com que fiquemos remoendo aquilo que nos causou sofrimento. Ser desapontado, ofendido e ferido, faz parte da vida, o problema está na forma como reagimos diante dos acontecimentos. Se dermos demasiada importância aos fatos ou palavras desagradáveis e fixarmos nossos pensamentos nisso, perpetuaremos o sofrimento. E esse sentimento consumirá muito das nossas energias, portanto, a melhor solução está no perdão. O processo de perdoar rompe com o ciclo de ressentimento prolongado, cura as feridas deixadas pela mágoa e dá leveza ao nosso coração!

AÇÃO CONCRETA

Perdoar é questão de decisão e não de sentimento. Se verdadeiramente você quiser viver a reconciliação, a graça de Deus irá auxiliá-lo! Não perca mais tempo, liberte-se da mágoa. Existe muita vida para se viver e muita alegria para se conquistar!

Senhor, ajuda-me a perdoar e a não alimentar minhas mágoas.
Liberta-me dos pensamentos e sentimentos negativos.
Dá-me forças para aprender a viver com leveza e alegria.
Amém.

Reflexão

No ambiente em que vivemos, aprendemos valores e atitudes. A influência das pessoas umas sobre as outras é uma força poderosa, que atinge a todos. Uma amizade pode exercer influências boas ou más na nossa vida e Paulo alerta: "Não vos deixeis enganar: Más companhias corrompem bons costumes" (1Cor 15,33). Se uma boa amizade pode ser uma bênção, uma amizade ruim pode estragar a vida de uma pessoa. Boas companhias edificam e constroem. más companhias podem, de forma perspicaz, nos envolver em situações difíceis. Não precisamos desprezar as pessoas de má índole, mas devemos ter **PRUDÊNCIA** ao escolher nossas amizades, uma vez que nem todas são recomendáveis.

Bons e sinceros amigos trazem paz, harmonia, alegria e felicidade, tornando nossa vida melhor!

Ação concreta

Faça uma análise e reveja suas amizades. Se seus amigos se comportam de maneira que desagrada a Deus, afaste-se deles e procure a companhia daqueles que podem influenciá-lo positivamente.

༄ ༅

Senhor, afasta-me das companhias que têm hábitos e
costumes que podem me levar a um caminho sem volta.
Cobre-me com tua graça, para que eu conviva com pessoas que
compartilham bons costumes e que possam edificar minha vida.
Que eu seja uma influência positiva na vida dos outros.
Amém.

Reflexão

A **GENTILEZA** se manifesta nas coisas simples do cotidiano e está presente em palavras, gestos de cortesia, amabilidade, cordialidade, delicadeza e na atenção que dispensamos às pessoas. Elogiar, agradecer, parabenizar, cumprimentar, ajudar, pedir desculpas ou pedir licença, podem se tornar um hábito que, como tantos outros, vamos adquirindo e que pode fortalecer nosso relacionamento interpessoal.

Na nossa escala de valores e comportamentos, "ser gentil" deve ocupar um lugar de destaque e tem que estar alinhado aos princípios de educação. A gentileza é um dos frutos do Espírito (cf. Gl 5,22) e, quando nos abrimos à sua ação, ele remove de nosso coração toda aspereza e nos capacita a "sermos pessoas de paz, benevolentes, dando provas de mansidão para com todos" (Tt 3,2).

Ação concreta

A gentileza é contagiante, por isso, "não deixe que ninguém venha até você e vá embora sem se sentir melhor e mais feliz.

"Seja a expressão viva da gentileza de Deus: gentil no semblante, gentil no olhar, gentil no sorriso" (Madre Teresa de Calcutá).

ဢ ര

Senhor, ensina-me a praticar atos de gentileza
em todas as esferas da minha vida.
Que eu aprenda a ser gentil não por obrigação,
mas por amor ao próximo.
Amém.

Reflexão

"O amor do Senhor Deus não se acaba, e a sua misericórdia não tem fim. Esse amor e essa bondade renovam-se todas as manhãs" (Lm 3,22-23). A palavra misericórdia indica o sentimento do coração de Deus pela miséria do homem. Um amor imutável, que revela sua compaixão e que o impede de fazer um imediato julgamento de nossos pecados. Deus dá um tempo para que todo pecador se arrependa.

O amor de Deus, que se renova na aurora de cada novo dia, mostra-nos que ele trabalha sem cessar, visando à transformação do nosso caráter e do nosso coração. Ele não deseja a nossa destruição, mas espera que nos arrependamos e experimentemos o seu perdão, que traz alívio e paz ao nosso coração. Não perca jamais a confiança na paciente **MISERICÓRDIA** de Deus, que se compadece de nossas fraquezas e está sempre pronto a nos dar uma nova chance para recomeçar.

Ação concreta

Abra o seu coração ao Deus da misericórdia. Ele deseja transformar sua vida!

ಬ ಇ

Senhor de toda consolação e bondade infinita, bendito sejas
por tua imensa misericórdia. Conheces profundamente meu coração
e sabes que não sou capaz de elevar-me até tu com minhas próprias forças,
por isso, te peço, ilumina meus caminhos e dá-me a graça
de desfrutar do teu amor a cada manhã.
Amém.

Reflexão

Questionado sobre o que mais o surpreende, Dalai Lama respondeu: "O que mais me surpreende é o homem, pois perde a saúde para juntar dinheiro, depois perde o dinheiro para recuperar a saúde. Vive pensando ansiosamente no futuro, de tal forma que acaba por não viver nem o presente nem o futuro. Vive como se nunca fosse morrer e morre como se nunca tivesse vivido". É assim que muitos vivem: tendo contas demais, bens demais, obrigações demais, trabalho demais, sem que sobre tempo para realmente viver. Para você também tem sido assim, correria demais e vida de menos? Se sua resposta é sim, está na hora de mudar e essa mudança tem que começar dentro de você. Será que você realmente precisa de tanta coisa assim para viver? A Bíblia nos ensina que "Deus há de prover magnificamente todas as nossas necessidades" (Fl 4,19), por isso, avalie e, se for necessário, reduza suas necessidades e viva com **SIMPLICIDADE!**

Ação concreta

O apego exagerado aos bens terrenos gera sofrimento e, no final, quando deixarmos este mundo, nada daqui levaremos. Viver com simplicidade é uma importante fonte de sabedoria.

ഔ ര

Senhor, envolve-me com tua ternura e teu amor
e ensina-me a reduzir minhas necessidades materiais.
Instrui-me a viver intensamente o momento presente,
confiando na tua providência.
Amém.

Reflexão

No decorrer da vida lidamos com muitas expectativas frustradas. Sonhamos com uma carreira sólida, esperamos que as pessoas mudem, buscamos a realização de projetos pessoais. Investimos tempo e dinheiro em algo que almejamos. Ou seja, esforçamo-nos para realizar nossos sonhos, mas nem sempre eles se realizam, então, ficamos inseguros, insatisfeitos e abalados na fé, o que muitas vezes nos impede de experimentar o melhor de Deus para nós.

Quando a **INSATISFAÇÃO** se instalar em seu coração, você terá duas alternativas: a primeira opção é fugir dela, evitá-la, não a desafiar; a segunda opção é encará-la, assumir o desafio de enfrentá-la, usando-a como estímulo para superar novos desafios e buscar novas razões de viver. Aja rápido! Não permita que a insatisfação roube, aos poucos, sua alegria e confiança em Deus. Lembre-se de tudo que já conquistou e siga confiante!

Ação concreta

Busque em Deus sua segurança, sua felicidade e seus caminhos. Viva contente em qualquer situação e faça com que "a sua felicidade esteja no Senhor! Ele lhe dará o que o seu coração deseja" (Sl 37,4).

༄ ༅

Senhor, eu entrego em tuas mãos todo o sentimento de insatisfação
que tem perturbado o meu coração e a minha alma.
Dá-me a graça de agir de forma diferente, buscando novas
razões para viver pela força e ação do Espírito Santo.
Amém.

Reflexão

O salmista diz com referência a Deus: "Não te eram ocultos os meus ossos quando eu estava sendo formado em segredo, e era tecido nas profundezas da terra. Ainda embrião, teus olhos me viram e tudo estava escrito no teu livro; meus dias estavam marcados antes que chegasse o primeiro (Sl 139,15-16)". O cuidado pessoal de Deus com cada um de seus filhos começa antes da concepção e se dá inclusive durante o estado embrionário, estado este em que o feto não está fisicamente formado. Deus não faz distinção entre a vida de uma criança que está no ventre da mãe, uma criança já nascida, um jovem, um adulto ou um idoso.

O valor da vida deve ser o mesmo, independentemente do estágio em que se encontra, e como bem colocou o teólogo John Frame: "Não há nada nas Escrituras que possa sugerir, ainda que remotamente, que uma criança ainda não nascida seja qualquer coisa menos que uma pessoa humana, a partir do momento da concepção". Uma vez concebida, a interrupção da vida humana é uma agressão a Deus. **ABORTO** é crime!

Ação concreta

Tenha consciência do valor sagrado da vida humana. Seja a favor da vida!

Senhor, diante da realidade em que inúmeras crianças são abortadas todos os dias, peço perdão por todos que realizam tais sacrilégios. Ampara a vida de todos os nascituros e, pela força do teu Espírito, ajuda-nos a vencer a luta em favor da vida.
Amém.

Reflexão

O alcoolismo afeta a saúde, a família, o trabalho e a vida social de muitas pessoas. Na maioria das vezes, o indivíduo consome álcool em excesso na tentativa de fugir de problemas como depressão, solidão, tristeza, problemas financeiros ou até mesmo por diversão.

A falta de **AUTOCONTROLE** diante da bebida traz como consequência conflitos interiores e problemas nos relacionamentos. Lemos na Bíblia que "a vereda dos justos é afastar-se do mal; preserva a vida quem vigia os próprios passos" (Pr 16,17), por isso, convém que sejamos prudentes, evitando as ocasiões que nos podem levar a beber demasiadamente. Ter domínio sobre os impulsos, apetites e desejos não é nada fácil. Para vencê-los, é necessário o esforço humano amparado pela graça de Deus!

Ação concreta

Pratique a virtude da temperança. Ela é resultado de uma vida de contínuo conhecimento de Deus e de seus propósitos, o qual nos ajuda a vencer os maus hábitos, tornando-nos moderados. A cada dia busque o autodomínio e vá aos poucos mudando hábitos que lhe causam danos.

ഇ ര

*Senhor, concede-me firmeza no agir, para que eu possa andar
no caminho da sobriedade. Ajuda-me a dominar meus impulsos
e a vencer as tentações, exercendo a virtude da temperança
e obtendo o domínio sobre mim mesmo.
Amém.*

Reflexão

O ser humano tem o hábito de evitar ser responsável pela sua vida. Muitos de nós fomos condicionados a responsabilizar pessoas ou fatores externos por tudo de ruim que nos acontece. Colocando-nos no papel de vítima, culpamos o patrão, os colegas de trabalho, a economia, nossos pais, a falta de dinheiro, a falta de sorte, Deus ou qualquer outra coisa que nos exima da nossa responsabilidade pelos acontecimentos.

Se você quiser ser bem-sucedido, precisa se livrar das desculpas e assumir a **RESPONSABILIDADE** por sua saúde, suas dívidas, seus sentimentos, seus relacionamentos, suas conquistas, seus fracassos, sua vida espiritual, sua forma física. Precisa parar de reclamar dos outros e deixar de procurar justificativas por não ter conquistado o que sonhou. Precisa tomar consciência de que o causador dos seus resultados, sucessos e fracassos é você mesmo e mais ninguém. "Cumpra sua tarefa antes que o tempo passe e, no devido tempo, o Senhor vos dará a recompensa" (Eclo 51,30).

Ação concreta

Assuma suas responsabilidades. Trabalhe com coragem e determinação para vencer. Se você deseja uma vida diferente, comece por agir de forma diferente.

❦

Senhor, sei que não devo transferir a outro as tarefas que preciso realizar.
Ajuda-me a agir com coragem, motivação e comprometimento,
para conquistar minhas metas e objetivos.
Amém.

Reflexão

Sabemos que ensinar, educar e colocar limites são fatores importantes na educação, mas limitar o desenvolvimento natural do outro é torná-lo inseguro. A insegurança pode trazer características como medo de mudança, de amar, de cometer erros, de assumir compromissos e responsabilidades, da solidão, de fazer escolhas, e, por isso, muitas vezes hesitamos diante de uma nova situação. Inseguros, não confiamos em nossas decisões, em nossas habilidades e capacidades e facilmente nos deixamos influenciar por outras pessoas, esperando delas a aprovação de nossos atos.

Talvez a **INSEGURANÇA** seja um dos maiores desafios que precisamos vencer para fazer frente às situações impostas pela vida, por isso, peça a Deus que cure sua insegurança, devolvendo-lhe a autoconfiança. Faça suas as palavras de Davi: "Quando me deito, durmo em paz, pois só tu, ó Senhor, me fazes viver em segurança" (Sl 4,9).

Ação concreta

Empenhe-se em conquistar a autoconfiança, pois é com essa virtude que você aprenderá a enfrentar os desafios impostos pela vida. Afaste pensamentos desmotivadores. Faça o que for preciso para sentir-se mais seguro e feliz.

ೞ ೞ

Senhor, sê meu companheiro e minha segurança em todos os momentos.
Enche-me com o espírito de fortaleza, determinação e autoconfiança,
para que eu me liberte da insegurança.
Amém.

Reflexão

Você está enfrentando **DIFICULDADES FINANCEIRAS**? Faturas de cartões de crédito que não consegue pagar? Financiamentos e empréstimos que não estão em dia? As contas no final do mês não fecham e sempre falta dinheiro? Nada de desespero! Manter a calma é fundamental. A Palavra de Deus nos ensina como enfrentar as mais diferentes situações da vida, incluindo as dificuldades financeiras. O primeiro passo é controlar o consumismo, fazendo com que "nossa conduta não seja inspirada pelo dinheiro" (Hb 13,5a). Ter autocontrole e gerir as finanças de forma equilibrada proporcionam um sono tranquilo, por isso, devemos tomar a iniciativa e buscar uma vida livre de dívidas e preocupações na área financeira.

Ação concreta

Faça uma planilha com seus rendimentos e suas despesas mensais, para que você possa ter uma noção clara de como está gastando seu dinheiro. Corte gastos, prefira compras à vista, use cartões de crédito com responsabilidade. Leia bons livros com dicas nessa área. Empenhe-se em equilibrar suas finanças. Vale a pena!

☙ ❧

Senhor, meu coração está aflito e inquieto com as dificuldades financeiras
que me trazem preocupações com compromissos que precisam ser saldados.
Ensina-me a viver de acordo com meus rendimentos,
sem gastar mais do que ganho.
Amém.

REFLEXÃO

Na correria diária, muitas vezes nos esquecemos da importância dos **PEQUENOS GESTOS**, que não custam nada em termos financeiros, mas podem tornar nossos relacionamentos melhores. Dizer bom-dia, como vai?, muito obrigado, posso ajudar?, pode resultar em grandes feitos e oportunidades. Assim como "as imensas dunas se compõem de minúsculos grãos de areia... o mais belo livro do mundo foi escrito letra por letra... as mais belas canções são compostas por pequenas notas" (Fábio Azamor), a beleza da vida é composta por uma somatória de pequenos gestos de acolhida e respeito, que demonstram a importância do outro. "O nosso amor não deve ser somente de palavras e de conversa. Deve ser um amor verdadeiro, que se mostra por meio de ações" (1Jo 3,18), e, embora esses pequenos gestos pareçam pouco, eles podem mudar o dia e até mesmo a vida de alguém.

AÇÃO CONCRETA

Ajude a construir um mundo melhor a partir de pequenos gestos de solidariedade, respeito, fraternidade, ternura, compreensão e amor. Sorria mais, abrace mais, elogie mais, peça perdão e perdoe. Isso faz diferença!

Senhor, num mundo marcado pelo individualismo e egocentrismo, faz com que minha vida seja marcada por pequenos, mas constantes gestos de amor. Por onde passar, que eu plante o bem e semeie a felicidade.
Amém.

Reflexão

É comum ouvir pessoas dizendo, "se eu tivesse feito isso", "se eu tivesse agido de modo diferente" ou "se eu pudesse voltar no tempo..." Não é possível voltar no tempo, mas é possível parar de "empurrar com a barriga" tarefas banais, compromissos importantes e até mesmo o ato de viver. Deixar uma coisa ou outra para amanhã é normal, o problema é quando **PROCRASTINAR** se torna um estilo de vida e adiamos para amanhã os fatos, os acontecimentos, os problemas, o que gostamos de fazer, deixando, com isso, a vida passar em branco. Certas coisas pedem urgência em serem feitas e, quando demoramos na tomada de decisão, na execução de determinadas tarefas ou simplesmente em viver, podemos perder oportunidades que jamais voltarão.

Você costuma deixar para amanhã o que poderia ter feito hoje? Se sua resposta é sim, tente entender quais os resultados que a procrastinação traz para sua vida e veja se não está na hora de mudar algo nesse sentido. "Você não sabe o que vai acontecer amanhã" (Pr 27,1b) e pode se arrepender do que não fez hoje!

Ação concreta

Lute contra a procrastinação: encontre sentido naquilo que, aparentemente, não lhe dá prazer, mas que, uma vez realizado, o deixará com senso de dever cumprido!

☙ ❧

Senhor, ajuda-me a não fazer da procrastinação um estilo de vida.
Que eu não deixe para depois o que precisa e pode ser feito agora.
Amém.

Reflexão

O **DESEMPREGO** é um problema social, com o qual muitas pessoas se deparam em algum momento da vida. A perda do emprego é sempre um grande desafio. Quando ficamos desempregados, o primeiro sentimento que vem é o medo de não conseguirmos honrar nossos compromissos. Sem recursos para custear as despesas básicas, temos de depender financeiramente dos outros. Além disso, a vida pessoal, a familiar e a social se desestruturam, podendo surgir até problemas de saúde, em razão do excesso de preocupação.

Se você está desempregado, não se desespere. Aproveite o tempo livre para conquistar novas habilidades e entregue suas ansiedades e preocupações a Jesus. Peça que ele lhe dê forças para procurar um novo trabalho e enfrentar novos desafios. Assim, "poderás viver, do trabalho de tuas mãos, serás feliz e terás bem-estar" (Sl 127,2).

Ação concreta

Aceite que o desemprego é uma fase em sua vida. Aperfeiçoe-se e procure reafirmar seus valores profissionais e pessoais. Isso manterá você forte e pronto a reingressar no mercado de trabalho na primeira oportunidade que surgir.

ೞ ೧೩

Senhor, minhas preocupações são tantas que às vezes minha fé vacila.
Ajuda-me a buscar novas oportunidades de trabalho.
Mostra-me o caminho a seguir e nutre minha alma
com a esperança de dias melhores.
Amém.

Reflexão

Figas, arruda, cristais, pirâmides, horóscopos, cartomantes e outras superstições, fazem parte do dia a dia de muitas pessoas que acreditam que há, nesses objetos ou pessoas, poderes mágicos para curar, afastar mau-olhado, trazer sorte e afastar maus espíritos. A Palavra de Deus alerta sobre o risco de submeter-se a eles: "Não haja em teu meio quem consulte adivinhos, ou observe sonhos ou agouros nem quem use a feitiçaria; nem quem recorra à magia, consulte oráculos, interrogue espíritos ou evoque os mortos. Pois o Senhor abomina quem se entrega a tais práticas" (Dt 18,10-12a).

O homem deve ser livre, ter confiança em si mesmo e, sobretudo, em Deus, mas muitas pessoas acreditam e vivem presas a **SUPERSTIÇÕES**, que são crendices populares sem nenhuma base científica. Lembre-se de que a superstição, independentemente de sua origem, é nociva e prejudicial à fé cristã.

Ação concreta

As práticas supersticiosas denunciam a ausência de Deus na vida do homem. Se você tiver fé em Deus, ninguém poderá prejudicá-lo. Renuncie a toda superstição e acredite no poder de Deus!

ഔ ര

Senhor, perdoa-me por todas as vezes que não confiei em ti e me deixei seduzir
por superstições ou crendices. Ilumina a minha vida e santifica o meu ser.
Concede-me a paz e a plena confiança em ti, todos os dias de minha vida.
Amém.

Reflexão

Rotina é fazer tudo sempre igual, do mesmo modo. Para algumas pessoas isso é sinônimo de tédio, para outras, é garantia de segurança e disciplina. Na verdade, o que incomoda não é tanto a rotina, mas a monotonia. Quando as atividades são realizadas de modo automático, elas acabam influenciando negativamente nossa vida e até mesmo nossa saúde. Podem causar estresse e levar à perda do entusiasmo.

Muitas vezes a rotina é inevitável e, por isso, precisamos aprender a lidar com ela, descobrindo formas diferentes de fazer as pequenas coisas do dia a dia e impedindo que a vida se torne triste ou enfadonha. Se você está entediado com a **ROTINA** em sua vida, procure "renovar-se pela transformação espiritual da vossa mente" (Ef 4,23).

Ação concreta

Inove nas pequenas coisas, procurando mudar os hábitos corriqueiros. Vá a lugares novos, faça trajetos diferentes, cultive formas variadas de lazer e esteja aberto para conhecer outras pessoas. Viva intensamente a vida. Saia da rotina, criando algo novo todos os dias, por menor e mais simples que seja.

ഽ ⊗

Senhor, peço-te a graça da renovação mental e espiritual.
Desfaz, com tua unção e poder, toda e qualquer rotina que me
tenha entediado. Dá-me sabedoria para viver com entusiasmo,
buscando sempre a inovação e o aprendizado.
Amém.

Reflexão

Embora as pessoas evitem pensar e até mesmo falar da morte, ela está presente na vida de todos nós. Diante da imensa dor que é a perda de uma pessoa que amamos, a Palavra de Deus nos conforta e nos orienta: "Chora amargamente, faze a lamentação e observa o luto, segundo ele merece, durante um dia ou dois... e depois consola-te da tristeza" (Eclo 38,16-18). Quando se perde alguém, é preciso respeitar a própria dor, a tristeza e o luto, superando-o.

Superar o **LUTO** não significa esquecer, fazer de conta que nada aconteceu ou não sentir dor quando a pessoa falecida vier a sua lembrança, mas sim aceitar e seguir em frente. Seguir em frente é aprender a lidar com a ausência do outro, é lembrar e falar sobre a pessoa com a sensação de "paz". É retomar a própria vida!

Ação concreta

Diante da morte, recolha-se, chore, sinta a dor da perda. Permita-se sentir saudade do que viveram juntos. Dê ênfase às coisas boas que a pessoa deixou. Dessa forma, ela permanecerá eternamente no seu coração.

ஓ ❦

Senhor, liberta-me do sentimento de perda e afasta de mim a solidão.
Ajuda-me a viver com serenidade esta etapa de minha vida.
Restaura meu coração e liberta-me do sofrimento.
Ajuda-me a superar a dor, e que a saudade se torne uma singela lembrança.
Amém.

Reflexão

Depois de anos de trabalho e produtividade, chega a hora de se aposentar. Para muitos, a **APOSENTADORIA** significa perda de espaço e está associada à incapacidade e velhice. Para outros, é sinal de descanso e de liberdade. Se chegar à aposentadoria é algo que, em geral, parece desejável, na prática pode ser frustrante. Uma parcela significativa de pessoas que se aposentam, não sabe o que fazer com o tempo livre. Além da redução da renda, existe a sensação de ociosidade e de perda de importância social, o que pode abalar profundamente a autoestima. O segredo é não parar. A Bíblia relata que Abraão estava com 100 anos quando recebeu em seus braços o filho da promessa (cf. Gn 21,2). Moisés estava com 80 anos quando foi chamado por Deus para a maior missão da sua vida (cf. At 7,20-30). Não há idade para buscar a realização pessoal e a alegria de viver. Confie no Senhor "que guardará os teus passos, agora e para todo o sempre" (Sl 120,8).

Ação concreta

Prepare-se para este novo ciclo da sua vida. Crie uma rotina de atividades. Vivencie a aposentadoria como um momento de realização de projetos pessoais.

ഊ ര

Senhor, obrigado pelo dom da vida. Dá-me a graça de envelhecer
com sabedoria, maturidade e saúde. Que eu saiba aceitar o tempo,
compreender os fatos, sem nunca desistir de recomeçar.
Amém.

Reflexão

A **DEPENDÊNCIA TECNOLÓGICA** tem afetado a vida de muitas pessoas. Enquanto ela favorece o individualismo, o diálogo, a convivência, o auxílio ao próximo, a espiritualidade e até mesmo Deus são deixados, colocados em segundo plano. Diante desses dois extremos, é preciso buscar o equilíbrio, e isso é uma questão de disciplina, de colocar limites a si mesmo, agindo com moderação diante de qualquer tipo de excesso.

Manter o equilíbrio entre o mundo virtual e o real é fundamental para não se tornar escravo da tecnologia. Não podemos permitir que ela nos domine e faça de nós pessoas alheias à convivência humana e desconectadas de Deus. Convém refletir nas palavras de Paulo que disse: "A mim tudo é permitido, mas não me deixarei dominar por coisa alguma" (1Cor 6,12b).

Ação concreta

Reflita sobre o impacto que a tecnologia tem causado em sua vida e, se concluir que isso está interferindo nas suas atividades cotidianas e nos seus relacionamentos, é bom tomar cuidado. Busque a justa medida em todas as coisas e viverá melhor!

℘ ℘

Senhor, liberta-me da ânsia de viver conectado ao que está me escravizando.
Defende-me do individualismo, para que eu não me torne prisioneiro da
tecnologia e de mim mesmo. Ajuda-me a renunciar ao excesso
tecnológico e concede-me a virtude da temperança.
Amém.

Reflexão

"É errado pensar que o amor vem do companheirismo de longo tempo ou do cortejo perseverante. O amor é filho da afinidade espiritual e, a menos que esta afinidade seja criada em um instante, ela não será criada em anos, ou mesmo em gerações", escreveu Khalil Gibran, enaltecendo a importância da **AFINIDADE ESPIRITUAL** entre duas pessoas que estão enamoradas. Além da atração física, é ela que faz com que o casal vá se tornando cada vez mais "um só coração e uma só carne" (At 4,32).

O namoro é o tempo de conhecer o outro, à medida que ele vai se revelando e se mostrando. Cada pessoa provém de uma família diferente, foi educada de maneira diferente. A vivência e as experiências são próprias, os hábitos e os valores cultivados são distintos. Tudo terá que ser posto em comum, para que cada um conheça a história do outro. Nessa revelação própria de cada um ao outro, conhecendo-se e descobrindo-se, é de suma importância a verdade e a autenticidade.

Ação concreta

Nos seus relacionamentos afetivos, seja autêntico. Mostre ao outro aquilo que verdadeiramente você é.

℘ ℘

Senhor, deste-me a capacidade de amar e ser amado.
Permite-me descobrir a tua vontade na minha vida sentimental e
inclina meu coração para alguém que compartilhe dos mesmos sonhos e ideais
e tenha afinidade espiritual e emocional comigo.
Amém.

REFLEXÃO

Quem nunca passou por alguma **DESILUSÃO**? Nas amizades de muitos anos, na família, na vida profissional, no namoro, no casamento, na convivência com as pessoas da comunidade, enfim, a desilusão faz parte da vida.

Quando nos desiludimos, pressupomos ter nos enganado sobre algo ou alguém e que, em algum momento, criamos falsas expectativas com relação a nós mesmos, às pessoas, ou até mesmo com respeito a uma festa, evento, lugar ou outras situações. Apesar de dolorosa, a desilusão pode ser positiva, pois nos mostra que estávamos iludidos e que, agora, fomos despertados para a verdade e para uma nova realidade.

Não permita que a desilusão feche seu coração para o perdão e para o amor, ao contrário, "trate todos com humildade e amabilidade, com grandeza de alma, suportando-vos mutuamente com amor" (Ef 4,2).

AÇÃO CONCRETA

"Talvez você sofra inúmeras desilusões no decorrer de sua vida. Faça com que elas percam a importância diante dos gestos de amor que você encontrar" (Aristóteles Onassis).

*Senhor, derrama em meu coração a força do Espírito Santo
para que eu seja restaurado, curado de todas as desilusões,
e para que recupere a alegria de viver.
Amém.*

REFLEXÃO

Há uma certeza comum a todos os seres humanos: nascemos, vivemos e morremos. A experiência da morte evidencia a finitude humana e, embora seja feito esforço no sentido de prolongar a vida, não envelhecer, se distanciar da morte e, principalmente, não pensar nela, a **BREVIDADE DA VIDA** tem sido reafirmada. Diante da chegada, por vezes inesperada, da morte, muitos sentem a angústia de estar diante do desconhecido, do mistério. Sêneca, filósofo grego, dizia: "as pessoas passam o tempo todo reclamando que a vida é curta, que o tempo passa rápido, mas gastam a vida de modo como se fossem imortais".

Convém que façamos bom uso dos nossos dias, vivendo-os intensamente e de forma correta, uma vez que "não sabemos como será nossa vida amanhã, pois somos como uma neblina passageira que aparece por algum tempo e logo depois desaparece" (Tg 4,14).

AÇÃO CONCRETA

"A vida, se bem empregada, é suficientemente longa e nos foi dada com muita generosidade para a realização de importantes tarefas." Inspire-se nessas palavras de Sêneca e viva bem cada dia!

ೞ ಜ

Senhor, ensina-me a viver a brevidade dos meus dias com sabedoria,
fazendo em tudo a tua vontade. Que eu seja capaz de viver intensamente
o dia de hoje, como se fosse o último dia de minha vida terrena,
preparando-me para o encontro contigo.
Amém.

REFLEXÃO

"Deus nos fez simples e direitos, mas nós complicamos tudo" (Ecl 7,29b). **SIMPLICIDADE** não significa opção pela pobreza, e sim opção pelo essencial, pelo que é necessário. Jesus foi o mais simples dos homens e nos deixou preciosos ensinamentos a respeito da simplicidade. Sua vida foi simples, seus ensinamentos foram simples. A vida cristã é simples, a fé é simples, o Evangelho é simples, nós é que complicamos tudo.

Nossa mania de complicar tudo nos impede de ver a simplicidade nas coisas do Senhor. "Não existe grandeza onde não há simplicidade, bondade e verdade..." (Leon Tolstói), e Jesus viveu tudo isso. Deus quer que sejamos simplesmente como Jesus e, para isso, precisamos descomplicar nossa vida, carregando em nossa bagagem apenas o essencial para esta vida e para a eternidade.

AÇÃO CONCRETA

A arte da simplicidade é a conquista mais difícil para o ser humano, pois exige naturalidade e uma boa dose de pureza espiritual na forma como nos relacionamos com nós mesmos e com o mundo à nossa volta. Lute para conquistá-la!

Na simplicidade, encontra-se a verdadeira sabedoria de viver.

ஓ ಜ

Senhor, concede-me a força do Espírito Santo, para que eu descomplique minha vida e renuncie a todo tipo de excesso. Que eu viva com simplicidade e carregue em minha bagagem apenas o essencial para esta vida e para a eternidade.
Amém.

REFLEXÃO

"Pessoas com **DEFICIÊNCIA** são, antes de mais nada, pessoas. Pessoas como quaisquer outras, com protagonismos, peculiaridades, contradições e singularidades. Pessoas que lutam por seus direitos, que valorizam o respeito pela dignidade, pela autonomia individual, pela plena e efetiva participação e inclusão na sociedade e pela igualdade de oportunidades, evidenciando, portanto, que a deficiência é apenas mais uma característica da condição humana" (SNPD). Embora sejam muitos os desafios a serem superados, as pessoas com deficiência possuem dons e talentos peculiares, que lhes foram concedidos por Deus. Se essas dádivas forem bem trabalhadas, nenhum obstáculo físico ou mental poderá impedi-las de crescer. O importante é acreditar e procurar vencer os próprios limites. "Sejam quais forem os teus caminhos, pensa em Deus e ele aplainará tuas sendas" (Pr 3,6).

AÇÃO CONCRETA

A pessoa com algum tipo de deficiência espera ser tratada com respeito e dignidade. Por isso, sempre que for solicitado por qualquer pessoa assim, ajude-a e procure valorizar suas habilidades intelectuais e sociais.

෨ ෬

Senhor, somente em ti encontro a fonte de todas as superações e libertações.
Fora de ti, existem somente limitações e medos. Pelo poder do Espírito Santo,
proclamo com fé: "Tudo posso naquele que me dá força" (Fl 4,13).
Amém.

Reflexão

Segundo Santo Tomás de Aquino, "a prudência é virtude soberanamente necessária à vida humana", pois é ela que leva o ser humano a prever e a evitar os erros e os perigos. A pessoa prudente sabe, pronta e seguramente, o que convém dizer e fazer nas diversas circunstâncias da vida. O Senhor nos diz: "Meu filho, não escapem estas coisas de teus olhos: conserva a prudência e o conselho" (Pr 3,21), pois, "o homem sagaz discerne seus passos" (Pr 14,15).

A prudência é um dom de santificação que nos faz viver sob a orientação do Espírito Santo. **PRUDÊNCIA** não é medo, é discernimento. Essa é uma virtude que nos dá a capacidade de saber o que deve ser feito para alcançarmos um bom resultado, incluindo quando e como realizá-lo. Ela nos leva a agir com cautela, de forma justa e ponderada.

Ação concreta

Ser prudente é ver e perceber as coisas a partir da luz de Deus, fazendo a escolha certa, no momento certo. Quando tiver que tomar alguma decisão, procure guiar-se pela razão iluminada pela fé. Que Deus o abençoe e ajude nesse propósito!

෮ ෫

Senhor, concede-me o dom da prudência para que eu seja uma pessoa
sensata e precavida. Que eu seja capaz de agir com cautela e sabedoria,
atuando no momento certo e da forma certa.
Amém.

Reflexão

Ao tomarmos consciência de nossas más ações e das coisas que fizemos para prejudicar os outros, muitas vezes surge o **ARREPENDIMENTO**. O verdadeiro arrependimento consiste no reconhecimento do pecado, seguido pela tristeza no coração e culminando em uma mudança de comportamento. Esse é o primeiro passo para voltarmos à comunhão com Deus, mas só isso não basta. É necessário arrepender-se e corrigir os erros, "fazendo coisas que mostrem que você se arrependeu de seus pecados" (Mt 3,8).

Se você ofendeu alguém por palavras, busque o perdão. Se, com seus atos, prejudicou alguém, indenize-o. Reconstrua o que você destruiu. Se, por pensamentos, desejou o mal a alguém, reeduque-se. Converta-se e repare as faltas cometidas. Demonstre que você não quer mais continuar no caminho que leva à morte. Arrepender-se significa mudar. Significa deixar nosso caminho para seguir o caminho de Deus.

Ação concreta

O verdadeiro arrependimento requer mudança na mente e no coração! Pense nisso!

෨ ෬

Senhor, dá-me um coração contrito para que eu não cometa
os mesmos erros do passado. Perdoa-me e concede-me a força do
Espírito Santo, para que eu aprenda a viver conforme a tua vontade.
Amém.

Reflexão

"Tudo neste mundo tem o seu tempo... tempo de abraçar e tempo de afastar" (Ecl 3,1.5b). O **ABRAÇO** só faz bem, tanto para quem dá como para quem o recebe. Embora simples, é um gesto carregado de significados e sentimentos. Como sinal de amizade, amor e carinho, fortalece os laços afetivos e renova o ânimo das pessoas cansadas, doentes e desanimadas. Reconforta e consola corações sofridos, aflitos e desesperançados. Ampara tristezas, sustenta lágrimas e combate incertezas. Divide alegrias, conquistas e gera cumplicidade. Melhora relacionamentos, estimula a comunicação e aumenta o bem-estar das pessoas. Transmite apoio e solidariedade e faz com que as pessoas se sintam melhores.

Um simples abraço pode fazer toda a diferença. Muitas vezes é só desse afeto, dessa troca de energia positiva que uma pessoa precisa. Abrace mais, e sinta do que um abraço é capaz!

Ação concreta

Abraçar é acolher, é encontrar-se com o outro através do toque e do aconchego. Abraçar transmite um sentido de presença e de acolhimento. É um gesto simples, mas cheio de significados. Experimente o poder de um abraço!

ಲ ಐ

Senhor, muitas vezes fechei meus braços e não abracei quem estava ao meu lado. Fechado em meu egoísmo, deixei de sentir o poder de um abraço. Abre meu coração e o de toda a humanidade, para que, através desse gesto, restauremos relacionamentos e vidas.
Amém.

Reflexão

Somos orientandos pela Palavra de Deus a evitar os perigos: "Não ande por uma estrada cheia de perigos, a fim de não cair nas pedras" (Eclo 32,20). A vida é feita de ciclos. Há ocasiões em que tudo corre bem, e outras em que nos deparamos com **PEDRAS NO CAMINHO**. Quando surgem os percalços, muitas vezes julgamos os obstáculos intransponíveis e esquecemos que "no mesmo instante em que recebemos pedras em nosso caminho, flores estão sendo plantadas mais longe. Quem desiste não as vê" (William Shakespeare). As pedras estão ali por algum motivo, e precisamos estar atentos para reconhecê-las, aprendendo a ver em cada situação as lições que elas querem nos transmitir.

O ser humano jamais vence sem ter tido uma queda. As conquistas muitas vezes são precedidas de experiências amargas. O importante é ter fé e perseverar!

Ação concreta

Não queira pular etapas nem desista em épocas de crise. Diante das dificuldades, não cesse de lutar. Logo adiante, você encontrará as flores!

ഓ ര

Senhor, concede-me a força necessária para que eu aprenda
a lidar com as pedras que surgirem em meu caminho.
Que as experiências que hoje me fazem sofrer,
se transformem em ternas lembranças e grandes aprendizados.
Amém.

Reflexão

O ser humano tem o direito de viver e de conviver livremente. Por esse motivo, ele dispõe da liberdade de possuir diferentes visões de mundo, assim como de ter crenças e ideologias diversas. Cada pessoa possui o direito de ser aquilo que é e de continuar a sê-lo. Mas, para que haja um bom convívio entre todos, é necessária a virtude da **TOLERÂNCIA**, que nos leva não somente a reconhecer o direito a opiniões diferentes, como também nos enriquece no aprendizado com o outro. Sobre esta virtude Paulo escreve aos efésios: "com toda humildade e mansidão, e com paciência, suportai-vos uns aos outros no amor" (Ef 4,2). Perceba que o "suportar" é recíproco: "uns aos outros". Portanto, o caminho para relacionamentos saudáveis envolve reciprocidade e tolerância, cultivadas diariamente a partir de pequemos gestos, mas que fazem grande diferença!

Ação concreta

Alimente no dia a dia a tolerância, sem cobranças nem ressentimentos. Respeite o espaço do outro, a diferença de ideias e os limites pessoais, para que haja um bom convívio familiar, social e profissional.

෯ ෬

Senhor, dá-me um coração aberto e tolerante, sempre pronto a respeitar
o modo de ser, pensar e agir de cada pessoa que faz parte do meu convívio.
Que eu saiba respeitar o espaço de cada um.
Amém.

Reflexão

"Não entregues tua alma à tristeza, não atormentes a ti mesmo em teus pensamentos" (Eclo 30,21). É importante trabalharmos nossa capacidade de adaptação às circunstâncias da vida e à mudança, desenvolvendo flexibilidade de pensamento. Muitas pessoas ficam desapontadas com determinadas situações, que podem ser resultado de **ILUSÕES MENTAIS** criadas a respeito de como as coisas deveriam ser. Quando as coisas não acontecem como idealizadas, elas se frustram.

Ilusões mentais não expressam a realidade, são invenções que criamos em nossa mente, elaboradas por nossas crenças e forma de ver o mundo. Quando criamos determinadas ilusões e nos decepcionamos, ficamos presos a um estado negativo e somos impedidos de ir em direção ao que nos propusemos. Se isso acontecer com você, procure saber quais são as ilusões que está alimentando em sua mente.

Ação concreta

Conscientize-se e liberte-se de suas ilusões. Elas lhe dão uma visão errada da realidade e impedem você de agir construtivamente sobre determinada situação e de viver da maneira que pretende.

ಐ ಆ

Senhor, ilumina-me e afasta de minha mente toda ilusão criada
a respeito de alguma pessoa, fato ou situação. Concede-me a força
necessária para adaptar-me às mudanças e ajuda-me a viver de forma
consciente e livre, indo ao encontro dos meus objetivos.
Amém.

REFLEXÃO

Em suas orações Paulo pede a Deus que "a nossa caridade se enriqueça cada vez mais de compreensão e critério" (Fl 1,9). Quando compreendemos, amamos. Quando amamos, aceitamos o outro como ele é. O problema é que estamos cada dia sabendo menos de quem está ao nosso lado e, surpreendentemente, esperamos que os outros nos compreendam. Se entender aqueles que convivem conosco é difícil, muito mais difícil é apreender e estar de acordo com as pessoas com culturas totalmente diferentes da nossa. Acreditamos que o que é bom para nós, é bom para os outros e que somos detentores da verdade absoluta. Tendemos a considerar aquilo que serve para nós como norma para todos, e, assim, fica difícil levar em consideração e aceitar que os outros podem ver os fatos de outro ângulo.

A **COMPREENSÃO** vai além de simplesmente aceitar as ideias e atitudes diferentes das nossas. Entender o outro é criar empatia, procurando conhecer os sentimentos, as emoções e a dor que a pessoa está vivendo.

AÇÃO CONCRETA

Procure enxergar o outro com compaixão, como Jesus fazia. É com atenção, carinho e gentileza que nos tornamos pessoas compreensivas e criamos empatia para com o próximo!

☙ ❧

Senhor, tira do meu coração a incompreensão e a indiferença.
Que eu seja capaz de compreender a necessidade, os sentimentos,
as emoções e as dores dos meus semelhantes, segundo teu olhar.
Amém.

Reflexão

Vivemos numa sociedade impregnada pela **GANÂNCIA**. Muitas pessoas priorizam o dinheiro e o ganho material, colocando neles sua segurança. Sobre isso, Jesus nos alerta: "tenham cuidado com todo tipo de avareza, porque a verdadeira vida de uma pessoa não depende das coisas que ela tem, mesmo que sejam muitas" (Lc 12,15). A pessoa que estabelece seus objetivos de vida baseados prioritariamente em acúmulo de riquezas e prosperidade, nunca se satisfaz. Ao invés de conquistar a tão sonhada liberdade financeira, acabam se tornando escravas do dinheiro e dos seus bens. Do ponto de vista bíblico, a pobreza e a riqueza não são vistas como uma santa e a outra profana. Ser rico ou ser pobre não faz diferença no relacionamento com Deus. É possível que existam muitos pobres devassos e muita gente rica com um coração sincero diante de Deus.

Ação concreta

Se você tem o desejo moderado de melhorar financeiramente, saiba que não é pecado. Apenas é preciso vigiar para que esse desejo não se transforme em uma ganância cega que menospreze o amor a Deus e ao próximo.

৩ ০৪

Senhor, afasta de mim o apego exagerado ao dinheiro e aos bens materiais.
Abençoa minhas atividades econômicas e dá-me sabedoria
de honrá-lo nos momentos de carência e de fartura.
Que eu seja capaz de usar os bens que me concedes para bons propósitos.
Amém.

Reflexão

Jesus, que aceitou as pessoas rejeitadas pela sociedade, conviveu com elas, transformou suas vidas e restaurou sua dignidade, nos diz: "como meu Pai me ama, assim também eu vos amo. Permanecei no meu amor" (Jo 15,9). Para conviver bem com as pessoas, é fundamental desenvolver uma atitude de aceitação. Todo ser humano, sem exceção, necessita de aprovação e de aceitação, e tudo que contraria essa regra, pode se tornar um trauma em termos emocionais.

Toda forma de **REJEIÇÃO** deixa um vazio e causa ferida na alma. Olhe para Jesus, que também foi rejeitado (Is 53,3), e mesmo assim suportou a dor e cumpriu fielmente sua obra de redenção. Lembre-se de que a principal rejeição muitas vezes não vem dos outros, mas de dentro de nós mesmos e é resultado da falta de amor-próprio.

Ação concreta

A chave para vencer o sentimento de rejeição é deixar o medo de lado e acreditar no valor e na capacidade que você tem de atrair para sua vida coisas que o fará feliz, por isso, não perca seu sonho de vista.

෮ ෬

Senhor, cura meu coração magoado e ferido pela rejeição.
Liberta-me do sentimento de baixa autoestima e que
eu aprenda a me aceitar, valorizar e amar.
Amém.

Reflexão

O ser humano, quando se fecha em si mesmo e se recusa a participar do belo espetáculo da vida, vive a pior das solidões. No entanto, Deus não criou o homem para viver na **SOLIDÃO**. Somos seres sociáveis. Devemos amar, compartilhar e permitir que os outros nos amem! Somente com relacionamentos verdadeiros e com uma boa vivência comunitária, podemos vencer a solidão. Mas, se porventura, tivermos que atravessá-la, pensemos em Jesus, que passou por circunstâncias semelhantes e sabe o que estamos sentindo. O apóstolo Paulo quando estava preso, desamparado por todos, escreveu: "Ninguém me assistiu na minha primeira defesa, antes todos me desampararam... Mas o Senhor assistiu-me e fortalece-me" (2Tm 4,16-17). Embora Paulo estivesse fisicamente só, ele sabia que Deus estava com ele. O mesmo acontece conosco: diante dos momentos de solidão, Deus está ao nosso lado!

Ação concreta

Para superar os momentos de solidão, evite ficar só. Convide amigos para sair, visite alguém. Afaste os pensamentos negativos. Participe de um grupo que presta serviço à comunidade. Intensifique sua vida espiritual.

ഔ ര

Senhor, liberta-me da solidão que me oprime e me distancia das pessoas.
Enche meu coração de amor e ajuda-me a ir ao encontro dos irmãos
com alegria e na certeza de que nunca estarei só, pois tu estás comigo.
Amém.

REFLEXÃO

O educador Horace Mann fez referência à importância do tempo dizendo: "Perderam-se ontem, entre o nascer e o pôr do sol, duas horas de ouro, cada uma com sessenta minutos de diamante. Não se oferece recompensa porque se foram para sempre". O tempo é algo sagrado e precioso! Aproveitar bem o tempo significa viver cada coisa no seu momento oportuno. É usar o tempo com prudência, de forma ordenada, aproveitando com sabedoria cada momento único da vida.

Não deixe o dia passar como apenas mais um, pois "setenta anos é o total de nossa vida, os mais fortes chegam aos oitenta... o tempo passa depressa e desaparecemos" (Sl 89,10). Se as horas do dia não são suficientes para você fazer tudo que é preciso, é necessário que reveja e analise como está gastando seu **TEMPO**, que pode trabalhar contra ou a seu favor, dependendo da maneira como é utilizado.

AÇÃO CONCRETA

Aproveite bem o tempo que Deus lhe dá. Cada momento bem vivido será também muito abençoado.

ෂ ෬

Senhor, perante ti, que és o Senhor do tempo, reconheço o quanto ele é precioso.
Concede-me sabedoria para descartar as futilidades e utilizá-lo com coisas
que agregam valores, trazem benefícios aos outros e a mim também.
Abençoe-me para que as minhas boas obras
e ações fiquem eternizadas no tempo.
Amém.

REFLEXÃO

Muitas pessoas demonstram certa resistência em serem fiadoras de amigos e parentes. Ser a garantia da dívida de alguém é algo que envolve riscos e é preciso ficar atento às responsabilidades assumidas ao afiançar uma dívida. Fiador é "aquele que fia ou abona alguém, responsabilizando-se pelo cumprimento de obrigações do abonado". Assume, dessa forma, o compromisso: "se ele não pagar eu pago". Portanto, quem decide ser fiador, deve ter condições financeiras de assumir o ônus da dívida, caso o fiável não possa cumprir o prometido, caso contrário, "não aceite ser fiador de ninguém, porque, se você não puder pagar a dívida, levarão embora até a sua cama" (Pr 22,26).

Muitas amizades e relações familiares já foram rompidas por causa de um contrato de **FIANÇA**. Em caso de dúvida, procure um advogado de confiança para melhores esclarecimentos.

AÇÃO CONCRETA

Na hora de afiançar alguém tenha precaução! É fundamental que você conheça muito bem a pessoa para a qual você estará sendo fiador. Analise a condição financeira do afiançado e certifique-se se ele tem como arcar com o débito.

ಏ ಕ

Senhor, pela força do Espírito Santo, ajuda-me a ter consciência
dos riscos e responsabilidades que assumirei ao me tornar fiador.
Ensina-me a agir com cautela e prudência.
Amém!

Reflexão

"Davi mandou os chefes dos levitas organizarem seus irmãos cantores, para entoarem cânticos festivos acompanhados de cítaras, liras e címbalos" (1Cr 15,16). Quem não gosta de ouvir uma boa música? Uma bela harmonia musical alegra nossa vida e toca nossa alma. Através dela, podemos expressar sentimentos como amor, alegria, tristeza, saudade, sofrimento, gratidão e louvor.

A **MÚSICA** é capaz de promover a comunicação, o descanso, o relaxamento mental, a expressão e a introspecção. Estimula afetos, traz recordações, ajuda-nos a refletir sobre temas, assuntos do mundo e sobre nós mesmos. Ela está presente em todos os momentos bons ou ruins da nossa vida e tem o poder de tocar corações e até transformar comportamentos. Além disso, proporciona uma sensação de bem-estar e, por isso, tem sido usada por médicos, psicólogos e terapeutas como tratamento de diversos problemas, trazendo ótimos resultados.

Ação concreta

O ser humano tem a capacidade extraordinária de descobrir na música sons e melodias harmoniosas que abrem as janelas da alma, despertam a sua essência, e o auxiliam a viver em harmonia com o próximo e com Deus. Ouça, cante, dance e seja mais feliz!

৪৩ ৫৪

Senhor, ajuda-me a cultivar o hábito de ouvir e cantar músicas alegres
e cristalinas, que fazem bem para a saúde do corpo e da mente.
Amém.

Reflexão

Se você é do tipo que não se permite "escorregar" e tem dificuldade em admitir seus erros, saiba que "não existe no mundo ninguém que faça sempre o que é direito e que nunca erre" (Ecl 7,20). Errar não é nenhum drama. Faz parte da condição humana. O desafio consiste em aceitar isso e procurar não cometer o mesmo erro, pedir perdão, se for necessário, e seguir em frente. Quando tomamos consciência das nossas **FALHAS**, passamos a refletir sobre a situação e muitas vezes chegamos à conclusão de que poderíamos ter agido de forma diferente. Assim, vamos aprendendo, amadurecendo, adquirindo confiança e vislumbramos novas oportunidades.

A vida é constante aprendizagem e, quando não admitimos que erramos, estamos perdendo a chance de aprender algo novo. Entender o que levou ao erro é uma maneira de conhecer melhor a si mesmo, se aperfeiçoar e buscar o novo com tranquilidade.

Ação concreta

"O maior erro que você pode cometer é o de ficar o tempo todo com medo de cometer algum" (William Shakespeare). Siga confiante, sem medo de errar!

ஐ ଔ

Senhor, concede-me a força do Espírito Santo,
para que o medo de errar não me deixe paralisado, sem coragem de agir.
Quando eu errar, faz-me aprender com meus erros, erguer a cabeça
e seguir com confiança, pois tu estás ao meu lado, para me guiar.
Amém.

REFLEXÃO

Quantas vezes nos questionamos: Por que "justos são tratados conforme a conduta dos injustos, e injustos são tratados conforme a conduta dos justos" (Ecl 8,14)? Por que o Senhor permite que pessoas más sejam bem-sucedidas, criminosos fiquem livres, pessoas boas sofram, inocentes sejam condenados? Quando somos injustiçados, ficamos insatisfeitos, queremos "dar o troco", desejamos que a justiça seja feita. Pensando assim, nos tornamos reféns de sentimentos ruins e ficamos "presos" aos acontecimentos. Precisamos olhar pela ótica da soberania de Deus. Não sabemos como nem quanto tempo será necessário para nos recuperarmos de uma injustiça, mas Deus sabe como agir.

Se, para os homens, nem sempre prevalece a **JUSTIÇA**, aos olhos do Senhor nenhum ato censurável passa despercebido. Deus, que é justo, corrige qualquer injustiça sofrida neste mundo e faz triunfar a retidão.

AÇÃO CONCRETA

Jamais permita que uma injustiça prejudique sua espiritualidade ou enfraqueça sua fé! Coloque em Deus a sua confiança!

༄ ༅

Senhor, "Tu não és um Deus que tem prazer na injustiça" (Sl 5,5a).
Assim como Jesus que foi injustiçado pelos homens e enaltecido por ti
(cf. Ef 1,20-21), coloco em tuas mãos meu sofrimento e minha confiança.
Ensina-me a lidar com as injustiças.
Amém.

Reflexão

"Nem sempre são os corredores mais velozes que ganham as corridas; nem sempre são os soldados mais valentes que ganham as batalhas. As pessoas mais sábias nem sempre ficam ricas. As pessoas mais capazes nem sempre alcançam altas posições. Tudo depende da sorte e da ocasião" (cf. Ecl 9,11). Esta realidade é experimentada, em algum momento, por cada um de nós. A vida não segue um roteiro preestabelecido nem obedece a uma lógica. Não temos o controle de tudo. Os nossos desejos de sucesso, amor, saúde e muitos de nossos sonhos dependem, na maioria das vezes, da nossa entrega e perseverança, mas também da sorte e da ocasião.

Além do esforço pessoal, as chances que a vida oferece influenciam o resultado de nossas escolhas. Muitas coisas acontecem, apesar de nós e dos nossos planos. Quando menos se espera, o **INESPERADO** acontece. Qualquer instante pode ser a oportunidade da sua vida! Fique atento!

Ação concreta

Focalize as questões que lhe interessam e, ao mesmo tempo, esteja aberto aos acontecimentos imprevisíveis, inesperados ou surpreendentes.

ೞ ങ

Senhor, quando situações inesperadas acontecem, nem sempre
estou preparado para aceitá-las. Faz-me ter a percepção das
oportunidades que se apresentam, aproveitando-as plenamente.
Amém.

Reflexão

A vida é uma perene construção sob nossa responsabilidade. Nos relacionamentos humanos, há mais muros do que pontes. Quando construímos muros intransponíveis, dificultamos nossos relacionamentos e corremos o risco de ficar sozinhos. Muros representam separação, ressentimento, indiferença, inimizade, medo, dor, preconceito e insegurança. **PONTES** significam proximidade, solidariedade, união e confiança. Elas fortalecem relacionamentos, refazem amizades, trazem amor e perdão.

Enquanto existirem pontes, a vida terá boas possibilidades. Construir pontes é o principal caminho para encontrarmos o entendimento e termos um bom convívio com os outros. "Jesus, por meio do sacrifício do seu povo, derrubou o muro de inimizade que separava os judeus dos não judeus" (Ef 2,14b). Seguindo o exemplo dele, decida derrubar os muros que existem em seus relacionamentos, para construir pontes!

Ação concreta

Sejamos construtores de pontes carregando no nosso coração a esperança e na bagagem os sonhos de amor fraternal.

❧ ☙

Senhor, para que os obstáculos se tornem transponíveis,
coloca em meu coração o desejo de ser um construtor de pontes.
Ajuda-me a construir pontes fundamentadas no amor,
que encurtem distâncias e deixem a caminhada mais leve.
Amém.

Reflexão

"Não derrubem as árvores frutíferas... Comam dos frutos, mas não cortem as árvores; será que elas são seus inimigos para que vocês as destruam?" (Dt 20,19b-c). Deus determina ao homem a preservação da floresta, pois ela lhe fornecerá alimentos para a sobrevivência. Atualmente, ouve-se muito falar em sustentabilidade.

Afinal, o que é **SUSTENTABILIDADE**? Podemos dizer que é um conceito sistêmico que está relacionado com a continuidade dos aspectos econômicos, culturais, sociais e ambientais da sociedade humana. Na prática, é promover a exploração de recursos – naturais ou não – do planeta, procurando conservar o equilíbrio entre o meio ambiente, os seres humanos e toda a biosfera que dele dependem para existir. Todos nós somos responsáveis pela preservação dos recursos naturais e devemos fazer a nossa parte, a começar do meio em que vivemos.

Ação concreta

Incentive o crescimento econômico de maneira consciente, priorizando a qualidade de vida das pessoas e a preservação dos recursos naturais. Estimule a prática da reciclagem. Colabore com o planeta! Adote a sustentabilidade já!

※ ※

Senhor, ajuda-me a tomar consciência da necessidade de preservar o meio ambiente, que é o nosso bem mais precioso. Quero fazer a minha parte, colaborando para que a sustentabilidade seja uma realidade no meio em que vivo.
Amém.

Reflexão

"É na mente que nasce o pensamento, e dele brotam quatro galhos: o bem e o mal, a vida e a morte. E quem sempre manda em todos, é a língua" (Eclo 37,17-18). A **LÍNGUA** é um órgão importante na comunicação humana, porém, quando mal-usada pode se tornar uma arma poderosa e causar muitos males. Quem não pensa no que fala, pode ferir, magoar, denegrir, gerar intrigas e criar feridas profundas. O Senhor nos convida a refletir antes de falar, pois, da mesma boca procede bênção e maldição (Tg 3,9-10). Nossas palavras não podem ser jogadas ao vento. Da mesma forma que uma fagulha pode incendiar uma floresta, uma palavra irrefletida, mal colocada e mentirosa, pode destruir uma vida, uma família ou uma parcela da sociedade. Precisamos ser prudentes ao fazer uso das palavras. Paulo aconselha os colossenses a proferirem palavras agradáveis e equilibradas (cf. Cl 4,6).

A palavra boa e oportuna é como um bálsamo que reanima aquele que está triste, abatido, aflito e sem sonhos!

Ação concreta

Aprenda a dominar a língua, usando-a para abençoar a vida, as pessoas, a família e o trabalho. Palavras cativantes e edificantes trazem encorajamento, esperança e consolo.

*Senhor, pela força do Espírito Santo, ensina-me a domar
minha língua e pensar nas palavras que vou proferir.
Que minha boca seja testemunho de bênção e edificação.
Amém.*

Reflexão

Na vida há fases iluminadas e outras obscuras. A obscuridade está relacionada a coisas ruins, já a luminosidade diz respeito a tudo que é bom. A **LUZ** é o símbolo do conhecimento, da compreensão, do entendimento. Quando ficamos muitos dias sem ver o sol, devido à chuva e às nuvens, desejamos que o mesmo volte a brilhar. A chuva é necessária, porém, *"é agradável a luz do dia, é bom ver o sol"* (cf. Ecl 11,7).

Bom também é ver a luz de Deus, que é real e está ao alcance de todos. É a luz de Deus que ilumina nosso caminho e guia-nos através das noites escuras até um novo alvorecer. Ela é um bálsamo que cura as enfermidades da nossa alma, devolvendo a esperança em meio aos vales de sofrimento. A luz de Deus é uma força poderosa que existe para nos permitir enxergar situações obscuras, aquelas para as quais não encontramos saídas imediatas.

Ação concreta

Luz e sombra andam lado a lado e nos acompanham em todos os momentos da vida. Peça que Deus lhe propicie sempre a luminosidade, que a sombra seja pequena e que ele lhe conceda forças para superá-la, já que não podemos exterminá-la.

෨ ෬

Senhor, as trevas causam medo e insegurança. Ajuda-me a viver na luz.
Faz com que meu caminho seja "como a luz da aurora, que brilha
cada vez mais até a plena claridade do dia" (Pr 4,18).
Amém.

Reflexão

Ouvimos muito falar em *bullying*, sobretudo em ambientes escolares, onde alunos e adolescentes sofrem violências mascaradas na forma de brincadeira. Ele consiste na prática intencional e repetida de violência física, psicológica, verbal ou moral por parte de um grupo de pessoas contra uma única vítima ou um grupo pequeno de vítimas.

Para que possamos combater e prevenir esse mal, faz-se necessário o engajamento de toda a sociedade, trabalhando a valorização de princípios básicos como **RESPEITO** às diferenças, tolerância, solidariedade, convivência fraternal e acolhimento das pessoas, valorização da harmonia e da paz. Da carta de Pedro recebemos essas instruções: "Tratem a todos com o devido respeito" (1Pd 2,17a). "Todos", não há exceções. O respeito não é mérito, é dever!

Ação concreta

Respeite o próximo e colabore para contrapor a cultura da violência com a cultura da paz. Ela deve estar presente em qualquer contexto social e ser praticada por todos ao longo da vida. É assim que construiremos um mundo melhor!

෨ ෬

Senhor, faz-me compreender a importância do amor na sociedade,
na família e em todos os lugares. Dá-me a graça de respeitar o meu próximo,
tratando-o com bondade, respeito e compaixão.
Amém.

Reflexão

Quando tentamos administrar nossos problemas sozinhos e nos julgamos autossuficientes, muitas vezes ficamos angustiados. Não conseguimos mudar a nós mesmos nem enfrentar com tranquilidade as oscilações da vida, se não soubermos fazer uso da nossa **FORÇA INTERIOR**. Ser forte é algo necessário para vencermos os desafios que surgem no nosso caminho. Mas onde buscar forças, quando tudo parece conspirar contra nós? Em Deus, "que é nosso refúgio e a nossa força, socorro que não falta em tempos de aflição" (Sl 46,2). Deus mora em nosso coração e é dele que vem a força que se agiganta e nos torna capazes de superar as dores e as dificuldades. É também essa mesma força que nos move e nos impulsiona a agir e vencer na vida. Quem a descobre muda sua mentalidade, sua forma de ver os problemas e suas reações diante das situações adversas.

As situações podem até amedrontá-lo, mas Deus é maior e está em você!

Ação concreta

Confie e se abrigue no Senhor. Sua força interior e propulsora vem dele, por meio do Espírito Santo que habita em você!

ഌ ൟ

Senhor, concede-me a força necessária para não desistir
e seguir em frente diante dos constantes desafios. Que eu aprenda
a usar minha força interior para alcançar meu melhor desempenho.
Amém.

Reflexão

Deus deve ocupar o primeiro lugar na nossa vida, na nossa mente e no nosso coração. Temos de buscar o seu Reino em primeiro lugar, por isso, precisamos nos afastar das coisas que nos impedem de manter uma relação de salvação com ele. A ostentação da riqueza, a ganância e o desejo de aparecer são sentimentos que nos fazem amar o que é do mundo e nos lançam para longe do amor de Deus! "Porque tudo o que há no mundo, a concupiscência da carne, a concupiscência dos olhos e a ostentação da riqueza não vêm do Pai, mas do mundo. Ora, o mundo passa, e também a sua cobiça, mas aquele que faz a vontade de Deus permanece para sempre" (1Jo 2,16-17), e a vontade de Deus é que sejamos santos!

Diariamente, é preciso viver a **SANTIDADE** neste mundo onde predominam o consumismo, o egoísmo e que nos oferece tantas coisas que não nos levam a fazer a vontade do Pai.

Ação concreta

Os bons hábitos do humilde lhe permitem possuir sem ostentar. Peça que Deus lhe conceda esse dom e lembre-se de que a verdadeira felicidade consiste em viver segundo sua vontade.

༄ ༅

Senhor, fortalece-me com teu Santo Espírito, para que eu não ostente o luxo
nem busque o dinheiro a qualquer custo. Faz com que eu não busque
a admiração dos outros, através da ostentação de bens materiais.
Ensina-me a viver com discrição e simplicidade.
Amém.

REFLEXÃO

A pessoa justa que vive a **PUREZA** no seu coração sabe reconhecer e agradecer a bondade e a ternura de Deus por todas as coisas que acontecem em sua vida, sejam elas boas ou ruins. Ao contrário, quem não vive na presença de Deus e na justiça, não reconhece as grandezas dele; está sempre murmurando, reclamando e amaldiçoando; nada o satisfaz. É preciso purificar a alma e encher o coração com boa disposição, bondade e pureza para que nossa vida seja correta.

É bom lembrar que a pessoa de alma pura não se deixa levar pela competição, pelo orgulho e nem pela maldade! Ela vive na sua intimidade, mesmo que em meio ao sofrimento e à humilhação, o reconhecimento da mão de Deus em sua história, sua vida, sabendo que ele nunca a abandonará! Por isso, neste momento, peça como o salmista: "criai em mim um coração que seja puro, dai-me de novo um espírito decidido" (Sl 50,12).

AÇÃO CONCRETA

Busque a graça de ser uma pessoa de alma pura. Procure viver sem maldade no coração, tendo dentro de si repugnância em relação a tudo que é mau. Reconheça que Deus está acima de todas as coisas!

Senhor, torna-me sempre mais preocupado com a pureza do meu coração,
de modo que dele jamais saia a injustiça e a maldade. Ensina-me
a reconhecer e agradecer a bondade que tens para comigo.
Amém.

Reflexão

Somos peregrinos na estrada do mundo e, desde os primeiros passos, a queda é algo presente na nossa vida. Todos estamos sujeitos a tropeços, e cair não é privilégio de alguns. Para superarmos as quedas, precisamos ter a humildade de saber perder. Aceitar nossa limitação humana é sinal de sabedoria. Independentemente do que acontecer, podemos vivenciar muitos milagres através da **SUPERAÇÃO** e do recomeço. A vida é assim mesmo: altos e baixos, acertos e erros, alegrias e tristezas.

Quando você cair, levante-se rapidamente e siga seu caminho. Não permita que suas quedas o paralisem. "A vida pode até te derrubar, mas é você que escolhe a hora de levantar" (*Karatê Kid*), e é isso que faz diferença entre o sucesso e o fracasso na vida das pessoas. Faça de seus erros uma verdadeira escola de santidade. O "Senhor ajuda os que estão em dificuldade e levanta os que caem" (Sl 144,14), e através de seus ensinamentos nos leva a caminharmos firmes e seguros na direção dos objetivos que ele estabeleceu para cada um de nós!

Ação concreta

Acolha as suas quedas, mas não se deixe paralisar, lute, busque ajuda e permita-se ser ajudado.

Senhor, em meio às minhas quedas, restaura-me.
Cobre-me com tua graça para que eu não pare de lutar.
Acolhe-me em teu amor e me direciona no caminho certo.
Amém.

Reflexão

"Cada marido deve amar a sua esposa como ama a si mesmo, e cada esposa deve respeitar o seu marido" (Ef 5,33). O amor conjugal não é apenas um ímpeto do instinto ou uma emoção passageira. É um amor verdadeiro entre um homem e uma mulher que se entregam sem reservas. É um amor de partilha que requer paciência, respeito e dedicação. É um ato da vontade livre, em que é preciso querer amar e deixar-se ser amado.

No **AMOR CONJUGAL**, não há lugar para o egoísmo. Marido e mulher devem doar-se mutuamente, para tornarem-se um só coração e uma só alma. O importante é querer bem e desejar a felicidade do outro, empenhando-se para que isso ocorra. Se o amor for verdadeiro, existe cumplicidade, diálogo e perdão. "As turbulências não podem apagar esse amor, nem os rios afogá-lo, as crises e as tempestades da vida não podem destruí-lo" (cf. Ct 8).

Ação concreta

Amar é viver... é dar-se por inteiro, o tempo todo... é recomeçar sempre. Para que a união seja duradoura, cada um deve pensar na felicidade do outro, e tudo deve estar em sintonia com a vontade de Deus.

ೞ ଓ

Senhor, ajuda-nos a cultivar o verdadeiro amor conjugal.
Que possamos nos amar e fortalecer o respeito, o diálogo,
a compreensão e a paciência em nossa vida conjugal,
para caminharmos juntos, olhando na mesma direção.
Amém.

Reflexão

O profeta Isaías anunciou como seria o nascimento de Jesus, dizendo: "Portanto o Senhor mesmo vos dará um sinal: eis que uma virgem conceberá, e dará à luz um filho, e será o seu nome Emanuel/Deus conosco" (Is 7,14). **MARIA**, "uma simples moça do campo, levou no coração toda a esperança de Deus! Em seu ventre, a esperança de Deus se tornou carne, fez-se homem, fez-se história: Jesus Cristo" (Papa Francisco). Maria respondeu ao plano de Deus em todas as circunstâncias de sua vida. Por sua fé, ela deu seu "sim" ao Pai e abriu aos homens as portas do Paraíso, que se haviam fechado pelo pecado de Eva e de Adão (cf. Gn 3,23-24).

Aprendamos de Maria a ter um olhar de fé, em meio às alegrias, mas também diante das dores e angústias da vida. Imagine o sofrimento de Maria, diante da crucificação de Jesus! E qual a atitude dela? Ela permaneceu de pé, fiel e confiante de que o sofrimento do seu Filho traria a redenção ao mundo!

Ação concreta

Sejamos como Maria: fiel a Deus e a seu Evangelho em qualquer situação da nossa vida. Tenhamos sempre uma fé forte e sólida!

☙ ❧

Senhor, que a devoção a Maria me auxilie na fé e me leve a adorar e servir
ao teu Filho Jesus. Que eu possa seguir o exemplo de Maria mantendo-me
fiel à tua Palavra e confiante em meio à dor e ao sofrimento.
Amém.

REFLEXÃO

O consumo de **DROGAS** lícitas ou ilícitas faz parte do cotidiano de milhares de pessoas. Quando se recorre às drogas para fugir da realidade ou solucionar algum problema, em um primeiro momento pode-se ter uma sensação de bem-estar e conforto. Entretanto, depois que seu efeito passa, percebe-se que a situação continua exatamente a mesma, ou até pior, uma vez que a necessidade essencial não foi saciada. Essa prática tira do ser humano o domínio sobre si mesmo, e isso não é algo que corresponde à vontade de Deus.

Pesquisas apontam a fé como uma aliada na solução desse problema, pois Deus não só defende a vida, como também quer libertar os que são conduzidos à morte: "Liberte os condenados à morte, e não abandone os que são arrastados ao suplício. Aquele que vigia sobre a sua vida sabe de tudo..." (Pr 24,11-12b).

AÇÃO CONCRETA

Para livrar-se da dependência das drogas, é necessário querer e ter muita força de vontade. A coragem para vencer as inclinações aos vícios é encontrada na oração, nos grupos de apoio a dependentes químicos, em clínicas especializadas e na família. Viva a liberdade de ser um filho amado de Deus!

෨ ෬

Senhor, dá-me a força necessária para eu dizer não aos anseios da carne.
Vem em meu socorro e afasta de mim todo tipo de droga.
Que eu possa encontrar em ti a coragem para mudar de
vida e as respostas para meus dilemas.
Amém.

Reflexão

Ao ouvirmos a palavra **ESMOLA**, logo pensamos em algumas moedinhas que tiramos do bolso para dar a um pedinte na rua. Geralmente é aquele dinheiro que sobra ou um restinho do que temos. Mas a esmola, quando é vista como uma dádiva caridosa, é muito mais do que dar daquilo que se tem, é dar de si. É muito mais que assistencialismo, é dar vida, dignidade e devolver a esperança ao irmão assistido. É fácil dar algo material, porém, não há dom maior do que doar o tempo, compartilhar qualidades, ajudar os outros e principalmente dar amor sem esperar nada em troca, feito irmão.

Hoje, Deus diz para cada um de nós: "Filho, não prives da esmola o pobre; não desvies do pobre os teus olhos" (Eclo 4,1), ensinando-nos que pela esmola em si não iremos resolver os problemas sociais, mas que a verdadeira esmola deve ser a nossa atitude de doação gratuita em prol da promoção humana.

Ação concreta

Muito mais que doar dinheiro ou algum bem material, procure doar-se concretamente ao próximo.

೫ ಜ

Senhor, peço que me concedas o dom de doar-me gratuitamente,
ofertando meu amor, meu carinho e meu tempo.
Que minha esmola seja uma dádiva caridosa
e faça o bem àqueles que mais precisam.
Amém.

Reflexão

Deus nos criou para suportar níveis normais de tensão e pressão. A maneira como nosso organismo reage diante de determinadas situações, a sobrecarga de tarefas e responsabilidades, o excesso de preocupações e de cobranças (dos outros e as que fazemos a nós mesmos) podem ocasionar o **ESTRESSE** e afetar nosso equilíbrio emocional. Em muitas situações, a tensão é inevitável, e eliminar todo o estresse é difícil, mas podemos evitar que ele nos domine controlando nossas emoções, nossos pensamentos, nossa agenda e a forma como lidamos com os problemas.

Se você está vivendo além dos limites razoáveis de tensão, não permita que o esgotamento tome conta de você. As preocupações e as inquietações impedem que frutifiquemos. A oração e o cuidado da alma ajudam a aliviar as tensões, por isso, dirija seu pensamento ao Criador e peça que ele "livre o teu coração de todas as aflições e te afaste de todas as dificuldades" (cf. Sl 25,17).

Ação concreta

Busque o equilíbrio. Se for preciso, diminua o ritmo de suas atividades. Descanse o físico e a mente o máximo que puder. Relaxe seu corpo e tente dormir o suficiente para repor as energias.

෨ ෬

Senhor, liberta-me do esgotamento físico e mental, da obsessão pelo trabalho
e de tudo o mais que tira minha paz interior. Renova minhas forças,
para que eu possa dar um novo rumo à minha vida,
buscando o equilíbrio da mente, do corpo e da alma.
Amém.

REFLEXÃO

"Os grandes méritos não estão em fazer grandes coisas, mas em fazer com diligência e bem também as pequenas coisas" (Tiago Alberione). É na fidelidade às pequenas coisas que o nosso caráter é formado. Essa forma de proceder exige de nós força, determinação, coragem e paciência. Quando buscamos ser fiéis aos valores, ideais e princípios que norteiam o nosso viver, somos provados na **FIDELIDADE** e na resistência de realizar bem todas as coisas. Você pode se perguntar: O que significa ser fiel nas pequenas coisas? É fazer com amor e dedicação todas as coisas, muitas das quais meramente humanas, como: dormir, levantar, comer, trabalhar, brincar e divertir-se. É esforçar-se para realizar todas as atividades com boa intenção e com o desejo de agradar a Deus.

É no cuidado das pequenas coisas que alimentamos continuamente nosso amor ao Pai, que não se esquece daqueles que lhe são fiéis. "O homem fiel abundará em bênçãos..." (Pr 28,20), e a fidelidade está ao nosso alcance!

AÇÃO CONCRETA

Exerça com responsabilidade e seja fiel àquilo que você assumiu na família, na escola, na vida espiritual, no trabalho, com os amigos e na sociedade.

☙ ❧

Senhor, dá-me a graça de perseverar e ser fiel nas pequenas coisas do dia a dia.
Ensina-me a amar e fazer em tudo a tua vontade.
Amém.

Reflexão

Dormir bem é fundamental para a saúde e a qualidade de vida. Às vezes, passamos por momentos de angústia que acabam afetando nosso **SONO**. Ficamos noites em claro, nos reviramos de um lado para o outro e deixamos que a preocupação tire nossa paz. Perdemos o sono porque não aprendemos a descansar no Senhor. Precisamos aprender a habitar no esconderijo do Altíssimo (cf. Sl 91), porque nele há estabilidade, poder e paz. Deus é maior que tudo! Ele é poderoso para nos livrar de todo mal e nos sustentar na caminhada.

Nos momentos mais difíceis, o Senhor nos consola e nos faz repousar tranquilos e seguros. Ele cuida de nós o tempo todo, dando-nos sabedoria para lidar com as situações adversas.

Fortaleça-se na fé, para que em todos os momentos você possa dizer: "Quando me deito, durmo em paz, pois só tu, ó Senhor, me fazes viver em segurança" (Sl 4,9).

Ação concreta

Estabeleça uma rotina de sono e procure dormir sempre no mesmo horário. Exercite-se para ir acalmando o corpo e a mente antes mesmo de ir para a cama. Em oração, entregue suas preocupações a Deus e adormeça na certeza de que ele está na frente de tudo!

ೋ ಲ

Senhor, ensina-me a descansar em teus braços. Que os meus problemas fiquem em tuas mãos e eu possa dormir tranquilo, na confiança de que estás a meu lado para me assistir em qualquer situação. Que o meu sono seja suave e restaurador.
Amém.

REFLEXÃO

Diante da complexidade no atendimento a inúmeras pessoas que aguardavam horas na fila para serem atendidas por Moisés, e vendo que ele estava sobrecarregado, seu sogro Jetro lhe deu um conselho: "represente o povo diante de Deus, ensine a ele as leis, faça com que conheça o caminho a seguir e as ações que deve praticar. Escolha homens capazes, de bom caráter e tementes a Deus, e estabeleça-os como chefes do povo. Serão eles que julgarão as questões do povo. Os casos mais difíceis devem ser trazidos até você, mas os mais fáceis eles mesmos poderão resolver. Se você fizer isso, dará conta do trabalho" (cf. Ex 18,18-23). Moisés aceitou o conselho e, assim, colocou em prática um modelo de liderança utilizado até hoje. Ele aprendeu a agregar valores à **GESTÃO** de pessoas, descentralizando. Formou equipes, distribuiu tarefas, motivou as pessoas e gerenciou o andamento de seu projeto, sem sobrecarregar-se e sem perder o foco na Terra Prometida.

AÇÃO CONCRETA

Respeite e confie em sua equipe. Trabalhe o bom relacionamento interpessoal. Planeje as ações. Avalie o que foi realizado. Troque conhecimentos com os colaboradores e mentores.

ಐ ಆ

Senhor, faz com que eu não seja uma pessoa centralizadora,
sobrecarregada de trabalhos e responsabilidades. Que, assim como Moisés,
eu encontre mentores de grandes mudanças que me ensinem
e mostrem o caminho que devo seguir.
Amém.

REFLEXÃO

Quando se fala em vício, logo vem à mente cigarro, álcool e drogas. "Cada pessoa é escrava daquilo que a domina" (2Pd 2,19b), e vício é tudo que escraviza e cria dependência. Se existe algo que esteja tomando conta de nossa vida, a ponto de não vivermos sem isso, é porque nos tornamos seus dependentes. Há uma grande variedade de hábitos que podem viciar como, por exemplo, a dependência tecnológica, a compulsão por compras, a busca excessiva pelo dinheiro, o excesso de trabalho, os jogos, a pornografia etc.

Provavelmente a maioria das pessoas sofre de algum tipo de dependência, seja com respeito a hábitos adquiridos, seja com relação a substâncias químicas. Para muitos, o **VÍCIO** é o resultado de padrões comportamentais. Para se começar a ter algum vício, basta que uma primeira experiência seja repetida até se tornar incontrolável. Já para deixá-lo, é preciso ajuda e muita força de vontade. São muitas as vítimas que anseiam por cura e buscam forças para resistir à tentação.

AÇÃO CONCRETA

Se você se sente escravo de algum hábito, procure ajuda da família e de profissionais da área. Também busque conforto em Deus que, por meio de Jesus, quer libertá-lo de todo tipo de escravidão, proporcionando-lhe um novo caminhar.

ℬ ◌

Senhor, minha vontade é fraca demais para deixar os hábitos
que me prendem. Liberta-me da escravidão dos vícios
e concede-me a força necessária para que eu me corrija.
Amém.

Reflexão

Muito além de realizar a cura física, Jesus curava o interior das pessoas e mostrava o infinito amor de Deus por cada um de seus filhos. A **CURA INTERIOR** é um processo através do qual o Espírito Santo sara as feridas, traumas e lembranças que tiveram origem em algum acontecimento ruim do passado, dando-nos a oportunidade de vivermos de forma abundante. "A cura interior é uma espécie de chave para a cura total da pessoa. Da mesma forma, sem a cura interior não é possível ser curado de doenças físicas, tampouco experimentar a libertação" (Padre Rufus).

Se percebe que em seu interior há desajustes, você precisa ser restaurado. Busque forças, mesmo que aparentemente não existam mais, e conte com a ajuda de Deus, que "dá força aos cansados e enche de energia os fracos" (Is 40,29).

Ação concreta

Examine-se e procure identificar seus problemas, coloque-os na presença de Deus e permita a ação do Espírito Santo. Confesse seus pecados e os abandone. Não fique relembrando suas derrotas e fracassos. Busque a cura interior, e você será mais que vencedor em Cristo Jesus!

ଈ ଔ

Senhor, pela força do Espírito Santo, cura e restaura meu mundo interior.
Sara as feridas da minha alma e renova minha vida.
Retira todo trauma, sentimentos negativos, lembranças ruins e todo mal.
Restaura minha mente e cria em mim um coração novo.
Amém.

REFLEXÃO

A maturidade é essencial para amar. Sim! O amor exige entrega, compromisso, doação e renúncia. O maior exemplo de amor é o amor de Deus, que deve ser a base do amor que devemos ter para conosco e com o próximo.

Na **VIDA A DOIS**, muitas vezes a realidade é diferente daquilo que idealizamos. São duas pessoas que pensam e se comportam de maneira diferente. Todo relacionamento, principalmente no início da vida conjugal, exige uma adaptação de um ao outro. Muitas vezes essa adaptação é dolorosa, demorada e depende de cada uma das partes.

O amor é uma construção diária! O que vai fazer a diferença em um relacionamento é a decisão de cada uma das partes de querer fazer o outro feliz, mesmo que para isso sejam necessárias algumas renúncias. Só os maduros são capazes de se despir do seu egoísmo para se doar a um grande amor que "tudo sofre, tudo crê, tudo espera, tudo suporta" (1Cor 13,7).

AÇÃO CONCRETA

Você tem maturidade para viver o amor? Consegue doar-se para fazer o outro feliz?

Senhor, concede-me maturidade para viver a dois. Que eu seja capaz de construir um relacionamento baseado no amor e na doação em prol do outro. Que eu saiba adaptar-me às diferenças, contornando as dificuldades, manifestando sempre afeição e carinho por meu cônjuge.
Amém.

Reflexão

José é um exemplo de pessoa que viveu um relacionamento verdadeiro com Deus. Através da sua história, percebemos que Deus estava com ele, mesmo nas adversidades. Assim como José, precisamos aprender que o **COMPROMISSO** com Deus é a nossa identidade cristã que vem pelo Espírito Santo, nos leva a viver em função da sua vontade e nos ensina a priorizar o Reino de Deus.

Quando pensamos em compromisso, sabemos que essa é uma forma de assumir uma "obrigação" com alguém e com algum objetivo. Quando se ama alguém, você se compromete com esse alguém. Da mesma forma, se você se importa em obedecer a Deus, é porque é comprometido com a vontade dele. "Todos os caminhos do Senhor são graça e fidelidade, para aqueles que guardam sua aliança e seus preceitos" (Sl 24,10), no entanto, no mundo conturbado em que vivemos, será que lembramos da aliança com Deus, dos propósitos de viver na santidade e de acordo com a vontade dele?

Ação concreta

O compromisso que temos com Deus não é o mesmo que estabelecemos com o companheiro, com o chefe, com os amigos e com a família. Compromisso com Deus implica renúncia. Renúncia implica santidade, e santidade é fazer a vontade de Deus.

ಎ ಞ

*Senhor, perdoa-me pelas vezes que tratei as coisas do teu Reino
com indiferença, priorizando meus caprichos, desejos e vontades.
Ajuda-me a pensar e agir como Jesus, fazendo em tudo a tua vontade.
Amém.*

Reflexão

Jesus realizou muitos milagres através do toque de suas mãos, como é o caso do leproso, homem marcado pelo sofrimento físico e espiritual. Com fé, ele aproximou-se do Mestre e disse: "Senhor, eu sei que o senhor pode me curar, se quiser. Jesus compadeceu-se dele, estendeu a mão, tocou-o e lhe disse: 'Eu quero, sê curado'" (Mc 1,40-41). Para aquele homem, não havia recursos humanos que pudessem amenizar sua situação, e sua esperança estava depositada em Jesus. Muitas vezes, o mesmo acontece conosco. Os recursos humanos se esgotam e não encontramos solução para nossos problemas. Quando isso ocorrer, devemos ter a mesma atitude do leproso, aproximar-nos de Jesus e pedir que ele toque em nossa vida.

As pessoas tocadas por Jesus têm sua vida modificada, porque ele age naquilo que é humanamente impossível de realizar. Ao **TOQUE DE JESUS**, somos curados, restaurados e libertados.

Ação concreta

Não importa a sua condição, Jesus deseja tocar na sua vida e mudar a sua história para melhor. Assim como o leproso, aproxime-se dele e peça com fé: Venha tocar em mim, Senhor Jesus!

ʂɔ ᥃

Senhor, tenho tentado resolver meus problemas, mas não consigo
o resultado esperado. Com a mesma disposição do leproso,
peço-te: vem tocar em mim com tua mão poderosa.
Liberta-me dos meus pecados, cura-me e restaura-me com teu amor.
Amém.

Reflexão

Arno Allan Penzias, prêmio Nobel de física, declarou: "A astronomia nos introduz em um acontecimento singular, em um Universo que foi criado a partir do nada, um Universo dotado de um equilíbrio muito delicado, necessário para produzir exatamente as condições requeridas para a vida". Ao longo da história, muitos astrônomos e cientistas têm feito declarações semelhantes sobre a formação do **UNIVERSO**. A cada nova descoberta científica do complexo sistema que há no Universo, muitos estudiosos são levados a considerar que existe uma inteligência superior, por trás da origem de tudo.

Pela fé, nós, cristãos, "entendemos que o Universo foi criado pela Palavra de Deus, e aquilo que pode ser visto foi feito daquilo que não se vê" (Hb 11,3). Antes de existir o Universo, Deus já existia. Ele é senhor de toda a sua criação e é a palavra dele que tem o eterno poder da criação (cf. Is 55,6-11).

Ação concreta

Procure olhar para a criação além do que seus olhos alcançam. Olhe para o Deus vivo que está por trás dela, sem o qual a mesma não existiria!

※ ※

*Senhor Deus, criador do Universo, eu te louvo porque criastes o mundo
e tudo que nele existe, com perfeição e beleza. É maravilhoso pensar que aquele
que criou e sustenta tudo que há no Universo habita dentro de mim.
Obrigado, Senhor!
Amém.*

Reflexão

Se identificar sentimentos negativos como mágoa, rancor, amargura e estiver mantendo vivos, em sua mente, fatos e pessoas que o machucaram, você pode estar ressentido. **RESSENTIMENTO** significa sentir novamente. Significa relembrar e ruminar fatos que nos fizeram sofrer. É como carregar a pessoa que nos magoou e feriu amarrada a nós. Enquanto não a libertarmos, as consequências maléficas que repercutiram sobre nós mesmos serão devastadoras.

A pessoa que fica remoendo coisas ruins se autoprejudica e o ressentimento pode causar diversas doenças. Por outro lado, a pessoa que lhe causou todo esse mal não será em nada prejudicada.

O ressentimento é como uma ferida que precisa ser tratada. Se você não procurar curar-se, isso pode virar ódio. O ressentido, pouco a pouco, se torna alguém infeliz. Portanto, não permita que esse sentimento o devore completamente e o transforme num justiceiro. Lembre-se do que Paulo ensinou: "Mesmo em cólera, não pequeis. Não se ponha o sol sobre o vosso ressentimento" (Ef 4,26).

Ação concreta

Perdoe e liberte a pessoa que lhe causou sofrimento. Alivie-se desse peso. Você reencontrará a paz e viverá melhor!

ღ ღ

Senhor, é difícil para mim perdoar e esquecer o que foi feito.
Sinto-me magoado e ferido, mas, em obediência à tua Palavra,
eu perdoo e libero essa pessoa. Dá-me forças para esquecer o mal praticado.
Amém.

Reflexão

Se olharmos ao nosso redor, encontraremos um mundo repleto de belos discursos, palavras de amor e pregação do Evangelho, mas vazio de atitudes que demonstrem amor. Não basta pregar o Evangelho e amar com palavras. O Evangelho, cujo ensinamento maior é o amor, precisa ser traduzido em ação. Precisa ser acompanhado das obras, do cuidado e da atenção para com os mais necessitados e sofridos.

Para Jesus, a **CARIDADE** não se restringe a dar esmola. Praticar a caridade é despertar para os valores espirituais. É falar a linguagem do coração. Se ela não for praticada na unção do Espírito Santo, será mera filantropia, e não uma demonstração de amor ao próximo e a Deus.

A prática da caridade liberta-nos de interesses mesquinhos e faz-nos ver além de nós mesmos. Quando exercemos essa prática, exercitamos sentimentos nobres, que nutrem em nós e nas pessoas assistidas a esperança de um amanhã melhor. "Felizes são aqueles que ajudam os necessitados, pois o Senhor os ajudará quando estiverem em dificuldades" (Sl 41,2-3).

Ação concreta

Deixe fluir a bondade que existe em seu coração. Coloque-se no lugar do outro. Doe amor e nutra esperanças, fazendo com que seu semelhante vislumbre um amanhã melhor.

☙ ❧

Senhor, suscita em meu coração o desejo de praticar a verdadeira caridade cristã. Faz que, pela unção do Espírito Santo, eu ame, cuide e assista as pessoas sofridas e necessitadas.
Amém.

Reflexão

O tempo vai passando, seus amigos vão se casando e você permanece solteiro. O que há de errado nisso? Teoricamente nada, mas, para muitos, uma vida de solteiro mais longa significa planos e sonhos que ficaram para trás. Uma parcela significativa de **SOLTEIROS** acalenta o sonho de encontrar sua "cara-metade".

Apesar de ser grande o número de pessoas que acabam casando, não é necessariamente essa a vontade de Deus para todos. Se, para muitos, casar é um dom de Deus, para outros, ser solteiro também o é. Cada vez mais pessoas optam pela vida de solteiro, por escolha pessoal. A solteirice é considerada pela Bíblia como boa e Paulo orienta a respeito, dizendo: "Eu gostaria que todos fossem como eu. Porém, cada um tem o dom que Deus lhe deu. Aos solteiros e às viúvas eu digo que é melhor para eles ficarem sem casar, como eu. Mas, se vocês não podem dominar o desejo sexual, então casem, pois é melhor casar do que ficar queimando de desejo" (cf. 1Cor 7,7-9).

Ação concreta

Não se considere indigno por não estar em um relacionamento. Passe mais tempo com seus amigos e familiares. Foque no lado positivo de estar solteiro e seja feliz!

෨ ෬

Senhor, dá-me a graça do discernimento e da espera da manifestação
da tua vontade em minha vida. Sonda o meu coração e cuida de tudo.
Que, diante da minha vida de solteiro, eu seja uma pessoa
feliz e realizada, pois tu estás comigo.
Amém.

REFLEXÃO

Jesus, "Tendo despedido a multidão, subiu a um monte para orar. Ao anoitecer, ele estava ali sozinho" (Mt 14,23). Jesus deixava tudo que estava fazendo para ficar a sós com o Pai. E você, já parou um momento para falar com Deus hoje ou está atarefado demais para conversar com aquele que lhe deu tudo, inclusive a vida? Quando não estamos em comunhão com o Criador, podemos estar abrindo a porta para uma catástrofe em nossa vida.

Caminhar sem Deus é caminhar sem direção certa! Faça como Jesus, reserve alguns minutos do seu dia para estar **A SÓS COM DEUS**. Retire-se para um lugar longe da agitação e do barulho. Converse com Deus de coração aberto, sem máscaras, palavras bonitas e rodeios. Confidencie seus planos, sonhos e segredos. Ele ouvirá você! Não espere que alguma dificuldade surja para aproximar-se do Pai. Busque-o em primeiro lugar e você se sentirá espiritualmente forte e capacitado diante de qualquer situação.

AÇÃO CONCRETA

A oração é entre você e Deus, por isso, deixe de lado a televisão, o computador e o celular. Escolha qual o melhor horário e programe um tempo para estar a sós com o Pai.

ഽ ര

Senhor, quero estar na tua presença. Acalma meus pensamentos
e minha inquietude. Que eu encontre momentos para ficar a sós contigo e,
através da oração, conquiste o equilíbrio e a tranquilidade.
Amém.

Reflexão

Você está sempre ocupado? E, quando fica sem fazer nada, se sente mal, como se estivesse perdendo tempo ou fazendo algo errado? Ficar sobrecarregado e reclamar que a vida está corrida e que falta tempo parece ter virado moda. Quando nos perguntam: Como você está? Muitas vezes respondemos: Sempre correndo! Em vez de tornar nossa vida melhor, o excesso de trabalho e de atividades pode nos afastar do mais importante. Pessoas que estão sempre ocupadas raramente têm tempo para um encontro com os amigos, para o lazer, para ler um livro ou ficar a sós com Deus. Salomão diz em Eclesiastes 4,6: "Mas é melhor ter pouco numa das mãos, com paz de espírito, do que estar sempre com as duas mãos cheias de trabalho, tentando pegar o vento".

Viver bem não significa estar sempre atarefado. **DESOCUPE-SE** do que é menos importante e busque o equilíbrio!

Ação concreta

A melhor maneira de encontrar tempo para fazer as coisas é programando seu dia. Reserve um tempo para cada atividade e determine o propósito de cumpri-lo. Desocupe-se das agitações e encontrará tempo para Deus, para a família, para os amigos e para o lazer.

ஐ ෆ

Senhor, concede-me o discernimento necessário para desocupar-me
de tudo que toma meu tempo e não é essencial. Para viver em plenitude,
almejo alcançar o equilíbrio em todas as áreas de minha vida.
Amém.

Reflexão

A prosperidade é um dom de Deus. Prosperar não é somente ter as necessidades materiais supridas, mas significa obter bons resultados nas diversas áreas da vida. **PROSPERIDADE** tem muito mais a ver com as bênçãos de Deus do que com a riqueza material em si. Deus quer nos abençoar sempre e sua vontade é de que sejamos prósperos. Tudo que Deus nos dá é para usufruirmos e vivermos da melhor maneira possível, ajudando aqueles que necessitam e fazendo o bem a todos.

Muitas vezes ouvimos pessoas se queixarem de que levam uma vida miserável, mas percebemos que nem sempre elas vão à luta em busca de melhora. João enviou uma carta a Gaio dizendo: "Desejo que prosperes em todos os teus empreendimentos, que estejas bem e igualmente que tua alma prospere" (3Jo 1,2). Devemos manter nosso íntimo alinhado aos princípios e valores do Reino, para que a prosperidade, principalmente a material, não nos leve à ganância.

Ação concreta

Estude! Trabalhe! Economize! Busque a prosperidade, sem perder de vista os valores cristãos. Paute sua vida nos princípios e na vontade do Senhor, e será abundantemente abençoado.

☙ ❧

Senhor, sei que a tua vontade é que teus filhos sejam prósperos. Abençoa meus empreendimentos, minha vida espiritual e meus relacionamentos.
Amém.

REFLEXÃO

"Vigiai, pois, com cuidado sobre a vossa conduta: que ela não seja conduta de insensatos, mas de sábios" (Ef 5,15). Somos orientados, pela Palavra de Deus, a prestar atenção ao nosso comportamento. Conhecendo-nos melhor, ficamos aptos para promover as mudanças necessárias e transformar nossos pontos fracos, melhorando-os, ao mesmo tempo que ficamos atentos para potencializar nossas virtudes.

O **AUTOCONHECIMENTO** trata da busca do próprio eu. Com ele, "você vai descobrir que é um pouco santo e um tanto pecador; um tanto sábio e outro tanto tolo; um tanto mentiroso e um tanto honesto; um tanto qualificado e um tanto incompetente; um tanto alegre e um tanto triste. Mas aprenda a amar-se e a aceitar-se com a devida tolerância para consigo mesmo. Assim, os fantasmas da alma desaparecem e o seu verdadeiro eu pode erguer-se. Se você aprender a lidar com você mesmo, lidar com os outros será mais simples e você será feliz" (professor Felipe Aquino).

AÇÃO CONCRETA

Observe seu modo de agir e comece a perceber suas fraquezas e virtudes. O enfrentar-se, embora possa ser doloroso, é necessário para o crescimento humano.

೫ ೧

Senhor, ajuda-me a conhecer-me melhor e a ter clareza do que precisa
ser melhorado em cada área da minha vida. Que esse processo de
transformação leve-me ao encontro do meu verdadeiro eu.
Amém.

Reflexão

Um dos maiores problemas do homem é não saber esperar. Assim como a fruta precisa de tempo para amadurecer e o bebê demora nove meses para nascer, muitas das nossas carências demoram para serem supridas. Por vezes, a nossa impaciência torna difícil a prática da espera, que é a arte de aguardar com tranquilidade o **TEMPO DE DEUS**. Aquele que espera em Deus aprende a confiar e a colocar em suas mãos todas as situações da vida, crendo que o tempo dele é perfeito.

Embora nossa natureza humana queira que as coisas aconteçam de imediato, à medida que amadurecemos na fé, passamos a confiar e experimentar a fidelidade do Senhor. Assim, agimos como Abraão, que, mesmo não sabendo como e quando as promessas seriam cumpridas, "teve paciência e por isso recebeu o que Deus havia prometido" (Hb 6,15). O mesmo acontecerá conosco, desde que não permitamos que a desesperança e o cansaço nos façam desistir de esperar.

Ação concreta

Jamais desista de lutar pelos seus ideais. Acredite no poder de Deus e faça sua parte. Embora a hora de Deus não seja a mesma que a nossa, mais cedo ou mais tarde a resposta virá.

ஐ ಞ

Senhor, perdoa-me pelas vezes em que sou imediatista. Como Abraão,
dá-me a graça de confiar e aguardar que tudo aconteça no teu tempo.
Ensina-me a esperar por aquilo que planejaste para mim.
Amém.

Reflexão

Quando pensamos em **DESERTO**, vem à nossa mente um lugar árido e quente. Devido ao sofrimento e à falta de esperança, vez por outra, nos sentimos no deserto. Embora tentemos fugir dele, essa é a escola de Deus. No deserto, Deus vai moldando e trabalhando nosso interior, para depois agir através de nós. Ele nos faz trilhar por esses caminhos não para nos destruir, mas para nos purificar e nos fortalecer. No deserto, o Senhor nos afasta das coisas do mundo e nos fala ao coração; nossas forças desfalecem e passamos a depender mais de Deus.

Viver esse deserto é deixar Deus tocar em nossas fragilidades, misérias, medos e anseios, na certeza de que podemos ser libertos de todo mal. Não é preciso temer, Deus não nos prova além das nossas forças. É através do deserto que nos reencontramos com nós mesmos e com o próprio Deus, a ponto de dizer: Senhor, "foi bom para mim ter passado pela aflição, a fim de aprender vossos preceitos" (cf. Sl 118,71).

Ação concreta

Intensifique suas orações. Faça jejum e penitência. Se se sentir só e sem esperanças, busque o silêncio, no anseio de se encontrar consigo mesmo. Deus está contigo!

෨ ര

Senhor, diante de tanto sofrimento, sinto-me só e sem esperança.
Sei que a "tua graça me basta" (2Cor 12,9a), por isso te peço:
fortalece minha fé, firma meus passos em teus preceitos
e faz-me sentir a tua presença a meu lado.
Amém.

Reflexão

Sentir-se **EXCLUÍDO** por qualquer razão gera sofrimento. A sensação que temos é de que ficamos de fora, que não somos aceitos por determinadas pessoas ou grupos. Sentimo-nos isolados e rejeitados. David também passou por essa experiência, mas não se deixou abater. Ao se sentir aflito e abandonado, elevou ao Senhor suas lamúrias e encheu-se de esperança: "por causa de minhas feridas, os meus amigos não chegam perto de mim, e até a minha família se afasta. Apesar disso, eu ponho a minha esperança em ti, ó Senhor" (Sl 38,12.16a).

Se está se sentindo excluído, procure descobrir se isso acontece somente em relação a você ou se outras pessoas do seu meio são tratadas do mesmo modo. Observe também se não está autoexcluindo, e, assim, se há necessidade de mudar algo em si mesmo. A qualidade de suas relações depende da sua autoestima e da forma como você se comporta com os outros.

Ação concreta

Não se deixe abater. Procure interagir com as pessoas, expressando suas opiniões e pensamentos. Melhore sua autoestima, coloque um sorriso no rosto e faça novas amizades.

☙ ❧

Senhor, só tu conheces o meu coração, por isso, com fé e humildade, peço-te a graça da libertação do sentimento de ser excluído. Quero me relacionar com as pessoas de forma saudável, com serenidade e autoconfiança, tendo a real noção do meu valor e das qualidades que me tornam uma pessoa única e especial.
Amém.

Reflexão

O tempo, as pessoas, os bens materiais, as tribulações, a solidão, as frustrações, a saudade, a dor, a tristeza... **TUDO PASSA**. As alegrias, as vitórias, o sucesso, a fama, a beleza e a própria vida, também não duram para sempre. "Uma geração passa, outra vem... O sol se levanta, o sol se põe, apressa-se a voltar a seu lugar, em seguida, se levanta de novo. O vento vai em direção ao sul, vai em direção ao norte, volteia e gira nos mesmos circuitos" (Ecl 1,4-6). Essa é a dinâmica da vida. Tudo na vida é passageiro, por isso, precisamos viver cada dia intensamente. A vida é como uma brisa, que vai cumprindo seu curso natural. Vivê-la é um insondável mistério que nos move em busca do seu verdadeiro significado.

Cada manhã é uma nova oportunidade de assumirmos nossa condição de filhos de Deus. Reconhecer e aceitar isso nos leva a aceitar melhor o momento presente, em vista da eternidade.

Ação concreta

Diante das lutas, desafios e vitórias, lembre-se de que tudo passa. Procure viver intensamente cada fase de sua vida, sem se angustiar, mas também sem se acomodar.

※

Senhor, determinados momentos não são fáceis de viver, por isso te peço que
me sustentes e me ajudes a compreender e aceitar cada fase da minha vida.
Que eu não fixe meu olhar no que passa, mas eleve a ti meus pensamentos,
confiante de que tudo o que é essencial permanece.
Amém.

REFLEXÃO

Nossos pais, por um ato de amor, nos deram a possibilidade de vivermos e estarmos neste mundo. Muitos esquecem até mesmo de viver, tamanho o amor e doação que dedicam aos filhos. Tudo isso é feito com a mais pura gratuidade, porque aceitaram gerar uma vida e assim se tornaram corresponsáveis por ela. Já outros não assumem a paternidade de forma responsável e abandonam seus filhos, causando dor e sofrimento.

Deus nos diz: "honra teu pai e tua mãe, para que teus dias se prolonguem sobre a terra que te dá o Senhor, teu Deus" (Ex 20,12). Honrar pai e mãe é mais do que prestar-lhes obediência e respeito. Significa amá-los sem restrições.

Os filhos devem honrar os **PAIS** por pensamentos, palavras e ações. Muitos têm pais que não são dignos de respeito, e, por isso, nem sempre é fácil honrá-los com nossas próprias forças, mas devemos tentar fazê-lo, seguindo o exemplo de Jesus.

AÇÃO CONCRETA

Independentemente de seus pais merecerem ou não, respeite-os. "Dê-lhes ajuda material e moral nos anos de velhice, durante suas doenças e em momentos de solidão ou de abatimento" (CIC 2218). Quem assim age, faz a vontade de Deus e é abençoado!

Senhor, ensina-me a valorizar todos os momentos que estiver com meus pais.
Ajuda-me a honrá-los como se deve, tratando-os com gratidão, respeito
e carinho. Abençoa-os para que tenham uma velhice saudável e tranquila.
Amém.

Reflexão

A intolerância e a impaciência destroem muitos relacionamentos entre pais e filhos. Muitos pais, ao corrigirem seus filhos, usam palavras ásperas e negativas que criam mágoas profundas e um abismo no relacionamento. A Bíblia orienta que os "pais, não desanimem seus filhos!" (Cl 3,21). Se eles não conseguirem realizar uma tarefa, explique o que é certo e errado, com carinho e paciência. Eduque-os com firmeza, mas com a suavidade do amor, para que compreendam que quem ama corrige. Com bons exemplos, ensine-os a serem pessoas de bem.

Encoraje e **ANIME SEUS FILHOS**. Eles precisam de seu apoio e de suas lições sobre a vida, mas não cabe a você tomar decisões por eles. Fale de Deus para que eles o conheçam e aprendam a amá-lo. Assim, diante das dificuldades, eles não se sentirão sozinhos.

Ação concreta

Mantenha um diálogo franco e um relacionamento de confiança com seu filho. Se a relação estiver desgastada por conflitos e mágoas, perdoem-se. Elogie-o sempre que ele fizer algo de bom. Demonstre afeto e encoraje-o a lutar pelos seus sonhos.

※ ※

Senhor, eu te louvo e agradeço pela vida dos meus filhos. Dá-me paciência
e ajuda-me a amá-los e compreendê-los, ensinando-lhes o caminho certo.
Que sejamos capazes de criar um vínculo afetivo
que se prolongue em todas as fases de nossas vidas.
Amém.

Reflexão

Você se preocupa em **ECONOMIZAR** e garantir condições para ter uma aposentadoria confortável? Se sua resposta for não, é bom começar a pensar nisso! Faz parte da natureza humana prestar mais atenção no momento presente. Uma grande parcela da população não se prepara financeiramente para imprevistos nem para a velhice.

O envelhecimento é uma etapa normal da vida. O sonho de todos é ser um idoso saudável, com qualidade de vida e que não dependa dos outros. No entanto, o futuro não depende da nossa vontade e nem sempre a realidade é como a gente esperou. Já que ninguém sabe como será o dia de amanhã, o melhor é estar prevenido. Talvez você diga: Não sei se amanhã estarei vivo! E se estiver? Estará preparado para uma vida estável e tranquila economicamente? "Como acharás na velhice aquilo que não tiveres acumulado na juventude?" (Ecl 25,5).

Ação concreta

Estabeleça metas de poupança, baseado em seus rendimentos. Planeje sua casa própria. Faça suas contribuições mensais para a Previdência Social. Aproveite a entrada de dinheiro extra para aumentar suas reservas.

෩ ര

Senhor, ajuda-me a ter disciplina e mudar meus maus hábitos
com relação às finanças. Que eu seja capaz de modificar a
forma como trato meu dinheiro, economizando para realizar
meus sonhos e assegurando uma velhice tranquila.
Amém.

Reflexão

Em nossa jornada, encontramos muitos corações inquietos e angustiados por problemas pequenos e passageiros. Há outros ainda que sofrem a dor da ausência de amor, da falta de perdão e de atenção. Tais pessoas não conseguem serenar o coração e, por isso, não percebem o sentido real da vida.

A **SERENIDADE** é a virtude que nos faz manter a tranquilidade em qualquer circunstância. Ela nos dá forças para acolher o diferente, respeitar o outro, manter o equilíbrio nos relacionamentos e nos momentos difíceis. Com ela, aprendemos a ter o controle sobre nós mesmos e a ouvir a voz de Deus, que nos diz: "aquietai-vos e reconhecei: Eu sou Deus" (Sl 46,11a).

Pessoas serenas irradiam alegria, confiança e esperança, mesmo quando a vida as conduz por caminhos de lágrimas. Quem alcança a serenidade, descobre que tudo que é humano é frágil e limitado, assim, fixa o olhar no que permanece para sempre. Serenidade gera tranquilidade. Tranquilidade gera felicidade. A pessoa feliz faz os outros felizes!

Ação concreta

Seja paciente e cultive a serenidade em seus atos e palavras. Abasteça seu espírito com meditação e oração. Coloque sua vida em ordem e procure viver em harmonia.

༄ ༅

Senhor, faz com que a graça do Espírito Santo gere em mim um coração
"calmo e tranquilo, como uma criança amamentada no colo da mãe"
(cf. Sl 131,2). Quero permanecer sereno e confiante em ti.
Amém.

REFLEXÃO

Estamos na era do imediatismo. Queremos tudo agora e, ao mesmo tempo, almejamos ter saúde, alegria, felicidade, prosperidade. Não paramos para pensar o quanto demora para conquistarmos as coisas. O amanhã causa ansiedade. A pressa toma conta de tudo e de todos. Mal temos tempo para cultivar a convivência com a família e com os amigos. Temos pressa, muita pressa! E esquecemos que a demora, muitas vezes, nos prepara para algo ou alguma coisa maior.

Cada vez mais nos acostumamos com o **IMEDIATISMO**, que muitas vezes nos leva a tomar decisões erradas. Você se considera uma pessoa paciente? Ou é uma pessoa imediatista que quer as coisas para "ontem"? Se for imediatista, aprenda a "esperar no Senhor e faze o bem; assim permanecerás na terra e terás segurança. Põe no Senhor tuas delícias e ele te dará o que teu coração pede. Entrega ao Senhor o teu futuro, espera nele, que ele vai agir" (Sl 37,3-5).

AÇÃO CONCRETA

A crença de que tudo deve acontecer em um curto espaço de tempo pode gerar expectativas irreais e fazer com que você se frustre com os resultados. Agindo com cautela, você estará se poupando de muita dor, sofrimento e desgaste emocional.

ഽ ଓ

*Senhor, faz que, pela força do Espírito Santo, eu aprenda
a dominar meus impulsos. Dá-me paciência e ensina-me a fazer
tudo dentro das minhas possibilidades. Liberta-me do imediatismo.
Amém.*

REFLEXÃO

Pedro refere-se a Jesus como sendo uma pedra viva, preciosa e que faz parte da construção de um novo templo onde Deus habita (cf. 1Pd 2,4). Em seguida, ele nos qualifica na mesma linha, ao dizer: "vocês também são como pedras vivas na edificação de uma casa espiritual" (1Pd 2,5).

Jesus é a pedra angular que dá sustentação, rumo e firmeza à comunidade dos que nele creem e vivem segundo seu exemplo. Quando os cristãos formam uma comunidade fraterna, tornam-se pedras vivas que se movem no mundo, trabalham pelo Reino, relacionam-se com os irmãos e tecem laços de paz e aceitação mútua, manifestando com a própria vida a presença do Deus vivo. O resultado disso é comparado a um templo espiritual, onde as **PEDRAS VIVAS** vão sendo lapidadas e moldadas pelo Criador, para se tornarem cada vez mais semelhantes a Jesus. Você tem sido uma pedra viva ou pedra morta?

AÇÃO CONCRETA

Pedro nos orienta como devemos agir para nos tornarmos pedras vivas: agir com humildade, não pagar o mal com o mal, amar indistintamente a todos, perdoar, ser hospitaleiro, viver sem reclamar, administrar bem os dons que recebemos de Deus.

ഗ ⚘

Senhor, fortalece-me com teu Espírito para que eu me assemelhe a Jesus,
tornando-me uma pedra viva na construção do teu Reino.
Que eu seja capaz de manifestar a tua presença em minha vida,
criando laços de paz, amor e esperança onde eu estiver.
Amém.

REFLEXÃO

Não precisamos de um lugar especial nem de fórmulas mágicas para conversar com Deus. **REZAR É SIMPLES** e fácil. Quando o coração está em Deus, a vida se torna uma oração. Assim podemos rezar quando estivermos lavando a louça: "Lava-nos, Senhor, de nosso pecado"; ou sentados à mesa: "Senta conosco, Senhor, e abençoa nossas famílias"; ou quando estivermos entre amigos: "Senhor, não permitas que nos afastemos da tua presença, mas seja sempre nosso melhor e mais querido amigo"; ou quando estivermos semeando as sementes para as novas colheitas: "Senhor, queremos ser sementes de vida ali onde tu nos plantaste"; ou, ainda, quando estivermos sofrendo: "Senhor, posso perder tudo neste momento, mas, por favor, não me tire a fé" (Irmã Deuceli Kwiatkowski). Enfim, "faça tudo orando a Deus e pedindo a ajuda dele. Ore sempre, guiado pelo Espírito de Deus" (Ef 6,18a).

AÇÃO CONCRETA

Ter uma vida de oração é possível, mas requer disciplina. Crie o hábito de compartilhar com o Senhor cada pensamento, ato e momento do dia. Deposite nele sua confiança e siga sua jornada com fé.

୨୦ ଓଷ

Senhor, faz com que eu não me esqueça do privilégio que tenho de
conversar contigo em qualquer momento e em qualquer lugar.
Obrigado por poder estar na tua presença através das minhas petições
e do meu louvor. Capacita-me a cumprir o teu querer.
Amém.

Reflexão

Se a rotina tornou-se repleta de tédio e lhe falta prazer de viver, é porque você não tem parado para contemplar a beleza da vida. Saiba que, por trás de cada acontecimento, por mais simples que seja, se esconde uma beleza insondável e preciosa. Precisamos encontrar tempo para "contemplar as obras de Deus, que fez maravilhas entre os filhos dos homens" (Sl 65,5). Há tanto a contemplar!

Observar as cores, os sons da natureza, o despertar do sol, a folha que cai, a imensidão das estrelas e as maravilhas que norteiam nossa existência, traz encanto para nossa vida. Dialogar com os amigos, amar os desafios da vida, elogiar as pessoas, devolvem a alegria de viver. Ao contemplarmos a **BELEZA DA VIDA**, percebemos os momentos de alegria, beleza e magia do cotidiano, em que as pequenas coisas tornam-se um espetáculo aos nossos olhos e nos sentimos gratos e felizes.

Ação concreta

Dê valor àquilo que o dinheiro não compra. Conviva mais com seus familiares. Contemple a natureza. Valorize a beleza das coisas que aparentemente parecem insignificantes e aprenda a extrair delas estímulos para o seu dia a dia.

☙ ❧

Senhor, cura-me das minhas cegueiras e dá-me a graça de enxergar
com "teus olhos" a beleza da vida em cada acontecimento,
por mais singelo que seja. Quero tomar posse dessa graça, no tempo presente.
Obrigado por me fazer enxergar a beleza e a magia da vida.
Amém.

Reflexão

Todos querem estar perto de alguém amável, pois seu coração é acolhedor e, por isso, ele atrai as pessoas. Ao contrário disso, ninguém quer estar perto de uma pessoa arrogante, pois ela se acha superior e mais importante que os demais. A pessoa arrogante pensa que sabe tudo e se acha dona da verdade, por isso, tem dificuldade em seus relacionamentos. A Palavra de Deus nos instrui a respeito, dizendo: "não multipliqueis palavras de altivez, nem saiam coisas arrogantes de sua boca" (1Sm 2,3a).

Já a humildade faz de nós pessoas dispostas a aprender e nos abre para a opinião dos outros. Com ela, aprendemos que não sabemos tudo e que nem sempre estamos certos. Também nos faz entender que não somos nem melhores nem piores que os outros.

Ao agirmos com humildade, respeito e gratidão, conquistaremos o que há de mais precioso na vida: a **AMIZADE**, o respeito e o carinho das pessoas.

Ação concreta

Evite cultivar em seu coração a arrogância e o orgulho. "Se fores sábio, para teu proveito o serás, se fores arrogante, só tu sofrerás as consequências" (Pr 9,12).

ஐ ෴

Senhor, não permitas que eu seja arrogante.
Quero ser controlado e conduzido no meu pensar, no falar, no
sentir e no agir pela força transformadora do teu Espírito Santo.
Amém.

REFLEXÃO

Neste tempo de relativismo moral, parece que o bom nome não tem mais valor. Mas, para o cristão, ter um bom nome deve ser um alvo constante. Salomão é categórico ao dizer que "o bom nome vale mais que grandes riquezas; a boa reputação vale mais que a prata e o ouro" (Pr 22,1). Ter um bom nome é algo precioso. Significa ser uma pessoa íntegra e honrada. Nem todas as pessoas podem ser ricas, mas todas podem lutar para ter uma boa reputação e um **BOM NOME**.

A riqueza é uma bênção e a expressão da generosidade divina quando é fruto do trabalho honesto. Mas perder o bom nome e a estima para ganhar dinheiro é tolice, pois ambos valem mais do que grandes riquezas.

Ao contrário do "mau nome" que pode ser conseguido de um dia para o outro, o bom nome é construído ao longo da história de cada um e está baseado nas atitudes e no bom testemunho.

AÇÃO CONCRETA

O que sustenta e preserva o bom nome não é o dinheiro, o poder ou a fama, mas uma vida de retidão e santidade diante do Senhor. Zele pelo seu nome e pelo nome do próximo com responsabilidade e respeito.

ஐ ෬

Senhor, sei que nosso nome é algo precioso e tu nos chamas por ele (cf. Is 43,1).
Pela força do Espírito Santo, ajuda-me a zelar pelo meu bom nome.
Que eu tenha uma vida de retidão e santidade, sendo um
testemunho vivo do teu amor e da tua misericórdia.
Amém.

Reflexão

As coisas do mundo nos atraem. Somos motivados a ter um estilo de vida descompromissado, sem sofrimento e sem sacrifícios. Incentivados a aproveitar a vida ao máximo, muitas vezes nos distanciamos dos verdadeiros valores. Perdemos a paz, a dignidade e até mesmo nossa identidade. Assim como o filho pródigo, afastamo-nos do Pai e passamos a viver sem esperança. Mas, mesmo que vivamos em pecado, Deus nos ama. O amor de Deus é o amor que procura aquele que está perdido, que perdoa, que quer abraçar e devolver nossa dignidade de filhos.

Sempre que sentirmos que estamos caminhando para longe de Deus, devemos rever nossa vida e, arrependidos, trilhar o caminho da volta. Deus festeja nosso **RETORNO**. A Bíblia diz: "haverá mais alegria no céu por um pecador que se arrepende, do que por noventa e nove pessoas boas que não precisam se arrepender" (Lc 15,7).

Ação concreta

Todos nós pecamos. Quando reconhecemos que somos pecadores e, com o coração arrependido e contrito, voltamos para junto do Pai, somos recebidos de braços abertos e com grande festa. Será que estamos prontos para retornar?

ஓ ☙

Senhor, ajuda-me a reconhecer meus erros e a pedir perdão a quem ofendi.
Concede-me a força do Espírito Santo para que ele me leve a um verdadeiro
arrependimento, e, assim, eu possa trilhar o caminho de volta à tua casa.
Obrigado pela tua misericórdia.
Amém.

REFLEXÃO

Ao olhar o mundo e ver tanto sofrimento, muitas vezes nos questionamos: Se Deus é bom, por que ele permite tanto sofrimento? A resposta é simples: todo sofrimento, dor, guerra e tragédias não são obra de Deus. A maldade que existe no mundo é fruto das ações do próprio homem. "Deus sempre mostra quem ele é por meio das coisas boas que faz: é ele quem manda as chuvas do céu e as colheitas no tempo certo; é ele quem dá também o alimento para vocês e enche o coração de vocês de alegria!" (At 14,17).

Se olharmos atentamente ao nosso redor, veremos inúmeras demonstrações da bondade Deus. **DEUS É BOM** e deu-nos a vida! Deus é bom e tem cuidado de nós! Deus é bom e tem nos livrado das angústias! Deus é bom e deu-nos o maior presente: Jesus! Deus é bom também nas dificuldades, porque, quando pedimos a ele que a sua vontade seja feita, estamos dando liberdade para ele nos mudar.

AÇÃO CONCRETA

Procure olhar o mundo com o olhar de filho de Deus. Mesmo em meio às aflições, reconheça a bondade do Pai, que "age em todas as coisas para o bem daqueles que o amam, dos que foram chamados de acordo com o seu propósito" (Rm 8,28).

෨ ෬

Senhor, diariamente tu me sustentas com muitas bênçãos.
Abre meus ouvidos e meu coração para reconhecer tua
bondade, teu poder e tua presença em minha vida.
Amém.

Reflexão

Vivemos diariamente uma guerra espiritual. Diante de tantas forças do mal que lutam para nos derrubar, Deus nos faz uma promessa cheia de amor: "Nenhum mal te atingirá, nenhum flagelo chegará à tua casa" (Sl 90,10). Quando nos sentirmos abalados e confusos diante da realidade em que vivemos, peçamos que **DEUS NOS LIVRE** da inveja, do rancor e da ganância. Deus nos livre do comodismo e da insensibilidade. Deus nos livre de sermos pessoas grosseiras e prepotentes. Deus nos livre da incredulidade e do individualismo. Deus nos livre das atitudes e pensamentos que condenam. Deus nos livre das palavras que machucam e do silêncio que mata. Deus nos livre do orgulho que discrimina e exclui. Deus nos livre do ódio e da falta de perdão. Deus nos livre de não aceitarmos Jesus como Salvador. Deus nos livre de não acreditarmos na sua Palavra e no seu amor por nós. Deus nos livre de nos afastarmos do caminho que conduz à vida.

Ação concreta

Quem se apoia em Deus vive sem medo, porque confia naquele que vence todo mal. Reze constantemente a oração do Pai-Nosso e peça com fé: Senhor, livra-nos do mal! Onde entra a luz de Deus, as trevas não permanecem.

ಜ ಄

Senhor, esteja comigo na minha caminhada diária. Fortalece-me
com o teu Santo Espírito e livra-me de todos os males. Concede-me
a tua paz e guarda minha mente e meu coração em Cristo Jesus.
Amém.

Reflexão

Paulo relata aos gálatas quem somos para Deus: "A fim de que nós pudéssemos nos tornar filhos de Deus, e para mostrar que vocês são seus filhos, Deus enviou o Espírito do seu Filho ao nosso coração, o Espírito que exclama 'Pai, meu Pai'. Assim, vocês não são mais escravos, vocês são filhos. E, já que são filhos, Deus lhes dará tudo o que ele tem para dar aos seus filhos" (Gl 4,5-7).

Veja que maravilha: somos filhos e herdeiros de Deus! Fomos feitos com amor, por amor e para o amor. "Deus nos trata como filhos, nos compreende, nos perdoa, nos abraça e nos ama. Devemos ter a coragem da fé e não nos deixar conduzir pela mentalidade que nos diz: Deus não serve, não é importante para você. É exatamente o contrário: somente comportando-nos como **FILHOS DE DEUS**, sem desanimar com as nossas quedas, com os nossos pecados, sentindo-nos amados por ele, a nossa vida será nova, animada pela serenidade e pela alegria. Deus é a nossa força! Deus é a nossa esperança!" (Papa Francisco).

Ação concreta

A relação de filiação com Deus deve ser alimentada todos os dias, através da escuta da Palavra, da oração, dos sacramentos, da penitência, da Eucaristia e da caridade.

༄ ༅

Senhor, é maravilhoso saber que sou teu filho amado.
Perdoa-me e enche meu coração com o teu Santo Espírito.
Ajuda-me a fazer a tua vontade e amá-lo sobre todas as coisas.
Amém.

Reflexão

Você já prestou atenção num *reality show*? As pessoas que participam desse tipo de programa são vigiadas 24 horas por dia. Em nossa vida acontece o mesmo. É o Senhor que diz: "Ninguém pode se esconder num lugar onde eu não possa ver. Vocês não sabem que estou em toda parte, no céu e na terra?" (Jr 23,24). Muitos pensam que podem fazer o que quiserem, pois ficarão impunes de suas injustiças. Esquecem que Deus é onisciente e **ONIPRESENTE** e que seus olhos estão sobre nós. Ele conhece os mínimos detalhes da nossa vida e sabe tudo o que se passa ao nosso redor. Sabe até mesmo quando perdemos um único fio de cabelo. Ele sabe o que fazemos, conhece nossos pensamentos e o que está no nosso coração. Não há lugar no Universo onde Deus não esteja. A presença dele é contínua ao longo de toda a criação. Ele tudo vê, tudo sabe e tudo pode. Nenhuma maldade escapa a seus olhos.

Portanto, o melhor que temos a fazer é viver segundo os ensinamentos de Deus e colocar nossa vida em suas mãos. Ele é poderoso para cuidar de tudo!

Ação concreta

Não nos podemos esconder de Deus, pois ele é onipresente, e nem enganá-lo, pois ele é onisciente. Peça a Deus para sondar sua mente e o seu coração e endireitar os seus passos.

ஐ ෬

Senhor, tu sabes exatamente quem eu sou, o que penso e o que faço.
"Sonda-me... E vê se há em mim algum caminho mau e guia-me
pelo caminho eterno." Desejo ser guiado por ti (cf. Sl 139,23-24).
Amém.

Reflexão

Com o passar dos anos, olhamos para nosso corpo e vemos que ele vai ficando mais fraco. Os olhos, os ouvidos, as dores nas articulações, a memória, a fraqueza nas pernas e tantas outras mazelas e doenças fazem-nos pensar na falência de nosso organismo. Não nos admiremos, é normal. Do pó viemos e ao pó voltaremos. Esta é a lógica da vida, porém, "não devemos desanimar. Mesmo que o nosso corpo vá se gastando, o nosso espírito vai se renovando dia a dia" (2Cor 4,16). Devemos cuidar do **CORPO**, sem descuidar do homem interior. Devemos aceitar com naturalidade o desgaste físico e criar condições para que sejamos fortes na fé e no amor. Devemos viver felizes e com gratidão em qualquer época da vida, procurando trilhar o caminho de Deus e buscando a santidade. Não desfaleçamos por causa das doenças e problemas do corpo, porque "nós somos cidadãos do céu e estamos esperando o Salvador, que transformará o nosso corpo abatido, para ser conforme o seu corpo glorioso" (cf. Fl 3,20-21).

Ação concreta

É desejo do Pai que desfrutemos de boa saúde física, mental e espiritual, por isso devemos cuidar do nosso corpo, mas sem exageros. Não permita que o cuidado excessivo com o físico faça você negligenciar sua vida espiritual.

೨ ೧

Senhor, afasta as doenças do corpo, da mente e da alma.
Dá-me saúde e a plenitude de vida em Cristo Jesus.
Amém.

Reflexão

Quando o filho faz alguma coisa errada ou revela algum mau comportamento, o pai corrige-o e lhe aplica a disciplina necessária, para que mais tarde ele não sofra as consequências de seus erros. O pai faz isso porque ama o filho e quer que ele ande no caminho do bem. Assim é Deus com relação a nós. Quando fazemos algo que não está nos seus planos, ele nos corrige para que voltemos ao caminho que leva até ele. "Quando somos corrigidos, isso no momento nos parece motivo de tristeza e não de alegria. Porém, mais tarde, os que foram corrigidos recebem como recompensa uma vida correta e de paz" (Hb 12,11).

Temos dificuldades em aceitar as correções, principalmente quando queremos que Deus resolva nossos problemas, mas que não interfira no nosso caráter. Porém, quando a vontade de Deus se manifesta e tudo se vai encaixando, somos moldados na fé, passamos a entender as dificuldades, o silêncio e os "nãos" de Deus. Aceitar sua **CORREÇÃO** é reconhecer nossa natureza de filhos.

Ação concreta

Amar não é fazer todas as vontades. Amar é cuidar, proteger e querer o bem. Se Deus está corrigindo, é porque você está fazendo algo de errado e precisa mudar.

෨ ര

Senhor, obrigado pelas correções que tens feito em minha vida.
Mostra-me o que preciso mudar para viver de acordo com tua vontade.
Sinto alegria em saber que estás olhando e cuidando de mim.
Amém.

Reflexão

DEUS EXISTE? Por mais que se tente, não se pode provar ou deixar de provar a existência de Deus, pois é algo que está além de provas. Devemos aceitar, pela fé, o fato de que Deus existe. Assim diz a Escritura: "Os seus atributos invisíveis... são claramente vistos desde a criação do mundo" (Rm 1,20). Aqueles que observam atentamente a obra da criação concluem que a mão que fez tudo isso é divina. Também há evidências de Deus em nosso coração. Ele se faz presente na consciência e intuição do homem, na distinção do bem e do mal, no testemunho da Palavra e na sua manifestação em Jesus Cristo, que se fez homem e veio morar entre nós.

No fundo, a grande maioria das pessoas reconhece a presença de Deus e acredita que há algo além deste mundo. Para o cristão, as evidências providenciais de Deus e Jesus são suficientes para crer na sua existência. Não precisamos de provas. Porque cremos, sentimos sua presença em nossa vida. Sabemos que ele sustenta o Universo e tudo que há nele, pois tudo é obra de suas mãos.

Ação concreta

Podemos até negar a Deus, mas mesmo assim a sua presença estará em nós. Com Deus, há explicações para todos os acontecimentos. Sem Deus, fica um vazio que precisa ser preenchido.

※ ※

Senhor, dá-me o dom da fé. Ajuda-me a crer em ti,
mesmo quando as circunstâncias sejam contrárias. Que eu sempre
contemple a maravilha da tua criação e lhe dê graças por ela.
Amém.

Reflexão

RÓTULOS são úteis e foram criados para identificar e informar o conteúdo dos produtos. O problema está no fato de se colocar rótulos nas pessoas, como, por exemplo: Zeca é riquinho, Maria é antipática, José é mau pagador, Carlos é preguiçoso.

A depender do tipo de rótulo que a pessoa recebe, ele pode denegrir a sua imagem. Rotular é limitar. É fazer com que sentimentos, qualidades e ações sejam definidos por apenas uma característica. E isso pode causar dificuldade nos relacionamentos, criar obstáculos, inserir sentimentos de hostilidade e distanciar as pessoas. Pode ainda criar conflito, incentivar o racismo e a discriminação.

Rotular as pessoas nos impede de vê-las como realmente são. Deus não rotula nem discrimina ninguém. Para ele, o que importa é o que está no coração de cada um. Nas Escrituras Sagradas está escrito: "Ame os outros como você ama a você mesmo. Mas, se vocês tratam os outros pela aparência, estão pecando..." (Tg 2,8-9). Somos seres únicos e devemos respeitar nossas diferenças, amando-nos uns aos outros como Cristo nos amou!

Ação concreta

Não fique preso a rótulos que lhe impuseram e evite ter esse tipo de atitude com outras pessoas. Aprenda, com Jesus, a fazer do conteúdo de cada coração um futuro de novas alegrias.

෨ ෬

Senhor, quero aprender de ti a olhar para o conteúdo do coração
de cada pessoa. Liberta-me de rotular os outros e também de ser rotulado.
Desenvolve em mim o amor incondicional por todos os meus irmãos.
Amém.

Reflexão

Errar faz parte da condição humana e não é nenhum drama. Conscientemente ou não, todos nós falhamos em algum momento. O problema não está em errar, mas em insistir no erro e não querer mudar. "Deixar de cometer erros está fora do alcance do homem. Entretanto, de seus **ERROS** e enganos, o sábio e o homem racional adquirem experiência para o futuro" (Plutarco).

Segundo a Bíblia, "não existe no mundo ninguém que faça sempre o que é direito e que nunca erre" (Ecl 7,20). Em Jesus, temos o modelo perfeito de como deve ser nossa conduta, porém, pela força e esforço meramente humanos torna-se impossível segui-lo e imitá-lo. Somente pela graça e misericórdia de Deus nos tornamos pessoas melhores. Este é o desafio: reconhecer nossas imperfeições, aprender com nossos erros, procurar não cometê-los novamente, pedir perdão e seguir em frente. Quando reconhecemos que somos falhos e escolhemos fazer o que é certo, erramos menos, e isso muda muita coisa à nossa volta.

Ação concreta

Faça diariamente uma revisão do que se passou nas últimas 24 horas. Se constatar que cometeu algum erro, procure repará-lo, arrependa-se, peça perdão e siga em frente.

ೞ ೞ

Senhor, pela graça do Espírito Santo, capacita-me a ser cada dia uma pessoa melhor. Ensina-me a reconhecer minhas imperfeições e a aprender com meus erros. Capacita-me a fazer as mudanças necessárias para me assemelhar cada dia mais a Jesus.
Amém.

Reflexão

A corrupção atinge diversos setores da sociedade. Como um vírus, ela se propaga e causa muitas vítimas. Enquanto uns enriquecem e conseguem o que almejam à custa de negociações que prejudicam pessoas inocentes, outros sofrem com as mazelas sociais, por terem sua vida pautada na honestidade e na dignidade.

Combater a **CORRUPÇÃO** não é tarefa fácil, pois estamos lidando com a ganância humana, mas é necessário, como nos orienta o profeta Isaías: "Aquele que procede bem e diz a verdade, que não quer um benefício extorquido, que não quer tocar um presente corruptor, que fecha os ouvidos aos propósitos sanguinários e cerra os olhos para não ver o mal. Semelhante homem habitará nas alturas, e terá por asilo os rochedos fortificados; seu pão lhe é dado e a água lhe é assegurada" (Is 33,15-16). Permita-se conquistar o que você almeja de maneira honesta e justa. Corrupção é crime, e nenhum tipo de crime compensa.

Ação concreta

Se alguém lhe propuser um negócio vantajoso que envolva atitudes reprováveis, resista. Confie nas promessas de Deus e espere nele. O Senhor abençoará sua fidelidade e honrará sua fé.

༄ ༅

*Senhor, concede-me a força necessária para resistir
e não me deixar envolver em negociatas ilícitas.
Tira do meu caminho pessoas desonestas e corruptas, que me podem fazer pecar.
Que eu viva de forma honesta, honrada e seja fiel aos teus preceitos.
Amém.*

Reflexão

As crises nos relacionamentos crescem cada vez mais. Ao mesmo tempo que as pessoas estão se entendendo cada vez menos. Muitas vezes, em meio aos inúmeros afazeres diários e preocupações, facilmente esquecemos algo que é essencial: a arte de dialogar. O diálogo franco é um dos promotores da harmonia, do amor e da solução de grande parte dos problemas nos nossos relacionamentos. É imprescindível que a comunicação interpessoal se faça privilegiadamente pela palavra verbalizada. Quando mantemos um bom diálogo, aprendemos a nos conhecer melhor, passamos a nos ajudar mutuamente, corrigimos nossas falhas, vencemos as dificuldades, cultivamos o amor e o benquerer.

Na maioria das vezes, o **DIÁLOGO** é o ponto de partida para que a verdade de cada um, os sentimentos, as reações e as decisões venham a fluir. "A palavra certa na hora certa" (Pr 15,23b) promove o bom entendimento e o fortalecimento do amor, que é a base de tudo.

Ação concreta

Maximize seus relacionamentos através do diálogo. Por meio dele, construa pontes com as pessoas que você ama. Dialogue com seus familiares, amigos e parentes. Manter um bom diálogo é importante para uma vida saudável.

ஒ ෲ

Senhor, ensina-me a compartilhar pensamentos e sentimentos. Ensina-me
a dialogar com as pessoas para que a comunicação seja sempre satisfatória.
Amém.

Reflexão

Abortos, roubos, sequestros, desrespeito no trânsito, homicídios, corrupção, tráfico de drogas e de pessoas, exploração de menores, são formas de **VIOLÊNCIA** a que muitos são submetidos diariamente. Cada vez mais, a vida humana está sendo agredida e violada. Os direitos fundamentais da pessoa, como a igualdade e a dignidade, são gravemente desrespeitados. Diante de tudo isso, muitas pessoas começam a achar natural que essa questão da violência seja resolvida pela força. Porém, "não será com a força, nem com o poder e sim com o Espírito de Deus" (Zc 4,6b) que tudo isso pode ser vencido.

Combater a violência com mais violência não é uma boa solução. O que fazer, então, se não é possível conviver com esse tipo de situação? Jesus nos mostra como devemos agir e diz que são "felizes os que promovem a paz, porque serão chamados filhos de Deus" (Mt 5,9). O respeito pela vida exige a prática da não violência e a promoção da paz.

Ação concreta

Seja um pacificador de conflitos. Faça o que estiver a seu alcance para que, da discórdia, brote a harmonia. Promova a paz e o bem em todo e qualquer lugar!

ஐ ஜ

Senhor, faz de mim um instrumento na promoção do respeito, da justiça, do bem e da paz. Pela força do teu Espírito, quero ser apóstolo da não violência.
Amém.

REFLEXÃO

Nas relações humanas, é comum o desejo de fazer o bem àqueles que nos querem bem. Por outro lado, quando temos alguém que nos causa algum mal, queremos retribuir na mesma moeda. Jesus, porém, nos diz: "Amai vossos inimigos, fazei o bem aos que vos odeiam, orai pelos que vos perseguem, pois Deus faz nascer o sol tanto sobre os maus como sobre os bons, e faz chover sobre os justos e sobre os injustos" (Mt 5,44-45). Para muitos, isso causa espanto e incredulidade. Como amar os **INIMIGOS**, se temos dificuldades de amar até aqueles que nos amam? Como encontrar forças para perdoar quem nos persegue e prejudica? Jesus não nos ordena nada do que ele mesmo não tenha feito! Ele amou seus inimigos. Perdoou e amou todos indistintamente e ordena que façamos o mesmo. Não é fácil colocar em prática esse ensinamento, porém, o Espírito Santo nos fortalece e nos ajuda nessa missão.

Se procurarmos amar como Jesus amou, o mundo será melhor!

AÇÃO CONCRETA

Se houver alguém que você considere seu inimigo, siga esses passos: perdoe essa pessoa com sinceridade de coração. Depois, faça uma oração e entregue a situação a Deus. Por último, liberte essa pessoa da sua opressão e, assim, se sentirá mais livre e feliz.

ಸಿ ಲ್

Senhor, dá-me forças para perdoar e esquecer o que me foi feito.
Sinto-me ofendido e amargurado. Livra-me desse sentimento
ruim e ensina-me a amar como tu nos amas.
Amém.

REFLEXÃO

A vontade compulsiva de comprar pode estar associada a um distúrbio psicológico conhecido como **ONEOMANIA**. Assim como o alcoólatra é viciado no álcool e o fumante é dependente do cigarro, o oneomaníaco é viciado em comprar. O desejo desenfreado pela aquisição de produtos leva a pessoa com essa síndrome a perder o controle e comprar mais do que precisa e, principalmente, mais do que pode pagar.

O oneomaníaco é incapaz de controlar seus gastos financeiros. A Palavra de Deus adverte sobre isso ao dizer: "O homem sensato tem o suficiente para viver na riqueza e na fartura, mas o insensato não, porque gasta tudo o que ganha" (Pr 21,20).

Embora seja difícil resistir aos apelos consumistas da mídia, que estimula a comprar, exercitando o autocontrole podemos evitar gastos desnecessários, mantendo o equilíbrio financeiro e a tranquilidade.

AÇÃO CONCRETA

Se você perceber que está sofrendo desse mal, saiba que existem muitas outras pessoas na mesma situação. A boa notícia é que existe tratamento terapêutico para ajudá-lo a superar a compulsão por compras, reencontrando, assim, o equilíbrio.

ஓ ଓ

Senhor, concede-me os meios necessários para exercer o autocontrole
e resistir aos apelos consumistas que causam desequilíbrio financeiro.
Ensina-me a viver de acordo com meus rendimentos e a distinguir
o que é prioridade do que é supérfluo. Guia-me na tua verdade.
Amém.

Reflexão

Certamente você já sentiu **VAZIO INTERIOR**, que pode ser traduzido por vazio espiritual. Muitas pessoas se encontram nessa situação. Não sabem o que querem nem encontram sentido na vida. Não possuem projetos para o futuro e não têm vontade de fazer nada. Vivem desmotivadas, insatisfeitas e desiludidas.

Há muitos que tentam preencher esse vazio com trabalho, relacionamentos virtuais, comida, aquisição de bens materiais, porém, logo percebem que isso não funciona. O vazio que sentem é preenchido apenas momentaneamente, e logo volta a dar sinais de que continua lá no íntimo. Para que esse vazio seja realmente preenchido, precisamos nos questionar e entender o porquê da situação. Esse é um processo que provoca sofrimento, mas a sensação de fechar ciclos e recuperar a esperança e a alegria de viver é benéfica e traz aprendizados valiosos para aqueles que resolvem fazer essa escolha. Lembre-se sempre do que Jesus falou: "No mundo tereis aflições (crises)... mas, tende bom ânimo! Eu venci o mundo" (Jo 16,33).

Ação concreta

Peça que Deus preencha seu vazio interior com a luz do Espírito Santo. Anime-se e procure ver as inúmeras oportunidades e coisas boas que existem para serem vividas.

૭ ૭

Senhor, diante de tantas indagações, fragilidades e dúvidas,
fortalece-me em teu amor. Ajuda-me a encontrar respostas e preencher
o vazio interior que me faz sofrer. Cura-me e restaura-me!
Amém.

Reflexão

Sentir falta de um abraço, de uma palavra de carinho, de apoio, faz parte da condição humana. O problema é que não fomos treinados para lidar com nossas **CARÊNCIAS** afetivas. Muitos acreditam que a única forma de supri-las é namorando ou casando. Mas não é assim! Ter uma companhia não é sinônimo de sentir-se realizado e feliz. Quando nos sentimos carentes, devemos olhar para outros setores da nossa vida e reconhecer o afeto dos familiares, dos filhos e dos amigos. Se aprendermos a reconhecer nos pequenos gestos uma atitude afetiva, nos sentiremos mais felizes.

Mesmo que as pessoas não lhe deem o reconhecimento que você merece, lembre-se de que você tem um valor enorme para Deus, que o ama e o conhece profundamente. É o Senhor que lhe diz: "Meu filho, faze o que fazes com doçura, e mais do que a estima dos homens, ganharás o afeto deles" (Eclo 3,19).

Ação concreta

Não espere suprir suas carências para ir ao encontro do outro. Quer um abraço? Abrace! Quer carinho? Seja carinhoso! Quer atenção? Dê atenção! Quer receber um sorriso? Distribua sorrisos! Um dia a vida vai lhe recompensar.

        ଛ୨   ଓଃ

Senhor, tenho sede de amor, mas raramente quero ser fonte desse amor. Ajuda-me a amar mais, sorrir mais, abraçar mais e dar mais atenção a quem vive a meu lado. Ensina-me a ver e reconhecer, nos pequenos gestos, uma atitude afetiva.
Amém.

Reflexão

Gestos de carinho são importantes na vida de todos nós. Para muitos, receber carinho é sinônimo de ser aprovado, querido, aceito e amado. Carinho chama **CARINHO**, e ele pode ser expresso através da escuta, de um abraço, de um sorriso ou até mesmo nos fazendo presentes num momento de vulnerabilidade.

A recomendação de Paulo é que "nos amemos mutuamente, com afeição terna e fraternal" (Rm 12,10a). É o amor que nos dá coragem e determinação para sermos pessoas melhores a cada dia. O carinho é uma das formas de demonstrar a força do amor. Palavras e atitudes de carinho nunca são demais e não custam nada! Gestos carinhosos trazem benefícios aos outros e a você. Palavras afetivas ajudam a aumentar a autoestima e o bem-estar.

Ação concreta

Dedique algum tempo para acolher, confortar e demonstrar carinho às pessoas que fazem parte da sua vida. Se sentir vontade de dizer a alguém o quanto ele é importante, diga. Se sentir que o outro precisa de um abraço, abrace.

Senhor, ajuda-me a ser uma pessoa mais sensível
no tratamento com as pessoas que estiverem a meu redor.
Que o meu coração esteja repleto do teu amor,
para que de minha boca saiam palavras afetivas.
Que eu tenha atitudes carinhosas e seja capaz de contagiar a todos.
Amém.

Reflexão

A vida é o bem mais precioso que Deus nos concedeu. Nossos dias são como joias raras que colecionamos a cada amanhecer. Cada momento é algo mágico e cabe a nós torná-lo ainda mais marcante. Se, por um lado, a vida é forte e intensa, por outro, ela é frágil e pode terminar num segundo. Não viva na ilusão de que a vida é longa, interminável, que sempre haverá tempo para tudo. Não guarde a sua alegria e as suas expectativas para amanhã. O amanhã pode nunca chegar. "Não te prives de um dia feliz, e não deixes escapar nenhuma parcela do precioso dom" (Ecl 14,14).

Faça de hoje um **DIA ESPECIAL**. Perdoe, ame, abrace, sorria, viva com entusiasmo e responsabilidade, seja competente, construa seus sonhos. A vida é como uma viagem fantástica e agora é o momento certo para vivê-la plenamente. Fazer, de cada dia, um dia especial, vai depender mais de você do que dos outros!

Ação concreta

Não espere por ocasiões especiais para ter um dia especial. Faça de hoje o dia mais importante de sua vida, porque você está aqui, vivendo e construindo sua história.

෨ ෬

Senhor, obrigado por mais este dia que me deste. Que a cada minuto eu seja capaz de lembrar que a minha vida é preciosa e que o dia de hoje existe para que eu seja feliz. Que eu seja compreensivo, paciente e tenha um coração repleto de amor. Faz de cada dia um dia especial.
Amém.

Reflexão

Reclamar e murmurar não traz a solução para nenhum tipo de problema, só cria outros. Há muitas pessoas que estão habituadas à **RECLAMAÇÃO** e que, por isso, perdem oportunidades e deixam passar as coisas boas da vida, devido a sua insatisfação. O mundo está cheio de gente que reclama de tudo. Que tal "exercer a hospitalidade uns para com os outros, sem reclamar" (1Pd 4,9)? Que tal começar a pensar no que não está bom em sua vida e no que pode ser feito para mudá-la? Que tal enfrentar os desafios determinado a vencer? Que tal dar graças a Deus por estar vivo? Que tal observar as oportunidades e esquecer as decepções? Que tal fazer as coisas com entusiasmo e alegria, em vez de ficar choramingando? Que tal parar de se lamentar pelo que não deu certo e começar a planejar um futuro melhor? Você traz dentro de si todas as condições necessárias para que isso ocorra. A escolha está em suas mãos!

Ação concreta

Desafie-se a não reclamar por 48 horas seguidas. E, toda vez que reclamar, comece a contar as horas novamente. Ao fazer isso, irá tomar consciência das suas reclamações e poderá ter atitudes que o ajudem a mudar isso, passando a queixar-se menos.

෮   ෬

Senhor, livra-me do espírito de reclamação e murmuração.
Ajuda-me a desviar meu olhar das coisas negativas que me causam desconforto.
Que eu receba com alegria e gratidão o milagre de cada novo dia.
Amém.

Reflexão

Embora nem sempre seja um sentimento negativo, pois muitas vezes a raiva nos ajuda a estabelecer determinados limites e a falar o que sentimos, muitas pessoas se deixam dominar por ela, de tal forma que perdem a razão e o controle de si mesmas. Assim como uma faísca tem o poder de incendiar uma floresta inteira (cf. Tg 3,5b), um momento de raiva tem o poder de nos fazer "explodir", perder o controle e magoar alguém.

A **RAIVA** pode afetar nossa capacidade de raciocinar com clareza e nossas emoções, provocando conflitos inúteis e destruidores. A esse respeito, a Palavra de Deus nos diz: "Se vocês ficarem com raiva, não deixem que isso faça com que pequem e não fiquem o dia inteiro com raiva" (Ef 4,26). É importante descobrir o que nos faz perder o controle e, com paciência, remover o que está desencadeando esse sentimento. Com esforço, somos capazes de controlar nossas emoções!

Ação concreta

Se perceber que sua raiva está fora de controle diante de determinada situação, retire-se por alguns minutos até acalmar-se. Evite que esse sentimento corrosivo se acumule dia após dia. Para dominá-lo, exercite a paciência, a tolerância, a humildade e o perdão.

ഌ ൛

Senhor, não permitas que a raiva se instale em meu coração. Pela força do Espírito Santo, faz frutificar em mim o domínio próprio, a mansidão e a paz. Ajuda-me a ter atitudes e sentimentos de acordo com tua Palavra.
Amém.

Reflexão

Na vida, temos ao nosso dispor um manual de orientações para bem viver, que é a Bíblia. Ela contém todas as informações necessárias para que possamos conhecer o Criador, viver dignamente aqui na terra e ganhar a vida eterna. Nela, encontramos as instruções de como receber e reter aquilo que nos faz feliz. Ela orienta como devemos agir para termos saúde física e espiritual. Também ensina qual deve ser nossa forma de proceder na família, na sociedade, na carreira e nas finanças, para conquistarmos o equilíbrio. Encontramos, ainda, soluções para os dilemas que enfrentamos ao longo da vida e respostas para muitos de nossos questionamentos. Seus **ENSINAMENTOS** nos levam a viver com tranquilidade, esperança e confiança.

Portanto, aceite o conselho que Deus recomendou a Josué: "Estude este livro dia e noite e se esforce para viver de acordo com tudo que está escrito nele. Se fizer isso, tudo lhe correrá bem, e você terá sucesso" (Js 1,8).

Ação concreta

Leia diariamente um trecho da Bíblia. Aos poucos, você entrará na dimensão das coisas extraordinárias do Reino e descobrirá o amor, a misericórdia e o plano de Deus para sua vida.

๛ ๛

Senhor, que o Espírito Santo conceda-me a sabedoria e a revelação necessárias para eu entender e viver de acordo com as Escrituras. Desejo estar na tua presença, ouvir tua voz, seguir teus ensinamentos e conhecer cada dia mais Jesus.
Amém.

REFLEXÃO

Os *insights* são descobertas que surgem repentinamente depois de um momento de reflexão e contemplação sobre alguma situação que acabamos de viver. Na língua inglesa, **INSIGHT** significa "compreensão súbita de alguma coisa ou determinada situação". Na psicologia, ele também está relacionado com a capacidade de discernimento, que faz ver situações ou verdades que estejam escondidas. Para explicar isso de forma mais simples, é o que chamamos de um "clik", algo que vem à mente quando estamos conversando ou até mesmo quando estamos pensando.

"O homem de discernimento mantém a sabedoria em vista" (Pr 17,24a). Ele tem clareza e entendimento súbito na mente e no intelecto. Como num *insight*, o que estava guardado no inconsciente torna-se consciente. Tomar conhecimento realista de coisas e fatos ilumina a mente e mostra o caminho para a solução de problemas e dúvidas. Se, por um lado, isso causa perplexidade, por outro, gera tranquilidade e esperança.

AÇÃO CONCRETA

Preste atenção e tenha consciência de seus *insights*. Eles podem trazer respostas que há muito você procurava!

୭ ଓ

Senhor, concede-me o dom do discernimento.
Que eu tenha clareza em minha mente para solucionar
problemas e dúvidas que surjam em minha vida.
Amém.

Reflexão

Você conhece pessoas altruístas? A pessoa altruísta busca conciliar sua satisfação pessoal com o bem-estar e o contentamento de seus semelhantes, de sua família e de sua comunidade. O **ALTRUÍSMO**, enquanto virtude, é a atitude de abrir mão de seus próprios interesses em prol dos outros. Temos grandes exemplos de pessoas altruístas, e é possível notar que, para demonstrar preocupação em relação às necessidades alheias, uma pessoa não precisa ser extraordinária.

São Paulo diz: "amai-vos cordialmente uns aos outros com amor fraternal, preferindo-vos em honra uns aos outros" (Rm 12,10), ensinando que o amor deve ser desinteressado, atencioso e altruísta. Compartilhar o choro, o riso, incluir, encorajar e estimular os outros são atitudes de pessoas altruístas. Por meio delas, expressamos grandeza da alma, generosidade, bondade, compaixão e indulgência para com o próximo.

Ação concreta

Pratique o altruísmo com atitudes simples no seu cotidiano. Dê uma carona. Doe sangue. Seja gentil e solidário. Dê a devida atenção a alguém que se sente excluído. Deixe alguém que está com muita pressa passar na sua frente. Envolva-se em projetos que beneficiem pessoas menos favorecidas.

ಔ ಲ

Senhor, ensina-me a ter atitudes simples,
mas que façam diferença para o meu próximo.
Que eu saiba doar meu tempo, dons, talentos
e outros recursos de maneira altruísta.
Amém.

Reflexão

Despedir-se, dizer até breve ou dizer adeus nem sempre é fácil, mas chega o momento em que é necessário. Toda **DESPEDIDA** começa com a partida de alguém ou de algo e gera silêncio, vazio e solidão. Mesmo que o afastamento seja por um bom motivo ou por um curto período de tempo, distanciar-se da pessoa querida gera sofrimento e tristeza. Algumas despedidas são inesperadas, repentinas e sem retorno. Outras são como um ponto de transição, repletas de esperança, e dão início a um novo ciclo na vida das pessoas envolvidas.

Despedir-se abre uma lacuna. Dói para quem vai e para quem fica. Jesus partilhou esses mesmos sentimentos e experiências. Ele experimentou a dor e a tristeza de dizer adeus aos seus discípulos, ao anunciar que partiria: "vou para junto daquele que me enviou... porque vos falei assim, a tristeza encheu o vosso coração" (Jo 16,5-6). Cada pessoa precisa fazer o seu próprio caminho, e despedir-se é preciso!

Ação concreta

Despedir-se, ir embora ou deixar que outro vá, é uma arte de difícil execução. Aprenda a despedir-se sem sofrer, pois nada é definitivo, nem mesmo o adeus! Guarde em seu coração as boas lembranças e a esperança de um possível reencontro.

ஓ ಞ

Senhor, despedir-me daqueles que amo, cria um enorme vazio.
Toca e cura meu coração ferido de saudade e tristeza. Ajuda-me a superar
este momento, para que não me falte a alegria de viver.
Amém.

REFLEXÃO

"Jesus é o Nome que é sobre todo o nome, porque debaixo do céu, nenhum outro nome há pelo qual possamos ser salvos" (At 4,12). A vontade de Deus é de que todo homem tenha pleno conhecimento da verdade e seja salvo (cf. 1Tm 2,4). A salvação foi planejada por Deus Pai, executada pelo Deus Filho e aplicada pelo Deus Espírito Santo. Para sermos salvos não há opção de escolha entre dois caminhos. O único caminho que nos leva ao Pai é Jesus (cf. Jo 14,6), e aceitá-lo como Senhor e Salvador é condição essencial para a salvação.

A salvação não é fruto das obras que realizamos, mas da obra que Deus realizou por nós, na cruz do Calvário. A **SALVAÇÃO** é dom inefável de Deus e nos apropriamos dela pela fé. A fé é dom de Deus, e germina em nosso coração pelo poder do Espírito Santo. Somos justificados pela fé, vivemos pela fé e vencemos o mundo pela fé.

AÇÃO CONCRETA

Deus o ama e deseja que você seja salvo. Se ainda não aderiu ao projeto de salvação do Pai, clame com fé e peça que o Espírito Santo derrame em seu coração a fé em Jesus. Aceite-o como Senhor e Salvador de sua vida.

ೞ ಛ

Senhor Jesus, lava-me de todo pecado com teu sangue redentor.
Recebo-te como meu único Senhor e Salvador.
Entra em meu coração e toma conta da minha vida.
Concede-me o dom gratuito da salvação e da vida eterna.
Amém.

Reflexão

Comemorar o **NATAL** é muito mais do que festejá-lo com presentes e comidas. É no presépio que encontramos seu verdadeiro sentido, "porque Deus amou o mundo de tal maneira, que deu o seu filho unigênito para que todo aquele que nele crê não pereça, mas tenha a vida eterna" (Jo 3,16). Muito mais do que festas e presentes, o Natal é um tempo especial de reunir a família e partilhar emoções... tempo de recolhimento, revisão de vida e oração... tempo de perdoar, pedir perdão e recomeçar... tempo de sair do egoísmo e viver o amor... tempo de renovar a esperança de um mundo de paz... tempo de festejar a encarnação do Deus que se fez humano... tempo de acolher a salvação que entrou na nossa vida, por meio do Menino de Belém... tempo de entender que o verdadeiro Natal começa em cada um de nós!

Ação concreta

Faça uma prece de paz por aqueles que estão em guerra, uma prece de amor por aqueles que odeiam e uma prece de esperança pelos desesperados. Acolha em seu coração o Menino Jesus e assuma com ele um compromisso de vida!

☙ ❧

Senhor, nesta noite santa, coloco diante do Menino Jesus os sonhos e as esperanças
que trago em meu coração; e também os anseios e clamores de toda a humanidade.
Abençoa, Senhor, todos aqueles que te buscam sem saber onde te encontrar.
Acende em nossos corações a chama da fé, da esperança e do amor.
Amém.

REFLEXÃO

Natal é a **FESTA DO AMOR**! O nascimento de Jesus traduz a certeza de que não estamos sozinhos. O anjo anuncia-nos uma grande alegria: "hoje vos nasceu na Cidade de Davi um Salvador, que é o Cristo Senhor" (Lc 2,11). Deus vem ao nosso encontro! Ele assume nossa condição humana e quer fazer morada no estábulo do nosso coração para que creiamos no seu amor.

Jesus veio para nos dizer que o amor existe, resiste e vence. Ele veio nos trazer paz e esperança. Jesus é a centralidade do Natal. Ele é a estrela que aponta o caminho da vida verdadeira e nos faz caminhar na luz. Como podemos trocar o Menino Jesus pelo Papai Noel? Pode alguém receber presente maior do que Jesus Cristo?

O verdadeiro sentido do Natal precisa ser resgatado. Celebremos, pois, o nascimento de Jesus com alegria, entusiasmo e gratidão. Deus armou sua tenda entre nós. Nasceu o Salvador e seu Reino não terá fim!

AÇÃO CONCRETA

Evite deixar-se envolver pelo consumismo exagerado do Natal. Procure resgatar e viver o verdadeiro sentido da festa natalina. Lembre-se da dimensão social do Natal e engaje-se em algum movimento solidário.

಄ ಌ

Senhor, que a tua presença ao meu lado se estenda para muito além das festividades deste dia. Que Jesus possa renascer em meu coração todas as manhãs, renovando minhas forças, meu ânimo e meus gestos de amor.
Amém.

REFLEXÃO

O espírito de **COMPETIÇÃO** acompanha o ser humano por toda a sua existência. Para muitos, tudo é válido quando o objetivo é ganhar, até mesmo usar métodos competitivos antiéticos e enganosos. Não podemos fazer de tudo na vida uma competição. "A vida não é um jogo onde só quem testa seus limites é que leva o prêmio. Não sejamos vítimas ingênuas desta tal competitividade. Não esqueça que a felicidade é um sentimento simples, você pode encontrá-la e deixá-la ir embora por não perceber sua simplicidade" (Mário Quintana).

Não devemos olhar para o próximo como alguém que quer ocupar nosso espaço. Isso é terrível em qualquer ambiente e produz individualismo, insensibilidade e ambição. Eclesiastes disse ter descoberto que: "todo trabalho e toda realização surgem da competição que existe entre as pessoas. Mas isso é absurdo, é como correr atrás do vento" (Ecl 4,4). Não vale a pena passar a vida competindo pelas coisas que não são de Deus.

AÇÃO CONCRETA

Que sua competição seja saudável e ajustada, de modo que ninguém seja desprezado ou tenha sua imagem denegrida. Procure conquistar coisas que durarão para sempre!

ೞ ಲ

Senhor, ajuda-me a vencer a tentação da competição e a observar tudo que tua Palavra me orienta. Que eu saiba amar e respeitar meu próximo, como tu nos amas. Que o meu viver seja uma verdadeira e intensa caminhada para o Senhor.
Amém.

Reflexão

Em meio a seus ensinamentos sobre a oração, Jesus faz a seguinte afirmação: "Antes de vocês pedirem, o Pai de vocês já sabe o que vocês precisam" (Mt 6,8). Se Deus sabe o que precisamos e conhece nossas necessidades, qual a utilidade de pedir? O Senhor sabe o que verdadeiramente precisamos, e nós, será que conhecemos nossas reais **NECESSIDADES**? Não, não conhecemos! Nosso conhecimento é superficial e, por isso, não sabemos o que de fato devemos pedir. A preocupação de Deus com respeito a nós vai além daquilo que enxergamos e temos consciência. Ele nos vê como um todo e atende nossas necessidades mais profundas.

O que pedir, então, a Deus? Aquilo que é fundamental, que é necessário. Tudo que precisamos pedir está na oração do Pai-Nosso (cf. Mt 6,9-13), que deve ser rezada com o coração, meditada em cada expressão e transformada em caminho de vida eterna.

Ação concreta

É reconfortante saber que Deus Pai cuida de nós e conhece nossas necessidades. Em toda situação, por mais difícil que seja, há sempre uma esperança. Espere com confiança a provisão de Deus e peça que ele "lhe dê o pão de cada dia" (Mt 6,11).

ஐ ෬

Senhor, obrigado pela tua presença em minha vida.
Obrigado porque, nas tribulações, tu és fiel e garante a superação
das dificuldades. Obrigado por estar preparando o melhor para mim.
Ensina-me a ter paciência, confiar e esperar pela tua providência.
Amém.

Reflexão

Muitas pessoas encontram-se feridas pelos revezes da vida. Vivem sem esperança e sem Deus. Na ânsia de encontrar um sentido para sua vida, abusam da bebida, das drogas e dos prazeres deste mundo. No final, sentem-se ainda mais frustradas, infelizes e vazias. É nesse cenário de sofrimento e dor que Jesus se apresenta como nossa esperança e nos diz: "estai em mim, e eu, em vós... porque sem mim nada podereis fazer" (Jo 15,4-5). Isso significa que não somos capazes de realizar muitas coisas, se não permanecermos em Cristo. Permanecer em Cristo significa abrir-se à vida que ele quer produzir em nós. Em outras palavras, devemos manter nosso **OLHAR** fixo no Senhor o tempo inteiro, prestando atenção ao que ele nos ensina e procurando cumprir seus mandamentos... isso é andar no Espírito.

Ação concreta

Não fique preso às coisas que perecem. Fixe seu olhar em Jesus. Lembre-se das suas promessas e viva o sobrenatural que Deus tem para sua vida.

ಎ ಲ

Senhor, liberta-me do medo, da insegurança e da desesperança.
Nos dias conturbados, não me deixes afundar.
Ajuda-me a manter meu olhar fixo em Jesus,
confiando e esperando nele.
Amém.

Reflexão

O que significa ser líder? O líder é aquele que sabe conduzir sua equipe, com palavras e ações. Jesus é o maior líder que já existiu. Ele formou uma equipe convidando pessoas para juntarem-se a ele. Os primeiros a serem convidados foram Pedro e André. "Disse-lhes Jesus: 'Vinde após mim, e eu vos farei pescadores de homem'" (Mc 1,17).

Jesus tinha algumas características marcantes. Ele era compreensivo, humilde e um ótimo conselheiro. Seus ensinamentos eram simples e claros. Havia coerência entre seu falar e seu agir. Ele sabia ouvir e era compassivo. Era comprometido e acessível. Tinha clareza em seus objetivos e falava de tal forma que as palavras entravam no pensamento de quem escutava e repercutia no coração. Era detentor da confiança de seus discípulos e criou a doutrina do líder servidor. Mesmo que seja impossível nos tornarmos um **LÍDER** como ele, podemos imitá-lo em suas qualidades de liderança, esforçando-nos para sermos líderes melhores.

Ação concreta

Reforce as boas atitudes e proponha desafios à sua equipe. Aja com entusiasmo e de forma positiva, para que todos se sintam motivados a agir de bom grado em prol do objetivo comum.

༄ ༅

Senhor, faz com que eu me torne um líder frutífero. Dá-me paciência,
humildade, altruísmo, capacidade de perdoar e comprometimento.
Que eu saiba remover barreiras e criar pontes para que meus liderados
se sintam satisfeitos e trabalhem em harmonia.
Amém.

REFLEXÃO

Quem é fiel é confiável, verdadeiro e comprometido com aquilo que assume. Uma das características de Deus é a fidelidade. "Ele é a Rocha, as suas obras são perfeitas, e todos os seus caminhos são justos. É Deus fiel, que não comete erros; justo e reto ele é" (Dt 32,4). Deus é comprometido com a verdade e aquilo que propôs, isto fará, e o que prometeu, isto executará. Seu amor é eterno, imutável e perseverante. Ele nunca falha, nunca vacila, nunca esquece suas promessas e não deixa de cumprir sua Palavra. Se formos infiéis, ele permanece fiel, pois não pode negar-se a si mesmo (cf. 2Tm 2,15).

DEUS É FIEL e jamais desampara os que nele confiam. Seu cuidado é permanente, sua providência é rica e seu amor é eterno!

AÇÃO CONCRETA

Nas ocasiões em que sua fé for provada e você se sentir tentado a duvidar da fidelidade de Deus, lembre-se de suas promessas depositando nele sua confiança. A sequência dos fatos demonstrará que não foi abandonado por Deus.

ஐ CB

Senhor, obrigado por me amar de forma constante, sendo fiel
mesmo diante da minha infidelidade.
Ajuda-me a crer que tu cumpres o que prometes,
mesmo quando as circunstâncias se revelam ser impossíveis.
Concede-me a graça do Espírito Santo para que eu
jamais me sinta desamparado por ti.
Amém.

Reflexão

Com a graça de Deus, estamos chegando ao **FIM DO ANO**! Este é um momento oportuno para fazermos uma revisão de vida. Rever fatos e acontecimentos, classificar vitórias e dificuldades, analisar o que foi positivo ou negativo, serve para ver se estamos satisfeitos ou se há algo que podemos melhorar. "Doze meses dão para qualquer ser humano se cansar e entregar os pontos. Aí entra o milagre da renovação e tudo começa outra vez, com outro número e outra vontade de acreditar que daqui pra diante vai ser diferente" (Carlos Drummond de Andrade).

Um novo ano nos espera e com ele a esperança de mudanças e dias melhores. As expectativas são muitas, porém, o que de fato acontecerá só Deus sabe. Convido-o a ter coragem e crer naquele que tem o controle sobre todas as coisas e lhe diz: "eu, o Senhor, seu Deus, estarei com você em qualquer lugar para onde você for!" (Js 1,9).

Ação concreta

Agradeça a Deus pelo ano que termina. Ore pelo que virá, pedindo saúde e paz. Estabeleça para o próximo ano metas possíveis de serem alcançadas. "Aja como se tudo dependesse de você, sabendo bem que, na realidade, tudo depende de Deus" (Inácio de Loyola).

෨ ෬

Senhor, obrigado pela tua bondade no ano que passou. Dá-me forças para continuar minha missão no ano que começa. Quero permanecer firme em teus propósitos, pois nunca cessas de conduzir os que firmas no teu amor. Amém.

Rua Dona Inácia Uchoa, 62
04110-020 – São Paulo – SP (Brasil)
Tel.: (11) 2125-3500
http://www.paulinas.com.br – editora@paulinas.com.br
Telemarketing e SAC: 0800-7010081